职业教育"十三五"规划教材
职业教育电子商务专业规划教材

移动商务实践教程

周江 钟林 主编
黄丽玲 李瑞麒 副主编

电子工业出版社
Publishing House of Electronics Industry
北京·BEIJING

内 容 简 介

编写本书旨在让读者了解移动商务实践的基础知识，着重掌握相应的实践技能，包括移动商务设计硬件基础知识、移动商务平台搭建方法、移动商务营销工具使用方法、移动商务创新创业实践运用。读者学习时可结合书本中的案例、相关知识、课后习题等进行思考与分析，为其实际工作能力的提升打下坚实基础。

本书可作为职业院校电子商务等专业教材，也是电子商务从业者的有益读本。

未经许可，不得以任何方式复制或抄袭本书之部分或全部内容。
版权所有，侵权必究。

图书在版编目（CIP）数据

移动商务实践教程/周江，钟林主编.—北京：电子工业出版社，2019.1
ISBN 978-7-121-34509-8

Ⅰ.①移… Ⅱ.①周…②钟… Ⅲ.①移动电子商务—高等学校—教材 Ⅳ.① F713.36

中国版本图书馆 CIP 数据核字（2018）第 127310 号

策划编辑：朱怀永
责任编辑：朱怀永
印　　刷：北京捷迅佳彩印刷有限公司
装　　订：北京捷迅佳彩印刷有限公司
出版发行：电子工业出版社
　　　　　北京市海淀区万寿路 173 信箱　邮编 100036
开　　本：787×1092　1/16　印张：16.5　字数：422 千字
版　　次：2019 年 1 月第 1 版
印　　次：2021 年 1 月第 4 次印刷
定　　价：45.80 元

凡所购买电子工业出版社图书有缺损问题，请向购买书店调换。若书店售缺，请与本社发行部联系，联系及邮购电话：（010）88254888，88258888。
质量投诉请发邮件至 zlts@phei.com.cn，盗版侵权举报请发邮件至 dbqq@phei.com.cn。
本书咨询联系方式：（010）88254609 或 zhy@phei.com.cn。

前言

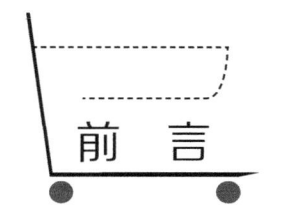

《移动商务实践教程》是在"城中校"（由成都职业技术学院与伊厦成都国际商贸城共建的一所电商大学）基础上开发的移动电子商务特色教材。教材结合"城中校"实践教学和双创案例，展开内容的编排与布置，整体侧重实操技能的培养，辅以必要的基础理论知识，形成科学的、符合现代职业需求的人才培养内容。

本书的核心任务是帮助读者通过学习移动电子商务各模块的内容，包括移动商务产业发展认知，智能手机硬件、系统和应用基础，微网店的开设，App营销平台开发，微信小程序开发，二维码与H5营销，微信营销，手机淘宝营销，微博营销，移动支付，LBS应用，移动商务创新认知，移动商务威客任务实践，使读者具备完整的、符合企业需求的、前沿的移动电商专业知识与必备技能。同时，借助"城中校"特色人才培养模式，优化学习效果。

此外，本书采用情境引入、案例穿插的方式，将理论、技巧与案例巧妙地结合，增加教材实用性的同时兼顾趣味性。在章节设置上，由学习目标、学习引导、学习规划、相关知识、单元拓展及同步实训六部分共同构成，全方位展开内容，形成知识闭环。

本书由成都职业技术学院周江、钟林担任主编，黄丽玲、李瑞麒担任副主编。其中单元一至单元九由周江负责编写，单元十由钟林负责编写，单元十一、十二由黄丽玲负责编写，单元十三由李瑞麒负责编写。周江负责整本书的策划、统稿。此外，成都职业技术学院王菱、张卫林、刘俊等老师参与了教材编写的研讨工作。

最后，感谢伊厦成都国际商贸城电子商务公司、北京博导前程信息技术有限公司、电子工业出版社、成都同时科技有限公司、电子科技大学、四川商务职业学院、成都市蜀兴职业中学、成都市礼仪职业中学、新津县职业高级中学、蒲江县职业中专学校、成都市洞子口职业高级中学、都江堰职业中学、金堂县职业高级中学、成都市华阳职业中学等参与教材开发咨询工作的合作企业、院校的大力支持。同时，由于编写时间仓促，书中难免存在疏漏，欢迎广大读者指正。

编者
2018年10月

目 录

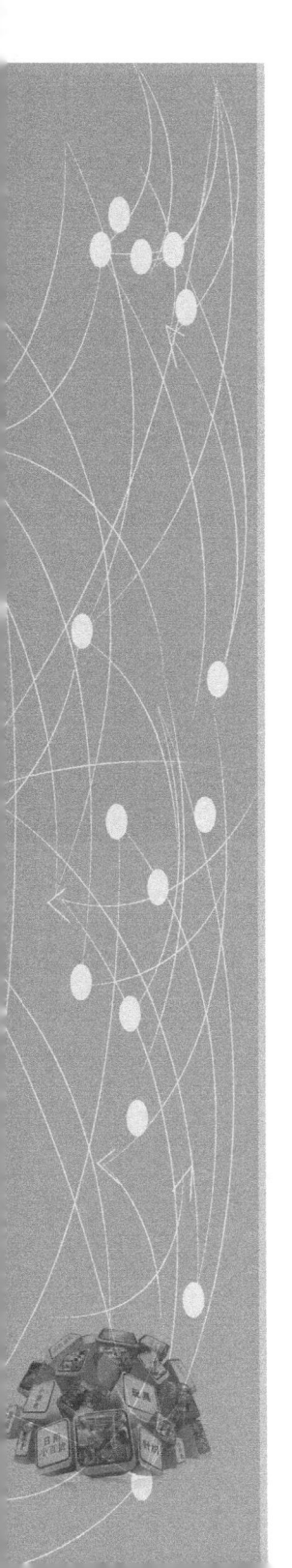

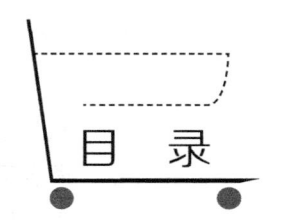

单元一　移动商务产业发展认知　/ 001

学习目标　/ 001

学习引导　/ 001

学习规划　/ 002

相关知识　/ 002

1.1　移动商务认知　/ 002

1.2　移动商务营销概念的认知　/ 011

单元拓展　/ 017

同步实训　/ 018

单元二　智能手机硬件、系统和应用基础　/ 020

学习目标　/ 020

学习引导　/ 021

学习规划　/ 021

相关知识　/ 021

2.1　硬件构成、系统的认知　/ 021

2.2　App 认知和应用　/ 025

2.3　HTML5 认知和应用　/ 029

2.4　移动电子商务技术基础认知　/ 034

单元拓展　/ 035

同步实训　/ 037

单元三　微网店的开设　/ 039

学习目标　/ 039

学习引导　/ 040

学习规划　/ 040

相关知识　/ 040

3.1　微网店平台的选择　/ 040

3.2　微店平台开设　/ 046

3.3　商品发布管理　/ 050

单元拓展　/ 055

同步实训　/ 056

单元四　App 营销平台开发　/ 058

学习目标　/ 058

学习引导　/ 059

学习规划　/ 059

相关知识　/ 059

4.1　App 需求分析　/ 059

4.2　App 设计与开发　/ 062

4.3　App 发布　/ 075

单元拓展　/ 083

同步实训　/ 086

单元五　微信小程序开发　/ 088

学习目标　/ 088

学习引导　/ 088

学习规划　/ 089

相关知识　/ 089

5.1　微信小程序认知　/ 089

5.2　微信小程序开发　/ 092

单元拓展　/ 099

同步实训　/ 099

单元六　二维码与 H5 营销　/ 101

学习目标　/ 101

学习引导　/ 101

学习规划 / 102
相关知识 / 102
6.1　二维码营销 / 102
6.2　H5营销 / 109
单元拓展 / 122
同步实训 / 123

单元七　微信营销 / 126
学习目标 / 126
学习引导 / 126
学习规划 / 127
相关知识 / 127
7.1　微信公众号运营 / 127
7.2　朋友圈营销 / 136
单元拓展 / 139
同步实训 / 140

单元八　手机淘宝营销 / 143
学习目标 / 143
学习引导 / 144
学习规划 / 144
相关知识 / 144
8.1　微淘应用 / 144
8.2　淘宝头条应用 / 153
8.3　短视频营销 / 161
8.4　淘宝直播营销 / 168
单元拓展 / 173
同步实训 / 174

单元九　微博营销 / 177
学习目标 / 177
学习引导 / 177
学习规划 / 178
相关知识 / 178
9.1　微博营销基础认知 / 178

9.2　微博营销实施　/ 186
　　单元拓展　/ 194
　　同步实训　/ 196

单元十　移动支付　/ 198

　　学习目标　/ 198
　　学习引导　/ 198
　　学习规划　/ 199
　　相关知识　/ 199
　　10.1　移动支付认知　/ 199
　　10.2　移动电商常见支付方式　/ 202
　　同步实训　/ 212

单元十一　LBS 应用　/ 214

　　学习目标　/ 214
　　学习引导　/ 214
　　学习规划　/ 215
　　相关知识　/ 215
　　11.1　LBS 认知　/ 215
　　11.2　LBS 应用案例　/ 217
　　单元拓展　/ 223
　　同步实训　/ 225

单元十二　移动商务创新认识　/ 227

　　学习目标　/ 227
　　学习引导　/ 227
　　学习规划　/ 228
　　相关知识　/ 228
　　12.1　移动商务创新形式认知　/ 228
　　12.2　移动商务创新应用案例　/ 234
　　单元拓展　/ 237

单元十三　移动商务威客任务实践　/ 238

　　学习目标　/ 238
　　学习引导　/ 238

学习规划　/ 239

相关知识　/ 239

13.1　威客服务平台认知　/ 239

13.2　威客服务任务查找　/ 243

13.3　威客服务领取与实施　/ 244

单元拓展　/ 247

同步实训　/ 250

参考文献　/ 252

单元一

移动商务产业发展认知

学习目标

知识目标

▶1. 理解移动商务的概念;
▶2. 了解移动商务的特点、发展现状与趋势;
▶3. 熟悉移动商务的市场应用;
▶4. 了解移动商务营销的相关理论及发展趋势。

技能目标

▶1. 能够简单分析移动商务的经济表现形式;
▶2. 初步具备移动商务营销思维;
▶3. 能够会简单分析移动商务营销的特点和未来发展趋势;
▶4. 能够会简单分析移动商务营销模式。

本单元包含了两个学习小节,具体为:

1.1 移动商务认知
1.2 移动商务营销概念的认知

学习引导

随着智能手机、平板电脑等移动终端设备的快速发展下,以无线通信、网络技术为基础的移动商务产业已然成为社会信息化和现代服务业的重要组成部分,推动了新一轮的商务革命。移动互联网时代,在移动商务产业更加开放、多元的主导因素下,消费者的消费心理和消费行为也发生了巨大的改变,这也预示着新的消费时代的到来,这就要求我们必须要不断突破传统电子商务的局限性,在认知移动商务发展的基础上,为客户提供实时服务。

通过本章学习,学生能够了解移动商务产业的相关内容,认知移动商务概念,初步具备移动商务营销思维,能够简单分析移动商务营销模式。

学习规划

小马是成都职业技术学院电子商务专业的大一学生,对移动商务有着浓厚的学习兴趣,但他却并不了解移动商务和移动商务营销的相关知识,于是小马决定从移动商务的概念、现状及未来发展趋势、用户消费特点和市场应用来认知移动商务,并在理解这些内容的基础上,了解移动商务营销的发展及思维。

相关知识

1.1 移动商务认知

1.1.1 移动商务概念认知

1. 移动商务的概念

移动商务(Mobile Commerce)又叫移动电子商务,是指利用智能手机、PDA(Personal Digital Assistant,个人数字助理)及掌上电脑等无线终端进行的 B2B、B2C、C2C 或 O2O 的电子商务。它将互联网技术、移动通信技术、短距离通信技术及其他技术完美地结合,使人们可以在任何时间、任何地点进行各种商贸活动,实现随时随地地线上线下购物与交易、在线电子支付,以及各种商务活动、金融活动和相关的综合服务活动等。

移动商务是在移动终端开展的商务活动,移动是手段,商务是目的,其从本质上仍属于电子商务。狭义的移动商务只包含涉及货币类交易的商务模式,广义的移动商务则包括人们通过随身携带的移动设备随时随地获得的一切服务,服务领域涉及通信、娱乐、商业广告、旅游、紧急救助、农业、金融等,如图 1-1 所示。我们所讲的移动商务通常是指广义的移动商务。

2. 移动商务的特点

据中国互联网络信息中心 2017 年 7 月发布的《第 40 次中国互联网络发展状况统计报

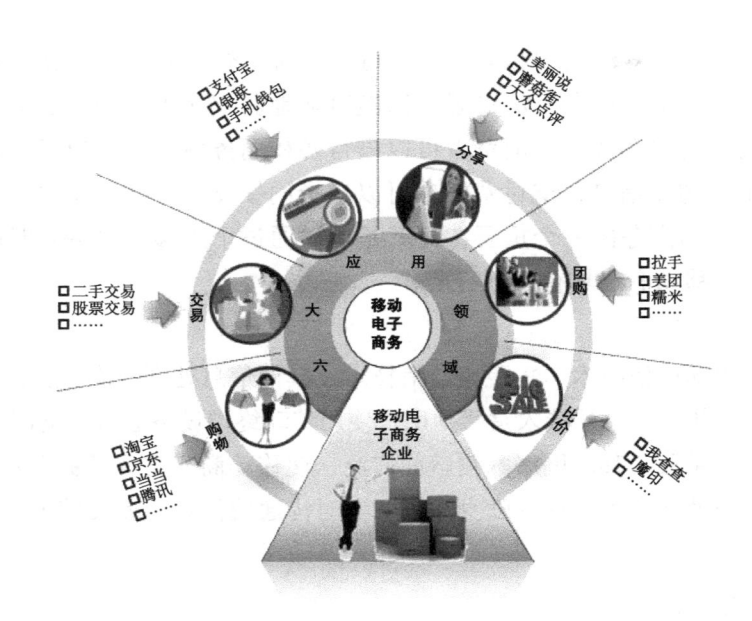

图 1-1 移动商务应用领域

告》显示，截至2017年6月底，我国网民规模已达7.51亿，其中，手机网民规模达7.24亿，占96.3%，较去年年底增加2830万人，如图1-2所示。与此同时，移动互联网以其泛在、智能、便捷、普惠等突出优势，在便民服务方面推动了消费模式共享化、终端设备智能化、应用场景多元化。据统计，我国移动应用程序总量已超过1000万款，移动支付用户规模超过5亿、手机外卖用户达到2.74亿、手机在线教育用户达到1.2亿，信息服务、消费娱乐、交通出行、教育医疗、金融商务、民生保障等各领域移动应用快速普及、交叉融合、相互促进，塑造了全新的社会。

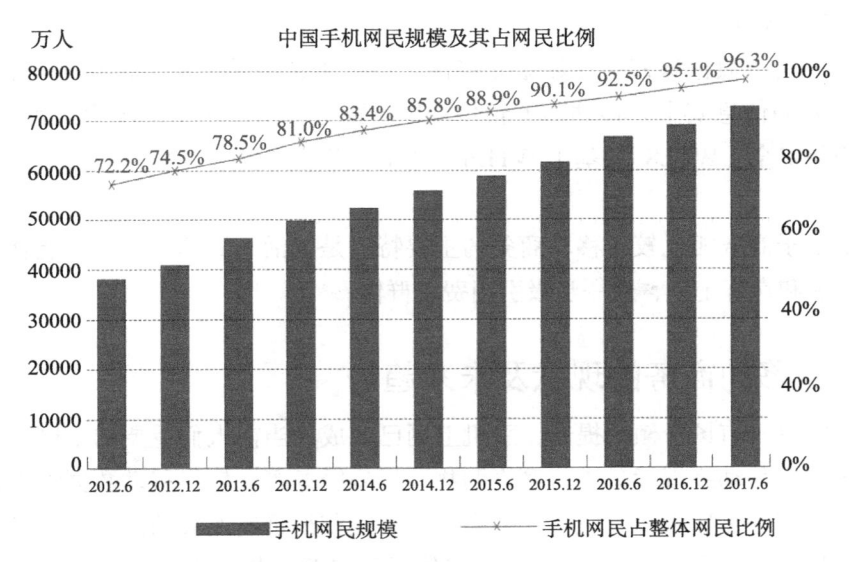

来源：CNNIC中国互联网发展状况统计调查2017.6

图 1-2 中国手机网民规模和互联网普及率

对于消费者来说，移动购物趋势已势不可挡。对于企业来说，全新的销售与促销渠道也亟待打造。通过移动商务，消费者可以随时随地获取所需的服务、应用、信息和娱乐。通过随身携带的移动终端，消费者可以进行各种商务活动，完成各种商务交易，还可以随时查询更新物流信息，支付费用也可以选择网银支付、话费支付、第三方平台支付等多种方式。移动商务的一个重要特征就是可以通过个人移动终端随时随地进行商务交易。具体来说，移动商务具有以下特点。

（1）移动接入便利

移动商务将移动通信技术、短距离通信技术及其他信息处理技术完美结合，使移动商务的接入方式更加便利。移动接入是移动用户使用移动终端设备通过移动网络访问 Internet 信息和服务的基本手段。移动网络的覆盖面广泛，使移动商务实现了更高效、准确的信息互动，以直接面向消费者为特征的随身通信和实时沟通使信息传递突破了传统电子商务的局限性。

（2）移动支付快捷

无线通信技术使得电子商务摆脱了有线网络的束缚，能让消费者随身携带，也便于消费者随时随地完成必要的电子支付业务。当前移动商务的支付方式很多，也非常便捷，能够满足消费者的多种支付需求，如按照支付的数额可以分为微支付、小额支付、宏支付等，按照支付发生的时间可以分为预支付、在线即时支付、离线信用支付等。

（3）身份鉴别准确

手机 SIM 卡具备身份的特殊性，其中储存的信息可以用来确认手机用户身份的唯一性。手机 SIM 卡不仅能够存储消费者的银行账号、CA 证书等用于标识用户身份的有效凭证，而且能够实现加密算法、公钥认证等安全手段和算法，增加了更为广阔的电子商务应用。

（4）信息安全

移动商务具备数据保密性、数据完整性、不可否认性及交易方的认证与授权的特征，保证了消费者的信息安全。移动商务较传统电子商务，研发了信息安全所涉及的新技术，如无线传输层安全（WTLS）、基于 WTLS 的端到端安全、基于 SAT 的 3DES 短信息加密安全等。

与传统电子商务相比较，移动商务的主要特点是灵活、简单、便捷，能够根据消费者的个性化需求和喜好定制，进一步吸引消费者群体。

1.1.2　移动商务的现状及未来趋势

随着智能手机市场份额的提升，手机上网已经成为当前人们重要的上网方式，人们也开始利用手机等移动终端设备进行网络购物、娱乐服务等，使得移动数据终端设备参与商业经营的移动商务迅速崛起。但是这种商务模式在获得迅速发展的同时，也带来了一系列新的难题，其发展现状和未来发展趋势仍然值得我们逐步去探索。

1. 移动商务发展现状

移动互联网的发展和智能手机的不断普及，使得移动商务进入风口期，移动购物市场也在不断扩张，带来了消费模式的不断升级，各大电商企业持续发力移动端，使中国移动商务实现了快速发展，其发展现状如下。

（1）流量、速度比拼转为用户精细化运作

2015年，移动商务时代正式到来。自2015年至今，移动交易规模占比远超过PC端。在移动商务迅速崛起的同时，网民数量增长缓慢，用户红利逐渐下降，但移动电商数量和电商平台不断增加，市场竞争愈演愈烈，流程成本也随之提高，移动商务市场也逐渐由经营市场转变为经营人。

（2）移动设备升级推动消费模式的升级

移动购物市场的不断扩张迫使移动设备必须升级，许多新功能得到了开发，使用户体验度得到了快速提高，消费模式也发生了很大的变化。移动互联网的主要终端是智能手机，其屏幕较小，可呈现信息有限，因此对精准推荐有更高的要求。目前，移动端特性已得到充分的开发，如LBS、摄像头等识别技术，用户还可以通过可穿戴感知设备将虚拟与现实空间相结合，提升购物体验。

（3）移动购物市场进入平稳发展期

艾瑞mUserTracker的最新数据显示，自2012年以来，中国移动购物市场交易的同比增长速度逐年下降，移动购物市场也开始进入平稳发展期，如图1-3所示。

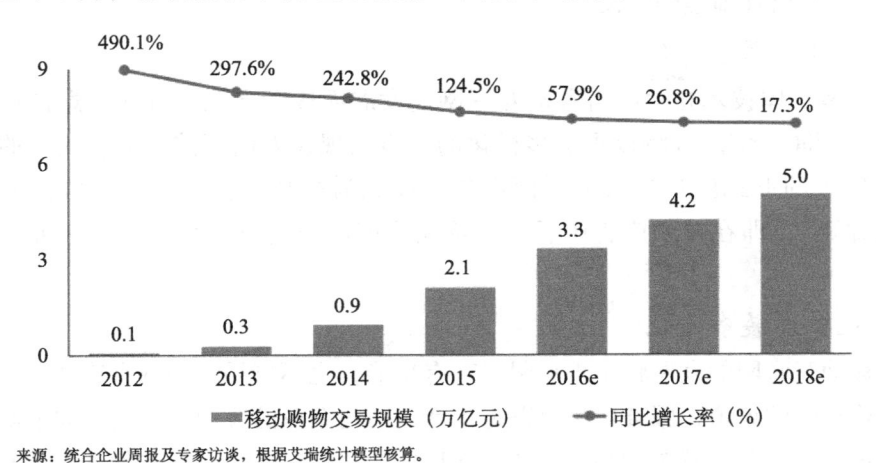

来源：统合企业周报及专家访谈，根据艾瑞统计模型核算。

图1-3　2012—2018年中国移动购物市场交易规模

（4）新兴移动电商势力迅速崛起

从艾瑞mUserTracker数据来看，如图1-4所示，2016年移动电商小巨头和移动电商老牌企业的月度独立移动设备数保持比较强劲的增势，其中手机淘宝月度独立移动设备数量最多，领先其他电商网站，京东次之，唯品会紧随其后，传统电商巨头优势依旧。同时，依靠移动电商红利发展起来的新兴平台也得到了迅速的发展，如贝贝网、闲鱼等。

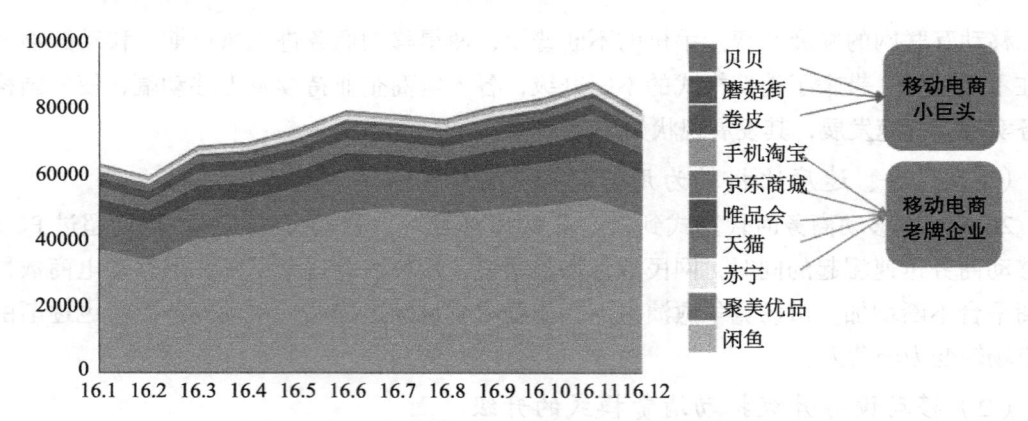

图1-4 mUserTracker 2016年主要电商企业月度独立移动设备数

2. 移动商务发展趋势

基于移动互联网的电子商务已成为一种重要的商业运作模式。融合移动通信技术的电子商务将来具有更大的潜力，也将成为未来电子商务领域的主战场。

（1）应用娱乐化成为主流

娱乐服务，包括音乐、视频及游戏等，相比其他服务更能契合人们减压、放松的需求。随着未来人们工作压力的进一步加大，可以预见这类服务将逐渐成为主流，与之相关的社交服务也将一如既往地强劲增长。

（2）信息来源多样化

未来的多媒体技术将会随着移动互联网的发展而逐渐展现出其在信息提供方面的优势。未来的新闻、信息等将以更加多样化的渠道展现在人们面前，吸引人们的注意。例如，当前广告的形式就从过去的平面广告发展成为视频广告或片头广告，现在已经实现"即点即购"，即在视频广告中看到的物品均能够通过单击直达网上店铺，从而实现购买。

（3）业务发展多元化

未来移动互联网的发展将不再局限于现有功能，也不再局限于现有终端，而是会打通固定端和移动端的渠道，服务也将更贴近生活，面向企业的应用也会逐渐向缩减管理流程倾斜，而不只是服务于营销和品牌塑造，新形式的移动广告、移动支付、移动互联网等都会获得新的发展和应用。

（4）线上线下融合发展

消费者的消费需求和网购发展环境在不断地发展变化，商品单一渠道发展显然不符合未来移动商务的发展趋势。这就需要商家实现全渠道、线上线下融合发展，线下消费体验和线上购物便利的双向需求将带来线上和线下购物期望值的融合，这也是未来新零售时代的重要发展趋势。

（5）LBS是未来趋势

基于本地化的位置服务（Location Based Service，LBS）将会在未来发挥巨大的作用，它是移动互联网时代的一个突破性发明。传统互联网和移动互联网的最大差别就是后者非常本地化，在LBS方面具有非常大的优势，企业可以把用户所在位置的信息进行更多整合服务。

1.1.3 移动商务用户消费的特点

根据Analysys易观智库产业数据库发布的《中国移动互联网数据盘点&预测专题报告2015》数据显示，2017年中国移动互联网用户规模达到8.6亿人，环比增长3.5%，如图1-5所示。这得益于流量资费的持续下降，以及4G用户的爆发式增长。

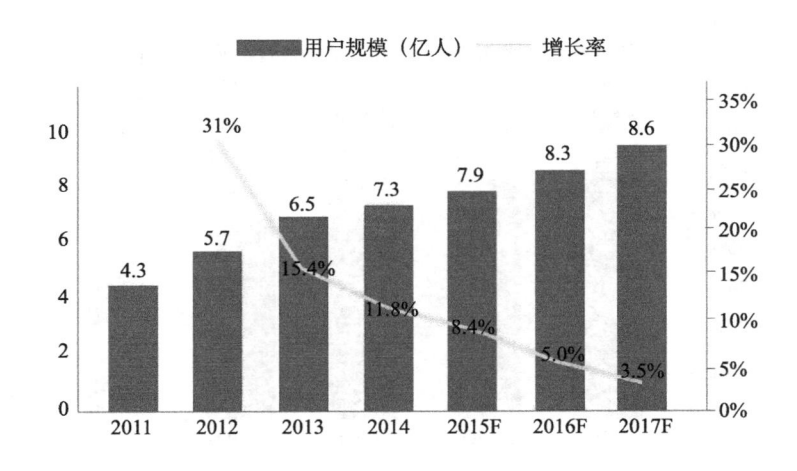

图 1-5　2015—2017 年中国移动互联网用户规模

2017年，移动互联网市场规模达到14989.3亿元人民币，环比增长1.1%，如图1-6所示。其中，由于4G网络的普及，以及移动娱乐中网络视频、直播的持续火爆，使得手机用户对流量的使用大幅增加。流量费的持续高速增长让流量费在移动互联网的整体市场结构中占比明显提升，2016年2月到2016年3月，随着WiFi覆盖范围的扩大，流量费增速放缓。移动生活服务在2017年整体增速有所放缓，主要由于团购、出行等在生活服务中占比较高的行业从高速成长逐步向市场成熟期过渡、市场增速放缓所致。移动购物也随着市场基数的不断增大而增速有所放缓，但在整体移动互联网市场中，移动购物依然占有绝对领先的份额，如图1-7所示。

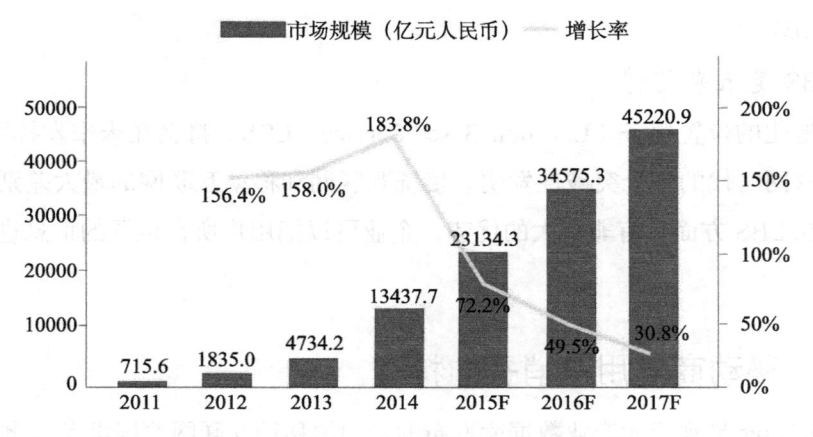

图 1-6　2011—2017 年中国移动互联网市场规模

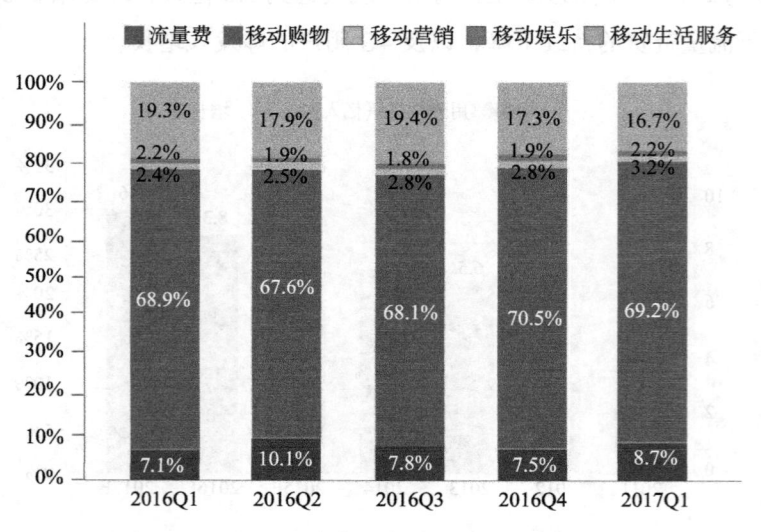

图 1-7　2016—2017 年中国移动互联网市场规模细分图

随着生活节奏的加快，人们很少有时间去逛街购物，闲暇时间十分零碎，实体店对消费者的购物时间和地点存在很大的限制，已经逐渐满足不了人们的购物需求。移动互联网技术、智能终端，以及终端应用程序不断发展和更新，现在人们可以随时随地上网进行购物、搜索比价、查询信息、浏览自己感兴趣的网站等。移动商务时代的用户特点主要表现在以下几个方面。

1. 消费移动化、碎片化

随着智能手机及移动互联网技术的发展，智能手机用户可以利用上下班、入睡前等碎片时间进行购物，并且可以在很短的时间内浏览大量的商品信息，不受时间与地点限制地对各个店铺商品的性价比进行比较，最终选择自己心仪的商品。

2. 消费需求呈现个性化

随着科学技术和时代的发展，人们逐渐摆脱了工业时代的标准化，在信息化的时代，更加注重个性的张扬，新成长起来的消费者群体具有十分鲜明的个性化需求。

3. 消费入口呈现多元化

在智能手机与移动互联网技术流行的今天，各种各样的手机客户端给用户提供了很大的便利，用户买东西可以直接打开天猫、淘宝客户端，想聊天可以直接打开微信、QQ客户端，用户所有的需求都被细化成每一个客户端，实现了用户消费入口的多元化。

4. 消费决策逐渐理性化

俗话说"货比三家"，消费者对不同店家的同种商品进行比较，可以形成理性、合理的消费习惯，但是在传统的消费模式下，碍于路程等原因，消费者很难做到货比三家，但随着人机互动技术的成熟，消费者能够便捷地对多个店家的同种商品进行比对，再进行购买。手机移动平台有搜索功能，用户不断添加关键词可以缩小搜索范围，更快、更加准确地查到目标商品。此外，多种第三方平台的兴起也为消费者提供了更多的消费参考。

1.1.4 移动电子商务的市场应用

近几年来，移动商务发展迅速，人们在生活中随处可以感受到移动商务带来的变化，4G网络和WiFi的覆盖更加使得移动商务在市场经济中的竞争中占据有利地位。因此，无论对企业还是个人而言，移动商务的市场前景都非常广阔。

1. 移动电子商务企业应用模式

在复杂的市场竞争中，企业要保持优势地位，必须在经济发展的大趋势下不断追求创新，提供适应市场需求的产品和服务，提升客户忠诚度，并不断拓宽消费群体。尤其是在移动电子商务大行其道的信息时代，企业根据自身的实际情况来寻求最有价值的市场应用模式就显得十分重要。现今，企业的移动电子商务应用主要包括以下几种。

（1）与客户沟通服务的移动终端应用

企业为了实现与客户交流沟通的便利性，从而研发并发布相关的移动终端应用，客户可以通过手机、PDA等移动终端下载并安装此类应用，最终实现随时随地与商家沟通交流的目的。例如，全球较为流行的移动终端Zendesk，具有极高的扩展性，提供强大的定制化选项，可用于任意规模的客服团队。Zendesk为客户提供基于互联网的SaaS客户服务/支持管理软件，使企业可以更加轻松地管理终端客户的服务和需求。

（2）移动电子商务物流管理

企业在发展移动电子商务的同时，也必将把物流管理进行移动化，这将更有利于企业相关部门对于物流信息的随时掌控。目前，国内申通、圆通等物流企业都能够对货物的位置信息进行跟踪并提供查询,在卖家发货后,买家可以根据相关的物流公司和快递单号信息,通过手机等移动终端进行物流信息查询,商品的产地、发收时间以及中转地点等信息一目了然。买家若发现问题,也可及时向快递公司反馈,以免造成损失。

(3)企业移动办公类应用

移动互联网的发展无疑也将企业内部办公带入了移动时代,使企业办公也可以在任何时间、任何地点进行。钉钉(DingTalk)是阿里巴巴集团专为中小企业打造的沟通和协同的多端平台,钉钉多端平台如图1-8所示。钉钉为企业提供了即时通信软件,即下即用,企业激活了"企信"后,员工可以通过客户端看到公司组织结构和人事状况,同事之间可以进行文字、语音、电话、会议等即时沟通协作。

(4)销售终端服务

在移动商务时代,企业可以从产品设计与生产、市场营销及售后服务等每个经营阶段寻求或创造新的利润增长点。为手机添加能够提供便利的应用,是用户所乐意接受的。阿里巴巴集团充分地认识到手机支付的巨大便利,建立支付宝平台,并通过和其他企业合作添加转账、信用卡还款、余额宝、蚂蚁花呗、淘票票等功能。支付宝首页如图1-9所示。完善手机支付平台,使手机成为随身的钱包,这种支付手段不仅使广大消费者的生活更加便利,也使得企业增加了盈利。

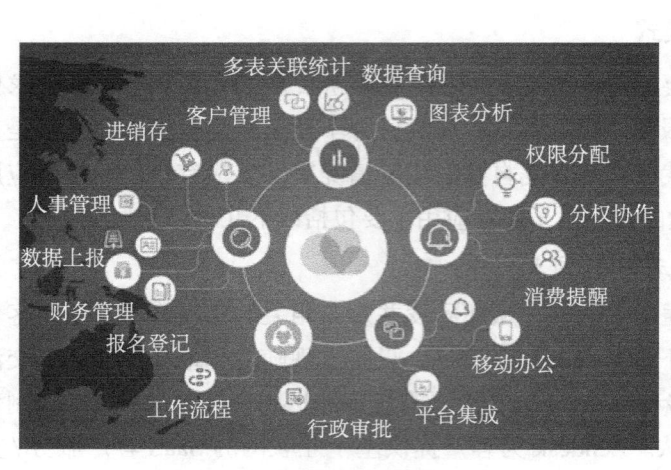

图1-8 钉钉多端平台　　　　　图1-9 支付宝首页图

2. 移动电子商务个人应用模式分析

现今市场上主要的移动电子商务个人应用模式主要包括:移动支付与移动银行服务、移动娱乐和移动邮箱、移动医疗、手机指纹识别、位置信息服务等。

（1）移动支付与移动银行服务

在移动银行服务应用中，用户通过手机客户端软件或收发短信来进行银行业务办理，可对查询、转账、理财等活动进行操作，国内多家银行都有提供类似的应用服务。移动支付中以手机支付为主要代表性应用，用户仅仅只需要一部智能手机就可以完成一笔交易，其便利性吸引了一大批用户的关注，尤其是年轻人消费群体。

（2）移动娱乐和移动邮箱

以 iPhone 为代表的智能手机的异军突起，掀起了手机 App 应用商店的热潮，用户可以随时随地下载自己喜爱的手机应用软件，这种应用模式使得第三方软件开发商提高了参与移动商务的积极性和主动性。电子邮箱在移动商务中占据重要地位，移动邮箱通过多媒体的形式传递信息资料，用户通过手机等移动终端管理和收发邮件、处理重要信息，提升办公效率。

（3）移动医疗

健康一直是人们关注的热点，移动医疗作为一块新兴市场自然而然地获得了人们的青睐，通过无线设备的帮助，人们可以及时就诊，解决小毛病，避免到医院里去排队挂号的拥挤烦恼。医院也可通过这种方式来提高工作效率，在一定程度上减少了患者等待治疗的时间。

（4）手机指纹识别

指纹识别已经被广泛应用到日常生活中，利用指纹的特殊性来确认每个人的身份，这样的安全性能是十分可靠的，因而将其利用到移动支付上将会实现令人满意的效果。用户在交易前利用事先预存在手机或其他移动终端里的指纹信息进行核对，验证成功后，交易马上完成，若验证失败，则无法完成交易，从而防止用户的资金被非法盗走。支付宝和微信都已推出指纹支付功能，这是一次伟大的创新。

（5）位置信息服务

位置信息服务 LBS 是指通过用户身上的移动终端设备来确定用户的地理位置信息，并提供用户所需求的服务。LBS 被广泛应用在社交、休闲娱乐、生活服务上，人们可以通过微信"摇一摇""附近的人"等功能来与感兴趣的人结交；百度地图等手机应用可以查询身边的餐馆、酒店等信息；无线城市掌上公交等应用可以查询各个城市的公交路线及实时公交信息。

1.2 移动商务营销概念的认知

移动互联网环境下，人们的上网习惯、消费习惯、娱乐习惯等生活方式都发生了很多变化。2017年,"双十一"天猫总成交额1682亿元,如图1-10所示,其中移动端成交占比90%,如图1-11所示。"双十一"天猫活动虽是互联网族群文化向大众消费潮流演变的过程,但背后离不开营销模式的"推波助澜"。从目前的国内市场来看,移动商务营销已经进入了如火如荼的时代。

11.11当天整体交易再创新高,达到1682亿元

2017年天猫双十一当天交易额冲破1682亿,11日13点09分打破去年双十一全天交易记录。

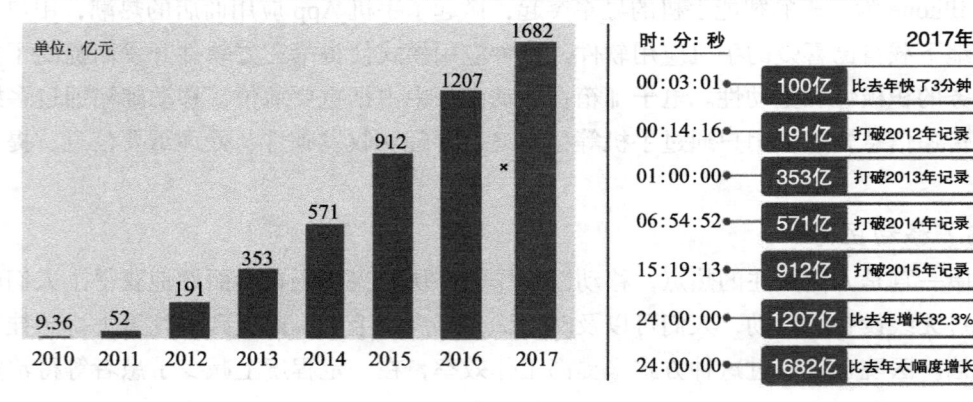

时:分:秒	金额	2017年
00:03:01	100亿	比去年快了3分钟
00:14:16	191亿	打破2012年记录
01:00:00	353亿	打破2013年记录
06:54:52	571亿	打破2014年记录
15:19:13	912亿	打破2015年记录
24:00:00	1207亿	比去年增长32.3%
24:00:00	1682亿	比去年大幅度增长

单位:亿元
2010: 9.36 2011: 52 2012: 191 2013: 353 2014: 571 2015: 912 2016: 1207 2017: 1682

图1-10 2017年"双十一"天猫总成交额

移动为王,无线端成交占比90%

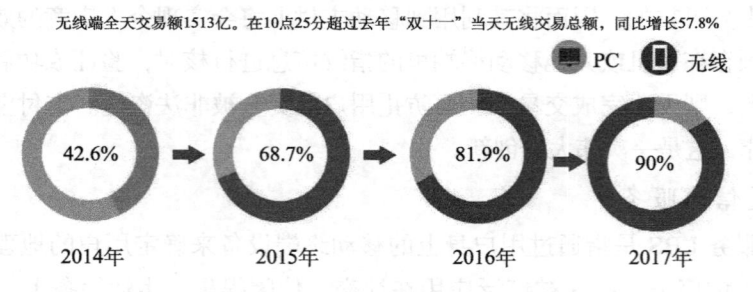

无线端全天交易额1513亿。在10点25分超过去年"双十一"当天无线交易总额,同比增长57.8%

PC 无线

2014年: 42.6%   2015年: 68.7%   2016年: 81.9%   2017年: 90%

图1-11 "双十一"天猫移动端成交占比

移动商务营销需要以移动终端设备为载体,依托移动通信网络、传统互联网来开展互动营销活动。移动商务营销不仅依赖于强大的数据库支持,还需要采用系统化的营销工具和手段,在为营销主体搭建一个适合业务和管理需要的移动信息化应用平台的同时,实现营销客体的相关需求。

1.2.1 移动商务营销理论发展

自1964年市场营销组合概念被提出以来,随着历史发展,其理论也经历了从4P到4C、4R、4D的发展,如图1-12所示。

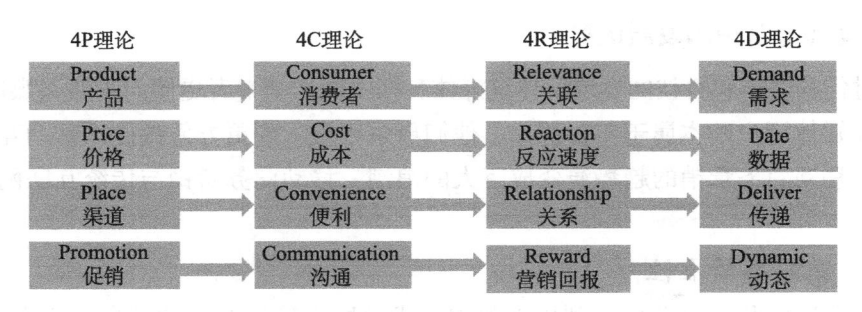

4P理论	4C理论	4R理论	4D理论
Product 产品	Consumer 消费者	Relevance 关联	Demand 需求
Price 价格	Cost 成本	Reaction 反应速度	Date 数据
Place 渠道	Convenience 便利	Relationship 关系	Deliver 传递
Promotion 促销	Communication 沟通	Reward 营销回报	Dynamic 动态

图 1-12　4P、4C、4R、4D 理论演变

20 世纪 60 年代，美国营销学者、密西根大学教授杰罗姆·麦卡锡提出了著名的 4P 营销组合策略，即产品（Product）、价格（Price）、渠道（Place）和促销（Promotion）。4P 理论以满足市场需求为目标，是一种静态的营销理论，没能把消费者的行为和态度变化作为市场营销战略的重点，使得这一理论不能完全适应市场的变化。

1990 年，美国学者劳特朋教授从消费者角度出发，提出了与传统营销理论 4P 相对应的 4C 理论，即消费者的需求与欲望（Consumer Needs and Wants）、消费者愿意付出的成本（Cost）、购买商品的便利（Convenience）和沟通（Communication）。在 4C 理论的指导下，越来越多的企业更加关注市场和消费者，与顾客建立一种更为密切和动态的关系。

20 世纪 90 年代中期，美国学者唐·舒尔茨顺应营销实践发展提出了 4R 理论，即与顾客建立关联（Relevance）、提高市场反应速度（Reaction）、建立长期和稳固的关系（Relationship）、重视营销回报（Reward）。4R 理论强调企业与顾客在市场变化的动态中应建立长久互动的关系，以防止顾客流失，赢得长期而稳定的市场。

以上三种理论中，4P 营销理论站在企业的角度来思考问题，是营销的一个基础框架；4C 营销理论站在客户的角度来思考问题，但是没有侧重从企业整体运作的角度看待问题，更没有侧重从营销的核心目的去分析问题。4P 和 4C 营销理论都是针对营销过程中重点元素的静态描述。4R 则是二者综合提炼的结果，它满足营销的核心，而且是一个动态的过程。但 4R 理论仍然是粗放型的，远没达到"一对一"的"精细"化程度。

在移动互联网经济时代，信息沟通在互联网的影响下，认知和行为逐渐改变，传统营销模式在实践中寸步难行。在这一背景下，涵盖需求（Demand）、数据（Date）、传递（Deliyer）、动态（Dynamic）四大关键要素的 4D 营销模型以消费者需求为基础、以互联网思维为灵魂，重新定义了企业营销模式，促进了营销双方的良性互动。

1.2.2　移动商务营销的发展优势与未来趋势

目前，电子商务正迅速改变着工业化社会传统的、物化的营销模式，移动商务营销也步入了一个崭新的发展阶段，大大缩短了生产与消费之间的距离，减少了商品在流通中经历的诸多环节，具有多重优势。

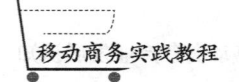

1. 移动商务营销的发展优势

随着时代的进步和科技的发展，传统媒体日渐式微，消费者更倾向于新兴媒体的使用，尤其是网络媒体用户基本属于年轻群体，他们更乐于投入到更方便快捷的移动互联网新兴媒体之中，移动商务营销的趋势演变成巨大的浪潮。移动商务营销与传统互联网营销相比有以下优势。

（1）营销的高精准性

移动互联网时代，企业可以利用大数据技术手段准确地对移动用户的行为进行分析，并且基于LBS地理位置进行精准定位和推送营销信息。

（2）信息的获取更为及时

移动电子商务可实现信息被随时随地访问，人们可以从手机终端来获取自己所需的信息，这本身也就意味着信息获取的及时性。

（3）提供基于位置的服务

移动互联网能获取和提供移动终端的位置信息，与位置相关的商务应用成为移动商务领域中的一个重要组成部分，如GPS卫星定位服务、LBS定位服务。

（4）支付更加方便快捷

移动商务中，用户可通过移动终端访问网站、从事商务活动。服务付费可通过多种方式进行，可直接转入银行，或者实时在专用预付账户上借记等，以满足不同需求。如微信支付、支付宝支付及各大银行的手机银行App等。

（5）移动商务营销有效地降低了营销成本

移动商务营销不仅提供了低成本甚至免费的平台，而且提供了低成本的传播方式。只要网民觉得营销内容有创意、有价值或者有趣，就会疯狂地帮企业免费传播。例如，一篇有价值的朋友圈信息就能覆盖数万甚至更多用户。

（6）移动商务营销提升了广告的创意空间

移动商务发展使社区营销、精准营销、事件营销、病毒营销、数据库营销、反向沟通、互动体验、口碑传播、焦点渗透等各种新的广告形式和营销方法不断出现，将更多创造性的元素融入整个营销传播当中，极大地弥补了传统媒体创意枯竭的问题。

（7）需求优势，加强购物者的购物效率

移动营销是一种以消费者为导向，强调个性化的营销方式，从根本上提高了消费者的满意度，并且能满足消费者对购物方便性和随时随地购物的需求，省去了商场购物的距离消耗和时间消耗，提高了消费者的购物效率。

2. 移动商务营销的未来趋势

在互联网高速发展的今天，信息交互、知识共享的互联网思维正在改变着中国的制造业，越来越多的企业感叹实业实在难做，但小米公司和海尔集团的营销创新带给我们新的思考和启示。小米公司每天都有数以千万计的用户通过微博、微信、论坛等渠道为小米的研发、更新、升级提供各种意见和建议。而海尔搭建的平台，整合了全球10万个知名高校、专家学者、科研机构，涉及电子、生物、动力、信息等诸多领域。这一平台使得海尔和世界顶尖研发团队结成了一个利益共同体，不断将顾客创新的需求变为现实。

（1）移动商务营销与技术融合加速

随着移动互联网、物联网的发展，未来会有越来越多的物品连接到互联网中，并且变得智能化，随之而来的是海量的数据。对这些数据的分析、解读及利用可以带来巨大商业价值。

（2）移动商务营销价值网全面渗透

移动商务的广泛应用弱化传统媒体对营销的限制，营销的潜能将得到释放。随着移动互联网和各个行业的交融，营销间的界限日益模糊，移动互联网对各个行业的营销影响呈现出更多的共性。产品平台化、规模化、多维度整合，跨屏程序化 DMP+DSP（数据管理平台＋数字信号处理）加速移动营销价值网全面渗透。

（3）以人为本，移动广告与消费者生活融合

随着网络连通性和数字空间的不断强化以及市场的变化，消费模式已经发生变革，消费者拥有绝对的选择权。O2O 场景化的生活圈消费以消费者为本，将移动广告与消费者生活融合，使消费者产生共鸣，更容易产生持续的商业变现，这也将成为移动商务营销的必然趋势。

（4）社群与场景，驱动营销变革

移动技术的发展推动了社群的进化速度，未来企业可以在适合的场景下，针对特定的社群，通过有传播力的内容或话题，随着社群网络结构进行人与人连接快速地扩散与传播，运用小场景撬动大营销，获得有效的商业传播及价值。

（5）强化媒体属性，移动整合营销升级

后移动商务时代，移动电商应强化其媒体属性，在扮演移动电商平台角色的同时，增强企业移动互联网营销内嵌式变革力量，以供品牌曝光展示、沟通互动，完成品牌教育，可以被视为汇聚亿级人群、拥有海量曝光机会的媒体平台。

（6）多方共进

互联网在各个行业中的运用将打破行业边界，链接信息孤岛，每个公司都将成为大数据公司，可预测的用户行为和可引导的用户轨迹将会使营销变得更加丰富。

1.2.3 移动商务营销思维

思维对于人的行动具有重要的指导作用，对于移动商务营销来说，最重要的就是形成互联网思维。互联网思维已成为最根本的商业思维，需要渗透到企业运营的整个链条中，以优化整个企业经营的价值链条。那么互联网思维到底是什么呢？

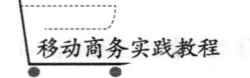

1. 互联网思维

对于互联网思维这一概念的释义，目前业界众说纷纭。马云曾在演讲中表示，互联网思维是跨界、大数据、简介和整合；周鸿祎在接受央视采访时表示，互联网思维应该是用户至上、体验为王、免费模式和颠覆式创新；雷军则将专注、极致、口碑、快视为互联网七字诀。他们对于互联网思维的释义有相通之处，都是在（移动）互联网、大数据、云计算科技不断发展的背景下，对市场、用户、产品、企业价值链乃至对整个商业生态进行重新审视。互联网时代的思考方式，不局限在互联网产品、互联网企业，而是泛互联网，包括台式机、笔记本电脑、平板电脑、手机、手表、眼镜、汽车等。

互联网时代的思维是一种民主化的思维。当前，生产者和消费者的权利发生了转变，消费者主权时代已经到来。移动商务作为互联网产业中的重要构成，必须要理解并运用互联网思维。

（1）以用户为中心

"以用户为中心"的用户思维是互联网思维的核心。很多通过互联网思维获得成功的企业，它们的产品不仅免费，甚至有的倒贴进行宣传。例如，很多外卖网站竞争地不亦乐乎，用户购买早餐有的打五折，有的甚至免费。

很多传统企业都不明白这种方式，认为这种行为简直不可理喻。但互联网思维就是这样，首先要积攒用户，以用户为基础建立商业模式。

（2）贴近消费者需求

互联网思维中，产品售卖出去仅仅是一个开始。把握住消费者需求的变化，利用用户的参与和反馈逐步改进产品，快速迭代，才能够取得成功。例如，免费的杀毒软件其实不止360一家，许多国际知名杀毒软件都有免费版供用户使用，但随着360的不断更新，贴近消费者需求，最终甩开其他产品，成为真正的巨头。

（3）重视用户体验

在这个社会化媒体时代，好的产品即使不投放广告，也会自然形成口碑传播，甚至成为话题。譬如手机市场中，苹果的iOS系统炫酷的界面和流畅性明显高于其他系统，但在市场占有率方面却只有12%，远低于63%的市场占有率。苹果过高的价格定位是其中一个原因，但更大的原因在于安卓系统的开放性，让用户能够更深入地参与到系统的优化与更新。

（4）转变商业模式

互联网思维首先强调的不是获得盈利，而是获取用户，这正是与传统思维不同的地方。互联网企业的模式是通过传播让用户在看到产品前就已经了解到产品有多好，甚至让用户自发宣传成为粉丝。企业通过免费策略争取用户，达到一定程度后就可以为企业带来质变，甚至自发带来传播。当然，无论是传统企业还是互联网企业，盈利都是最终目的，产品免费只是手段，目的是打造一个新的价值链，通过广告、增值服务等方式进行盈利。

2."互联网+"

通俗来说,"互联网+"就是"互联网+各个传统行业",但这并不是简单的两者相加,是利用信息通信技术以及互联网平台,让互联网与传统行业进行深度融合,创造新的发展生态。"互联网+"的特征包括以下几点。

(1)跨界融合

跨界让创新的基础更加坚实,融合让群体智能得以实现,跨界融合使研究到产业化的路径更垂直。融合本身也指代身份的融合,消费客户转化为投资伙伴和创新参与者等。

(2)创新驱动

创新驱动正是互联网的特质,用所谓的互联网思维来求变,也更能发挥创新的力量。

(3)重塑结构

信息革命、全球化、互联网已打破了原有的社会结构、经济结构、地缘结构、文化结构,权利、议事规则、话语权也不断地在发生变化。

(4)尊重人性

人性的光辉是推动科技进步、经济增长、社会进步、文化繁荣的最根本力量,互联网力量强大的根本也是来源于对人性最大限度地尊重、对人的体验的敬畏、对人的创造性发挥的重视。

(5)开放生态

开放的生态环境对"互联网+"来说是必不可少的。"互联网+"的一个重要方向就是要把过去制约创新的环节化解掉,把孤岛式创新连接起来,让研发转变为由市场驱动,让创业者及努力者有机会实现价值。

(6)连接一切

"互联网+"既是一种新的思维方式,更是一种连接一切的能力和竞争力,不光是人与人相连接,世间万物都是相互连接的。

单元拓展

1. 社群营销

在现在的移动时代,移动终端就是我们身体的一部分,是肢体和思想的延伸,几乎可以做到无时无刻、随时随地在线。也正因为移动互联网的这个特性,颠覆了传统的人际关系概念,产生了社群。社群新经济时代已经来临,Facebook、YouTube、Twitter、Plurk等社群媒体平台在近年迅速走红。它们不只是聊天、玩乐、打发时间的工具,事实上,社群媒体已经彻底颠覆商业与消费者行为。即时通信功能让成千上万人彼此相连,不仅影响人们的社交生活,也促成了庞大的社会经济转变,彻底改变消费者与企业之间的沟通与互动模式。社群媒体的威力强大,它可以在一夕之间,迅速强化或摧毁品牌。社群营销就是基于圈子、人脉、六度空间概念而产生的营销模式，通过将有共同兴趣爱好的人聚集在一起，将一个兴趣圈打造成为消费家园。

2. 粉丝经济

粉丝经济（Fans Economics）泛指在社交网络时代，架构在粉丝和被关注者关系之上的经营性创收行为。通俗地来讲，就是粉丝通过一系列消费活动或其他方式来支持偶像（喜欢的事物）的行为。"粉丝经济"这一概念，可以阐释为通过提升用户黏度来优化口碑营销实效以获取经济收益与社会效益的信任代理形态与经济运作方式，其本质上是一种精神消费。通过影响用户情绪，达到用户主动参与并主导营销的效果，以最终实现增值的目的。

2009—2012年的互联网上升期，出现了很多带有互联网思维的创新产品或服务。信息逐渐摆脱了原来的中心化与整体化特征，变成了去中心化的零散碎片，在以人与人之间相互关系为纽带的渠道中，呈现出裂变传播状态。此时，首次有了品牌粉丝这个概念，以至于有人把世界上的粉丝分为两种：一种粉丝因人而物，另一种粉丝因物而人。明星定制手机、卖水果属于前者，而乔布斯则属于后者。商业上的粉丝，应该是通过创造价值观与生活态度的认同感。移动互联网时代，粉丝作为核心顾客群，其最大价值就是"裂变"，即由一个粉丝增长为两个粉丝，甚至是一群粉丝，影响到身边众多的人。如今，在全新的网络环境下，粉丝不仅意味着影响力，还意味着经济价值。可以预料的是，"粉丝经济"将进入一个快速增长的时期。

同步实训

本次实训步骤为：实训概述→实训素材→实训目标→实训任务→实训考评。

一、实训概述

本实训为移动商务营销模式认知实训。通过本次实训，使学生能够熟悉移动商务的市场应用和营销模式的相关知识，能够下载、安装并使用App，以及能够简单分析移动商务的营销模式，使学生初步具备移动商务的营销思维，为后续的学习打下良好的基础。

二、实训素材

移动互联网、智能手机、计算机。

三、实训目标

1. 能够下载、安装并使用移动App，将操作截图作为考评内容之一；
2. 撰写移动商务营销模式的分析报告。

四、实训任务

任务一　下载安装并使用移动App

学生通过自行分组，组员间相互进行各类常用App的下载与安装。

1. 下载、安装"支付宝"App，并进行截图保存；

2. 通过"支付宝"App 进行转账业务，并进行截图保存；

3. 通过"百度地图"查询到"机场"的路线图，并进行截图保存。

任务二　移动商务营销模式认知

学生通过自行分组，组员通过移动互联网，借助智能手机、计算机等查找当前主要的移动商务营销模式，并结合单元内容，对移动商务营销模式的概念、特点、优势进行分析，分组讨论并填写表1-1。

表1-1　典型移动商务营销模式的概念及特点与优势分析

移动商务营销模式	概念	特点分析	优势分析

五、实训考评

1. 老师可根据学生本单元实训的完成情况，进行教学考评，详见考评表1-2。

注：平时考勤、作业评定等都可在"云班课"App 上进行。

表1-2　考评表

评价项目	评价内容	评价标准	评价方式
理论知识	1. 了解移动商务的特点、发展现状与趋势； 2. 了解移动商务营销的相关理论及发展趋势	（理论考试） 分数≥60分	开卷考试
实训操作	熟悉并掌握移动商务的市场应用	（实训操作） 分数≥60分	根据实际操作熟练度判断
职业素养	1. 责任意识（4分） 2. 学习态度（3分） 3. 团结合作（3分）	综合考评	综合考评
总分				
综合得分	教师根据学生的日常考勤、理论学习和实训表现进行综合考评打分。 注：总分＝平时考勤（占20%）＋理论考评（占40%）＋实训考评（占40%）			

2. 教师根据各组实训进程及实训记录进行综合评价

（1）针对各组的优点进行点评，针对缺点提出改进方法；

（2）针对整个实训过程中团队协作的亮点和不足进行点评。

单元二

智能手机硬件、系统和应用基础

学习目标

知识目标

▶1. 熟悉智能手机硬件构成、功能、特点；
▶2. 了解主流智能手机操作系统的功能及其优点；
▶3. 了解移动智能终端及典型 App 的主要功能；
▶4. 了解 HTML5 和移动商务技术的相关知识；
▶5. 了解移动支付市场规模，熟悉移动支付的应用场景。

技能目标

▶1. 能够运用不同操作系统的智能手机；
▶2. 能够熟练操作应用典型技术的 App；
▶3. 能够运用典型 App 解决移动商务方面问题，比如订票、团购、定位等。

本单元包含了五个学习小结，具体为：

2.1　硬件构成、系统的认知
2.2　App 认知和应用
2.3　HTML5 认知和应用
2.4　移动电子商务技术基础认知

单元二　智能手机硬件、系统和应用基础

学习引导

小王是成都职业技术学院电子商务专业的学生，今年刚毕业就应聘到一家以移动商城运营为主的某电商公司做网站编辑。最近公司要上架一批手机新品，小王为了熟悉产品性能，特地搜集了手机的相关资料进行学习。他发现生活中的便携移动终端有很多，但具有代表性的移动终端还是大家经常使用的智能手机。做移动商务运营有很多基础知识需要了解，比如 App 的类型及其应用、HTML5、移动支付应用、移动商务技术基础等相关知识。

学习规划

生活中常见的移动智能终端包括了智能手机、平板电脑、笔记本电脑、PDA 智能终端、车载智能终端、可穿戴设备等。而智能手机是移动智能终端的典型代表，它已经成为功能强大的移动计算平台，也是广泛使用的互联网移动接入终端。它像个人电脑一样，具有独立的操作系统，可以由用户自行安装软件、游戏等第三方服务商提供的程序。手机已从功能性手机发展到以 Android、iOS 系统为代表的智能手机时代，是可以在较广范围内使用的便携式移动智能终端。小王从手机的硬件构成、操作系统着手了解智能手机，然后学习 App 的类型及其应用等相关知识，为了更好地做好工作，他还学习了 HTML5 应用、移动支付应用、移动商务技术基础等相关知识。

相关知识

2.1 硬件构成、系统的认知

2.1.1 智能手机的硬件构成

智能手机硬件主要由 SoC、RAM、ROM、屏幕、摄像头、电池、传感器、射频芯片等部件构成，如图 2-1 和图 2-2 所示。这些主要部件都有什么特点？有哪些作用呢？小王首先从手机部件 SoC 开始进行认识和学习相关知识。

图 2-1 智能手机底部硬件示意图（一）

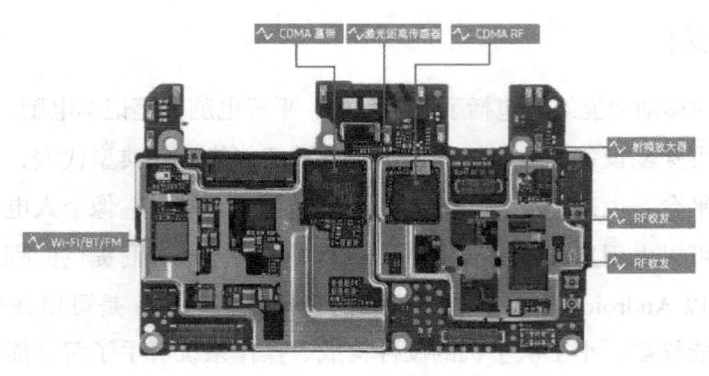

图 2-2 智能手机顶部硬件示意图（二）

图 2-3 SoC 的外形

SoC（System on Chip）就是片上系统，一个手机的 SoC 同时包括 GPU、CPU、协处理器、ISP、基带等几部分，小王把它理解成将原本应该独立存在的多个芯片打包，封装在一个芯片里的结合体。SOC 的外形如图 2-3 所示。

GPU（Graphics Procesing Uint）是图形处理器，又称显示核心、视觉处理器、显示芯片，是一种专门在个人电脑、工作站、游戏机和一些移动设备（如平板电脑、智能手机等）上进行图像运算工作的微处理器。它与电脑上的显卡不同的是，手机的 GPU 和 CPU 一起被集成到了 SoC 上。随着图形处理技术的发展，大家对手机的图像处理能力有了更多的要求，GPU 也足以和 CPU 相提并论了，小王认为尤其是在玩 3D 游戏的时候 GPU 的重要性远在 CPU 之上。

CPU（Center Processing Unit）是中央处理器，相当于手机的大脑，是处理器最核心的组成部分之一，和手机各种运行速度和效率都有着莫大的关系。一款强劲的 CPU 可以为手机带来更高的运算能力，也会增加手机玩游戏看电影的速度体验。CPU 主要参数有两个：核心数和主频。根据自身切身体验，小王发现这些性能参数也不是越大越好，合理够用即可，因为多核心高主频也意味着更耗电。

RAM（Random Access Memory）是随机存储器，可随时读写且速度快，常作为操作系统或正在运行中的程序存储的临时媒介。手机常用的内存规格是 LPDDR（Low Power Double Data Rate），中文名为低功率双重数据比率，专门用于移动式电子产品。目前，市场上主流的是 LPDDR3，新的 LPDDR4 在性能上也有显著的提升，小王列举了它们的规格对比，如表 2-1 所示。

表2-1　LPDDR内存规格对比

内存型号	LPDDR2	LPDDR3	LPDDR4
时钟频率	400MHz	800MHz	1600MHz
带宽	6.4GB/s	12.8GB/s	25.6 GB/s
工作电压	1.2V	1.2V	1.1V

　　同电脑上所使用的内存条一样，RAM 容量越大，手机运行速度更快，多任务机制更流畅。

　　ROM（Read-Only Memory）是只读存储器，又称闪存，顾名思义，就是这样的存储器只能读，不能像 RAM 一样可以随时读和写。它只允许在生产出来之后有一次写的机会，数据一旦写入则不可更改。它的另外一个特点是断电后里面的数据不丢失，可以存放上千年。手机 ROM 指的是存放手机固件代码的存储器。小王发现自己以前给手机刷机指的就是重新构建自己的手机 ROM 部件，如手机的操作系统、一些应用程序等。

　　屏幕是大家最熟悉的部件，是大家对手机最直观的印象，也是手机中成本占比最大的部分。现在智能手机基本上都采用触摸屏，触摸屏又称为触控面板，是可接收触头等输入信号的感应式液晶显示装置。手机触摸屏分为电阻屏和电容屏两种，目前流行的触摸屏多数都为 lens 屏，就是纯平电阻和镜面电容屏。

　　电池的容量也是小王最关心的问题之一。毕竟多媒体时代的来袭，使得手机娱乐功能的应用越来越丰富，手机的使用频率也越来越高。电池容量的多少标志了一款手机的续航能力。

　　手机传感器是手机上通过芯片来感应的元器件。手机里的传感器，比如：距离传感器、加速度传感器、重力传感器、陀螺仪、气压计等，就是手机的耳、鼻、眼、手，能够采集周围环境的各种参数并传送给 CPU，使得手机具有真正智能的功能。

　　摄像头也是喜欢拍照的人群购买手机的一个重要参考标准。像素包括有效像素（Effective Pixels）和最大像素（Maximum Pixels）。与最大像素不同的是有效像素是指真正参与感光成像的像素值，而最高像素的数值是感光器件的真实像素。在选购摄像头时还会遇到光圈这个参数，光圈大小一般用 F 值表示，F 值越大，光圈越小。大光圈意味着同样环境下，照片会变得更明亮，特别是弱光环境下效果会更加明显。由于手机摄像头产品、技术等限制，还无法和真正的相机相提并论，不过，相信手机摄像头会随着技术发展越来越接近专业相机的拍照效果。

　　手机里边有很多跟射频相关的芯片，叫作射频芯片，主要包括射频发射芯片、GPS 导航天线芯片、WIFI 无线网络芯片、NFC 近场传输芯片、蓝牙芯片等，这些芯片的数量和性能，决定了手机通信手段的多少和通信能力的强弱。

小王学习了智能手机的硬件知识后，接下来开始学习智能手机的操作系统。

2.1.2 智能手机操作系统

操作系统也是消费者购买智能手机的一个参考因素。对手机性能比较关心的用户也会希望了解智能手机操作系统，例如，希望了解目前市场上的操作系统都有哪些、哪种手机操作系统比较好用。

小王以目前市场容量、竞争状态和应用状况等为主要考查参数得出，现在手机操作系统主要有 Android 和 iOS 两大主流系统。2009—2016 年移动操作系统市场份额占比如图 2-4 所示。为了更深入地了解操作系统，小王对这两款手机操作系统的优点进行了分析。

Android 平台最大优势是开放性，允许任何移动终端厂商、用户和应用开发商加入 Android 联盟中来，允许众多的厂商推出功能各具特色的应用产品。Android 平台提供给第三方开发商宽泛、自由的开发环境，由此会诞生丰富的、实用性好、新颖、别致的应用。Android 系统具备触摸屏、高级图形显示和上网功能，界面友好，是移动终端的 Web 应用平台。

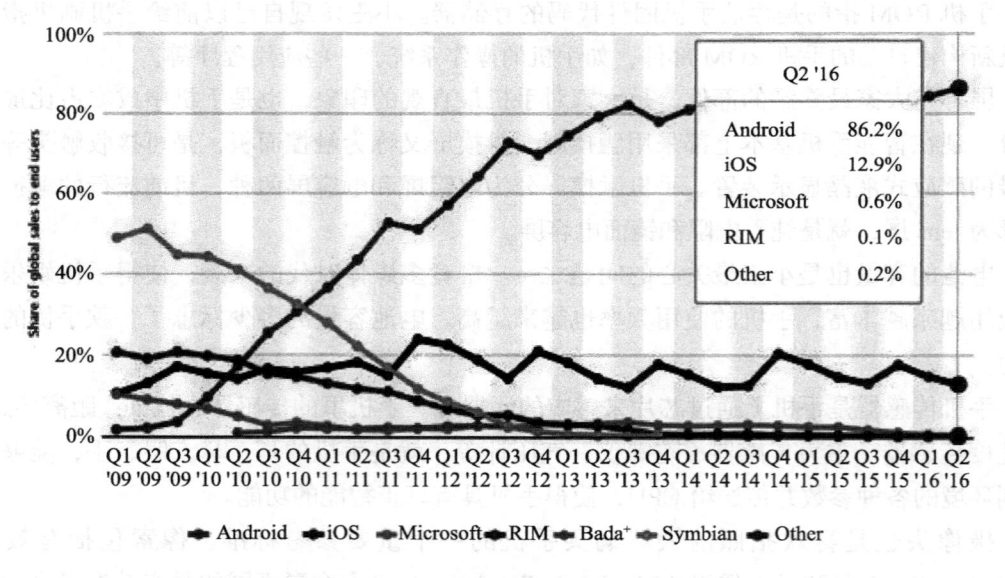

图 2-4 2009—2016 年移动操作系统市场份额占比

iOS 作为苹果移动设备 iPhone 和 iPad 的操作系统，在 App Store 的推动之下逐渐成了世界上引领潮流的操作系统之一。原本这个系统名为"iPhone OS"，在 2010 年 6 月 7 日 WWDC 大会上被更名为"iOS"。

iOS 的产品有如下特点：

①优雅直观的界面。iOS 创新的 Multi-Touch（多点式触控屏幕技术）界面专为手指而设计。

②软硬件搭配的优化组合。苹果公司同时推出的 iPad、iPhone 和 iPod Touch 的硬件和操作系统都可以匹配，高度整合使 App 得以充分利用 Retina（视网膜）屏幕的显示技术、Multi-Touch 界面、加速感应器、三轴陀螺仪、加速图形功能以及更多硬件功能。

③安全可靠的设计。设计了低层级的硬件和固件功能，用以防止恶意软件和病毒；还设计有高层级的 OS 功能，有助于在访问个人信息和企业数据时确保安全性。

④多种语言支持。iOS 设备支持 30 多种语言，可以在各种语言之间切换。内置词典支持 50 多种语言，Voice Over（语音辅助程序）可阅读超过 35 种语言的屏幕内容，语音控制功能可读懂 20 多种语言。

⑤新 UI 的优点是视觉轻盈、色彩丰富，更显时尚气息。Control Center 的引入让操控更为简便，扁平化的设计可以在某种程度上减轻跨平台的应用设计压力。

2.2 App 认知和应用

2.2.1 App 认知

1. App 的概念

App 就是应用程序，英语全称是 Application，狭义的 App 指的是智能手机的第三方应用程序，广义的 App 是指所有客户端软件，现多指移动应用程序。自从苹果公司的 App store 开创了手机软件业发展的新篇章，使得第三方软件的提供者参与其中的积极性空前高涨。随着智能手机越发普及、用户越发依赖手机软件商店，早在 2012 年时，App 开发已变成一片"红海"。

2. App 的分类

根据苹果软件和安卓软件平台的 App 开发应用情况，现在 App 移动应用大致分为五大类：工具类 App、社交类 App、生活服务类 App、休闲娱乐类 App、行业应用类 App。

（1）工具类 App

工具类应用可以理解成用户在一定环境下，了解某事物所使用的工具，在移动客户端上就是使用工具类 App。而这种对工具的需求并不具备普适性的特征，并不是每位用户都需要此类工具，例如手电筒、安全卫士、流量监控器等。从工具 App 的发展来看，它的发展周期很长，是一个先苦后甜的过程，用户数量与盈利都是困扰其中的问题，和游戏 App 完全相反。

（2）社交类 App

社交 App 是指能够支持用户之间相互通信交流的移动应用软件。通信沟通类 App 主要包含可以使用户同步沟通的 IM（Instant Messaging，即时通信/实时传讯），用户可以通过应用相互传送图文、声音、视频，以及保证用户之间异步沟通的移动邮箱。目前常见的 App 包括 QQ、网易邮箱等。

（3）生活服务类 App

生活服务类的 App 作为智能"生活助理"的角色，为人们的日常生活提供便利。生活服务类 App 又分为生活信息处理和生活智能助理两部分，生活信息处理为用户提供生活中衣食住行等方面的信息，使用户的生活更加便利；而生活智能助理为用户提供时间管理、移动定位、移动支付，以及一些事情的助理服务。这方面的 App 有去哪儿、支付宝（其首页截图如图 2-5 所示）等。

图 2-5　去哪儿、支付宝 App 首页截图

（4）休闲娱乐类 App

在高频度强压的生存条件下，很多人需要在繁重的工作之余，利用有限的时间放松情绪，这样的心理需求越来越普遍，于是娱乐休闲型 App 如雨后春笋般快速充斥着整个手机娱乐市场。休闲娱乐类 App 主要指能够为用户提供休闲和精神娱乐享受的移动应用产品。此类 App 中主要为游戏类 App，几近占据该类 App 中一半的市场份额。除游戏外，还有图文娱乐、移动音频以及移动视频等，如电子书、网络电台、网络视频等。

（5）行业应用类 App

行业应用类 App 则是能够支持用户进行指定行业工作的企业级移动应用软件。它分为一般应用和专业应用两个部分，一般应用主要是负责制定工作计划，进行项目管理的办公类 App；专业应用则根据企业用户所处的行业又各不相同，在各个行业都有应用。因为其用户都是专业性很强的企事业单位，并且其设计开发具有一定的保密性，所以数量很少，如中国移动推出的蓝海领航、中国联通推出的警务新时空等。

3. App 的特点与优势

App 有着非常大的市场需求和广阔的发展前景，小王想知道它自身的哪些优势奠定了现在的市场地位，为此他搜集资料了解了 App 的四大优势。

（1）精准性

App 都是用户主动下载的，至少说明下载者对相关品牌有兴趣。多数 App 都会提供分享到微博等社交网站的功能，聚集具有相似兴趣的目标群体。同时，App 还可以通过收集手机系统的信息、位置信息、行为信息等，来识别用户的兴趣、习惯。例如，识别手机的型号、系统，辨别是商务机还是音乐机，就能估计用户的收入水平和兴趣爱好；可以通过识别用户常看的页面，分析其行为习惯，再推送企业的推广信息。

（2）互动性

App 提供了比以往的媒介更丰富多彩的表现形式。移动设备的触摸屏具有很好的操作体验，文字、图画、视频等一应俱全，实现了前所未有的互动体验。而且 App 还打开了人与人的互动通道，通过在内部嵌入 SNS（Social Network Software，社交网络软件）平台，使正在使用同一个 App 的用户可以相互交流心得，在用户的互动和口碑传播中，提升用户的品牌忠诚度。

（3）创意性

App 是一种新的工具、新的媒体、新的呈现方式，那么就不应该用传统互联网思维来搭建，而应该多一点软件的思维、更多用户体验、软件流程的考量，甚至是更多结合手机或者平板的特性（照相、LBS、感应器等），这是创新创意的思维，也是 App 上市后得以吸引用户及媒体关注的主因。App 在品牌企业手里，可以是产品手册，可以是电子体验，可以是社交分享，可以是公关活动……，几乎可以把整个营销流程武装一遍。App 营销的所有优势归结于一个前提——设计和创意。只有设计出用户真正喜欢的 App，有让他们惊讶的创意，他们才会成为忠诚用户。

（4）超强的用户黏性

现代人无论去哪都是手机不离身，一有空当就会拨弄手机，哪怕是上厕所的时间也不放过，App 抢占的就是用户的这种零散时间。而且只要不是用户主动删除，App 就会一直待在用户的手机里头，品牌就有了对用户不断重复、不断加深印象的机会。

4. App 的发展现状及未来趋势

工业和信息化部 2017 年上半年发布的我国互联网业务运行情况报告显示，我国市场上移动互联网应用数量已超 402 万款。6 月，我国第三方应用商店与苹果应用商店中新上架 12 万款移动应用（App）。截至 6 月底，我国本土第三方应用商店移动应用数量超过 232 万款，苹果商店（中国区）移动应用数量超过 171 万款。其中，第三方应用商店分发数量超过 6277 亿次。

移动 App 数量虽多，但相对于桌面互联网以门户、搜索为核心入口的格局，移动互联网的业务入口则大为分散，且数据信息无法互通。当前市场上已出现应用商店、搜索服务等重要的服务领域，并分别形成规模巨大的信息孤岛，数据分散促使龙头企业缺乏统一的信息聚集入口。

同时，移动 App 版本变种数量众多，相互关联图景极为复杂，如在面向 Andriod 热门应用排名 Top10 中，仅计算不同名称，10 个热点移动应用就有 186 款变种，其中 QQ 就有近 50 款变种。由于选择带来的困扰，使用者下载 App 应用带来的满足感会随所下载 App 数量的增加而递减。

移动 App 市场存在明显长尾效应。根据雅虎通过 Aviate 智能平台得到的数据显示，平均每名 Android 用户在手机上安装 95 款应用程序，每天使用的应用仅有 35 款，其余 60 款则为"长尾应用"——平时很少用到，某些时刻又需要它，所以一般情况下用户也不会卸载这些 App。然而，手机存储容量的限制和用户精力的有限又决定了用户不可能大规模安装这些小众需求的 App，如何实现对这些"长尾应用"进行集成就成了重要的问题。

App 未来会向以下几个方向发展。

（1）App 应用回归常态需求

近半数的用户会安装 20 个以上的 App，但是经常使用的 App 不到一半，大约 5～10 个。从现实来看，大量 App 涌现到用户面前，但真正能够维系用户并与巨头分庭抗礼的 App 很少，随着人们对 App 的接受度不断提高，人们对移动信息的获取已经出现过剩，安装与尝试新 App 的动力明显不足，全新的 App 想获得脱颖而出的机会越来越难。

（2）功能性 App 趋向整合

功能性 App 或被超级 App 整合，而超级 App 的入口平台化趋势日渐明朗。伴随整合的发生，超级 App 几乎覆盖人们的日常生活，从网络监测的视角，可建立超级 App 评测专库，起到以点带面地对全网的质量进行监控的作用。

（3）App 发展新方向

基于 Web 技术的新形态 App 出现，对原生 App 产生冲击。传统技术与新兴技术融合加速，App 间的调用与互动愈加频繁，对移动网络的监控与管理提出了更高的要求。要求我们跟踪最新技术，更加重视技术快速发展演变中的网络与终端、网络与新型 App 交互适配的问题。

（4）App 安全问题突出

近年来，App 安全问题爆发，移动应用"隐私越轨"、广告带来的恶意病毒、流量损耗等问题不断涌现。国家层面对 App 安全的监管日益重视，网信办将出台 App 应用程序发展管理办法。运营商作为网络提供方，更需关注 App 安全，从网络源头维护用户利益。

2.2.2 App 应用

随着智能手机的普及，越来越多的人开始使用手机上网办公、娱乐。利用智能手机上网时，用户不只是通过搜索引擎、浏览器入口上网，更多的人喜欢直接登录 App 进行上网。以小王为例，他出行、购物、娱乐都使用 App（其页面截图见图 2-6），如预约车、点外卖、

买票等，为他节省了大量的等待时间，方便了他的生活。

（1）滴滴出行　　　　（2）手机淘宝　　　　（3）唯品会　　　　（4）美团

图 2-6　小王的手机应用页面截图

出行方面，小王在家直接打开滴滴出行 App 预约车辆。等车辆到达楼下后，他出门直接坐上车到达目的地，节约了出门拦车、等车的时间。滴滴出行改变了传统打车方式，建立和培养用户现代化出行的方式。较传统电话召车与路边扬手招车来说，滴滴出行的诞生更是改变了传统打车市场格局，颠覆了路边拦车概念，利用移动互联网特点，将线上与线下相融合，从打车初始阶段到下车使用线上支付车费，画出一个乘客与司机紧密相连的 O2O（Online To Offline，在线离线/线上到线下）完美闭环，最大限度优化乘客打车体验；改变传统出租司机等客方式，让司机师傅根据乘客目的地按意愿"接单"，节约司机与乘客沟通成本，降低空驶率，最大化节省司乘双方资源与时间。

购物方面，小王直接下载淘宝、唯品会 App 进行浏览购物，方便自己随时随地购物的需求。手机淘宝客户端依托淘宝网强大的自身优势，整合旗下的天猫、天猫国际、天猫超市、团购产品聚划算、阿里旅行等，与淘宝商城合为一体，提供给用户每日最新的购物信息；同时具有搜索比价、订单查询、购买、收藏、管理、导航等功能，为用户带来方便快捷的手机购物新体验，市场占有率极高。

2.3　HTML5 认知和应用

2.3.1　HTML5 认知

小王对移动端火爆的 HTML5 非常感兴趣，他从基础开始了解 HTML5 的相关知识。

1. HTML5 简介

HTML5 是万维网核心语言的第五代，它是 Hyper Text Markup Language（超文本标记语言）的缩写，是构成所有网页基本结构的文本及标签组合。2014 年 10 月 29 日，万维网联盟宣布，经过接近 8 年的艰苦努力，该标准规范终于制定完成。

2. HTML5 特性

HTML5 有以下八大特性。

（1）语义特性（Semantic）

HTML5 赋予网页更好的意义和结构。更加丰富的标签将随着对 RDFa 的微数据与微格式等方面的支持，构建对程序、对用户都更有价值的数据驱动的 Web。

（2）本地存储特性（Offline Storage）

基于 HTML5 开发的网页 App 拥有更短的启动时间、更快的联网速度，这些全得益于 HTML5 App Cache 以及本地存储功能。

（3）设备兼容特性（Device Access）

自 Geolocation 功能的 API 文档公开以来，HTML5 为网页应用开发者们提供了更多功能上的优化选择，带来了更多体验功能的优势。HTML5 提供了前所未有的数据与应用接入开放接口，使外部应用可以直接与浏览器内部的数据直接相连，例如，视频影音可直接与 microphones 及摄像头相连。

（4）连接特性（Connectivity）

更有效的连接工作效率，使得基于页面的实时聊天、更快速的网页游戏体验、更优化的在线交流得到了实现。HTML5 拥有更有效的服务器推送技术，Server-Sent Event 和 WebSockets 就是其中的两个特性，这两个特性能够帮助实现服务器将数据"推送"到客户端的功能。

（5）网页多媒体特性（Multimedia）

支持网页端的 Audio、Video 等多媒体功能，与网站自带的 AppS、摄像头、影音功能相得益彰。

（6）三维、图形及特效特性（3D，Graphics Effects）

基于 SVG、Canvas、WebGL 及 CSS3 的 3D 功能，使用户会惊叹于浏览器所呈现的惊人视觉效果。

（7）性能与集成特性（Performance Integration）

没有用户会永远等待网页的 Loading，HTML5 会通过 XMLHttpRequest2 等技术，解决以前的跨域等问题，帮助用户的 Web 应用和网站在多样化的环境中更快速的工作。

（8）CSS3 特性（CSS3）

在不牺牲性能和语义结构的前提下，CSS3 中提供了更多的风格和更强的效果。此外，较之以前的 Web 排版，Web 的开放字体格式（WOFF）也提供了更高的灵活性和控制性。

3. HTML5 的功能

（1）脱机功能

HTML5 透过 JavaScript 提供了数种不同的脱机储存功能，相对于传统的 Cookie 而言有更好的弹性以及架构，并且可以储存更多的内容。

（2）实时通信

以往网站由于 HTTP 协议以及浏览器的设计，实时的互动性受限，只能使用一些技巧来"仿真"实时的通信效果，但 HTML5 提供了完善的实时通信支持。

（3）档案以及硬件支持

在 Gmail 等新的网页程序中，已经可以透过拖拉的方式将档案作为邮件附件，这就是 HTML5 功能中的 Dragn Drop 和 File API。

（4）语义化

语义化的网络是可以让计算机能够更加快捷地理解网页的内容，对于搜索引擎的优化（SEO）或是推荐系统则有很大的帮助。

（5）多媒体

Audio、Video 的卷标支持以及 Canvas 的功能是大家对于 HTML5 最熟悉的部分了，也是许多人认为 Flash 会被取代的主要原因。

4. HTML5 的优势

看到最近 HTML5 的火爆应用后，小王就想知道 HTML5 为何有如此魔力，为此他归纳总结了 HTML5 有以下六大优势：

①提高可用性和改进用户的友好体验；

②有几个新的标签，这将有助开发人员定义重要的内容；

③可以给站点带来更多的多媒体元素（视频和音频）；

④可以很好地替代 FLASH 和 Silverlight；

⑤当涉及网站的抓取和索引的时候，对于 SEO 很友好；

⑥将被大量应用于移动应用程序和游戏。

根据这六大优势，小王觉得 HTML5 有一天终将使 Web 变得更加美好。但迄今为止，并没有什么流行的浏览器可以完全地支持 HTML5 规范的所有功能。现在需要明确的是，今天的主流浏览器都逐步趋于支持 HTML5，虽然目前仍存在许多不完全的支持或兼容。

5. HTML5 的发展前景

小王查阅资料发现在 2014 年 10 月 28 日，W3C 的 HTML 工作组发布了 HTML5 的正式推荐标准（W3C Recommendation）。万维网联盟创始人 TimBerners 评论说："今天，我们想做的事情已经不再是通过浏览器观看视频或收听音频，或者在一部手机上运行浏览器。我们希望通过不同的设备，在任何地方，都能够共享照片、网上购物、阅读新闻以及查找信息。虽然大多数用户对HTML5和开放Web平台（Open Web Platform，OWP）并不熟悉，但是它们正在不断改进用户体验"。

到目前为止，越来越多的行业巨头正不断向HTML5示好。除苹果、微软、黑莓外，谷歌的You tube已部分使用HTML5；Chrome浏览器宣布全面支持HTML5；Facebook则不遗余力地为HTML5应用进行传播。小王相信在不久的将来，所有的巨头都会完全支持HTML的应用。

2.3.2 HTML5应用

小王搜集资料得知从功能与设计目标来看，H5专题页主要有以下4大应用类型。

1. 活动运营型

为活动推广运营而打造的H5页面是最常见的类型，形式多变，包括游戏、邀请函、贺卡、测试题等形式。与以往简单的静态广告图片传播不同，如今的H5活动运营页需要有更强的互动、更高质量、更具话题性的设计来促成用户分享传播。从进入微信H5页面到最后落地到品牌App内部，如何设计一套合适的引流路线也颇为重要。活动运营型H5页面如2016年天猫年货节H5，如图2-7所示。

2016年天猫年货节H5的创意通过一镜到底的走马灯形式轮转，在视觉效果上结合中国过年必有的"剪纸"传统，炫酷的3D旋转剪纸特效加上暖色的红黄主视觉，采用转轴旋转展现剪纸故事的方式，配合文案，从内容和形式上，让人穿越时空，感受小时候、老时光里的美好。通过天猫年货节为大家准备的年货，可以让过年更有新意，让现在的时光更美好。

图2-7 2016天猫年货节H5

2. 品牌宣传型

不同于讲究时效性的活动运营页，品牌宣传型H5页面等同于一个品牌的微官网，更倾向于品牌形象塑造，向用户传达品牌的精神态度。在设计上需要运用符合品牌气质的视觉语言，让用户对品牌留下深刻印象。

以经典的豆瓣品牌宣传H5创意为例，豆瓣设计的"我们的精神角落"页面（如图2-8所示），标题取得十分精准。对于老豆瓣人来说，甚至是直击灵魂。这个H5密室解谜游戏包括5个章节——眼、耳、鼻、口、大脑，在豆瓣中逐一对应看（电影）、听（歌）、闻（书香）、喝（鸡汤）、思考（人生）。多年来，豆瓣对受众的理解，抑或自我解读，都将通过这幕主观视觉化的影像纪录得以告白释意,并还原为别具意义的画面与声音,袒露在你的面前。这是一个人穿梭自我精神世界的旅程,也是一群人交换精神感受的心声。

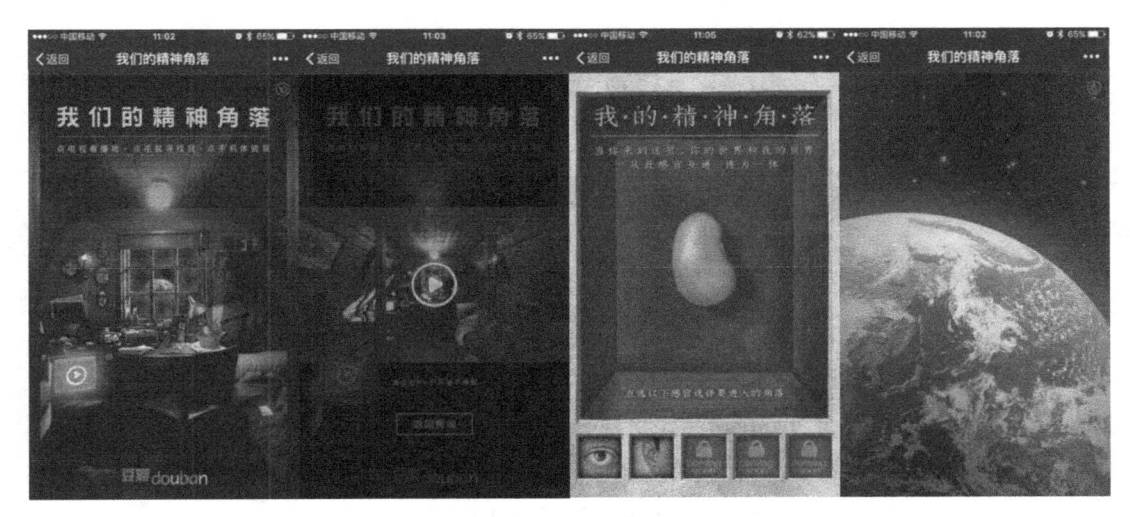

图 2-8 "我们的精神角落"页面

3. 产品介绍型

聚焦于产品功能介绍,运用 H5 的互动技术优势尽情展示产品特性,吸引用户购买。具有代表性的如宝马 H5 创意"该新闻已被 BMW 快速删除"页面,如图 2-9 所示。

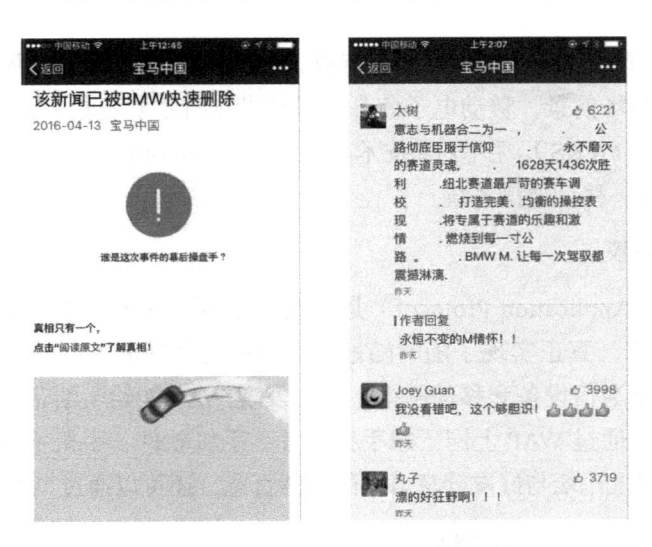

图 2-9 "该新闻已被 BMW 快速删除"页面

4. 总结报告型

自从支付宝的十年账单引发热议后,各大企业的年终总结现也热衷于用 H5 技术实现,优秀的互动体验令原本乏味的总结报告有趣生动了起来。如腾讯经典的 H5——"2016 微信公开课 PRO 版",如图 2-10 所示。

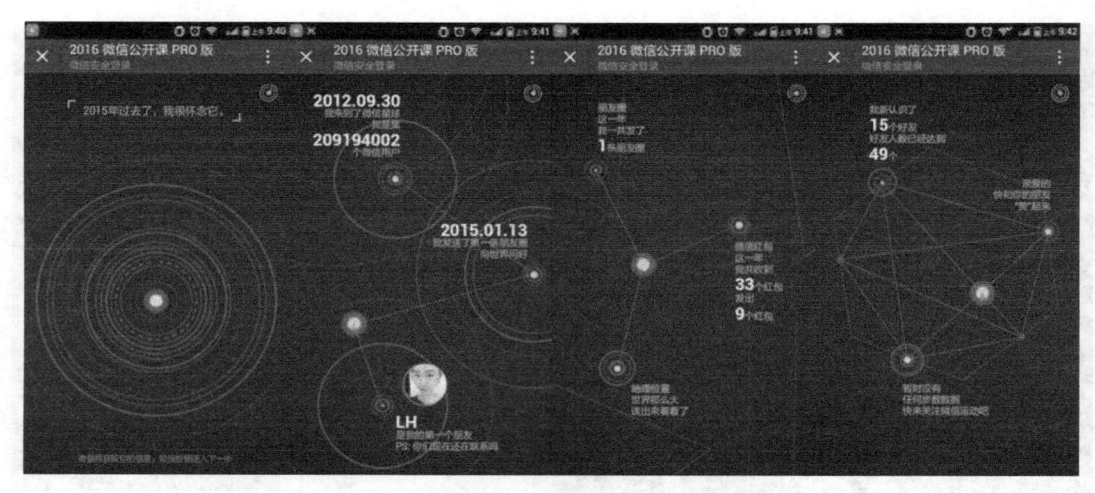

图 2-10 "2016 微信公开课 PRO 版"页面

2.4 移动电子商务技术基础认知

移动电子商务方便快捷、随时随地的特点,使其成为电子商务发展的新方向,也为它迎来了极其广阔的市场前景。移动电子商务所需技术支持主要包括:无线应用协议(WAP)、通用分组无线业务(GPRS)、移动 IP 技术、蓝牙(Bluetooth)技术、移动定位系统技术、第三代(3G、4G 等)移动通信系统。

1. 无线应用协议

WAP(Wireless Application Protocol)是移动电子商务的核心技术之一,将 Internet 和移动客户端结合起来,真正实现了随时随地不受约束的移动电子商务。WAP 支持目前正在使用的绝大多数移动通信设备和移动网络。小王发现 WAP 能给生活带来极大的便利,用户无须使用电脑就可以通过 WAP 上网下载手机图片、手机软件、手机主题等,与他人进行网上无线互动,也可以上论坛与好友分享自己的生活百态,还可以通过 WAP 进行买卖交易。

2. 通用分组无线业务(GPRS)

传统的 GSM 网中,传输速率很低,只能进行文本和静态图像的传送,而无法进行活动视频的传送。GPRS 能够快速建立连接,适用于频繁传送小数据量业务或非频繁传送大数据量业务,圆满解决了 GSM 网存在的问题。另外,由于 GPRS 建立新的连接几乎无须任何时间(即无须为每次数据的访问建立呼叫连接),因而用户可以随时与网络保持联系。

3. 移动 IP 技术

移动 IP 技术使得人们梦寐以求的可以随时随地访问 Internet 成为可能。传统 IP 技术的主机使用固定的 IP 地址和 TCP 端口号进行相互通信，在通信期间 IP 地址和 TCP 端口号必须保持不变，否则 IP 主机之间的通信将无法继续。而移动 IP 则是指 IP 主机在通信期间也可以在网络上移动，它的 IP 地址也许经常会发生变化，这就使得通信变得灵活和无所不在。

4. 蓝牙（Bluetooth）技术

Bluetooth 技术的出现是为了取代有线连接，建立数据的无线传送。它由爱立信、诺基亚、IBM、东芝和英特尔共同推出。Bluetooth 的特点在于它是一种低成本、小范围、低功率的无线通信技术，小王根据自己切身体验认为它可以使手机、便携式电脑、PDA 等实现在短距离内无须电缆进行通信。

5. 移动定位系统技术

移动定位系统技术是一项基于位置的业务，推动了对移动定位技术的研究和测距技术的发展。它通过无线终端和无线通信技术的配合，确定移动用户的实际位置信息。手机地图类 App 就是这项技术的很好运用。

6. (3G、4G) 移动通信系统

3G 服务能够同时传送声音（通话）及数据信息（电子邮件、即时通信等），代表特征是提供高速数据业务，简单一点地说就是能够实现高速无线上网、视频通话等业务。4G 是集 3G 与 WLAN 于一体，能够传输高质量视频图像，它的图像传输质量与高清晰度电视不相上下。4G 系统下载速度非常快，它有 100Mbps 的下载速度，比目前的拨号上网快 2000 倍，上传的速度也能达到 20Mbps，并能够满足几乎所有用户对于无线服务的要求。

单元拓展

1. 推动移动电子商务发展的技术因素

移动电子商务同传统电子商务的主要区别就是无线网络的应用，而正是无线数据通信技术的快速发展，推动了移动电子商务的迅猛发展。从技术的角度看，推动移动电子商务发展的因素主要有以下 3 个。

（1）无线应用协议的推出

如何将互联网的丰富信息及先进的业务引入到智能手机等无线终端设备当中，是实现移动电子商务需要解决的第一个问题。无线应用协议（WAP）的出现，很好地解决了这个问题。无线应用协议（WAP）的出现使移动互联网有了一个通行的标准，使智能手机等无线终端设备接入互联网成为可能。

（2）无线接入技术的快速发展

早期无线接入技术如 GSM、TDMA 和 CDMA 数据传输速率很低，不适于互联网接入。而近年来得到广泛使用的通用分组无线服务（GPRS）等接入技术，大大提高了无线数据传输速率。目前，世界各国大力推广的第三代和第四代移动通信技术，不仅可以克服传统无线接入方式传输速率方面的缺陷，而且还可以支持宽带多媒体数据传输，这将缩小有线和无线接入的差距，进一步推动移动电子商务的发展。

（3）移动终端技术的日趋成熟

移动终端技术本质上是一种结合手持硬件、无线宽带网络与移动应用软件的总称。目前，市面上各种个人数码助理（PDA）、智能手机已经随处可见，各种移动智能终端设备不断推陈出新，移动终端用户也不断攀升。这不仅给消费者使用移动终端进行电子商务提供可能，而且在数量上大大超过互联网用户的移动终端用户更是为移动电子商务提供了巨大的市场。

2. 移动电子商务技术应用

（1）银行业务

移动电子商务使用户能随时随地在网上安全地进行个人财务管理，进一步完善因特网银行体系。用户可以使用其移动终端核查其账户、支付账单、进行转账，以及接收付款通知等。

（2）交易

移动电子商务具有即时性，因此非常适用于股票等交易应用。移动设备可用于接收实时财务新闻和信息，也可确认订单并安全地在线管理股票交易。

（3）订票

通过互联网预订机票、车票或入场券已经发展成为一项主要业务，其规模还在继续扩大。互联网有助于方便核查票证的有无，并进行购票和确认。移动电子商务使用户能在票价优惠或航班取消时立即得到通知，也可支付费用或在旅行途中临时更改航班或车次。借助移动设备，用户可以浏览电影剪辑、阅读评论，然后订购邻近电影院的电影票。

（4）购物

购物是用户接触最多的移动电子商务，借助移动电子商务，用户能够通过其移动终端设备进行网上购物。即兴购物是一大增长点，如订购鲜花、礼物、食品或快餐等。传统购物也通过移动电子商务得到改进。例如，手机淘宝、微店、9.9 包邮购、口袋购物、天天特价、今日半价等。

对同一件货物而言，手机下单比 PC 下单要便宜好多，因而很多人都乐于手机下单，这样既方便也便宜，手机淘宝的交易额与日俱增，这与它的优点是分不开的。在此看来，淘宝未来应该会迎来一个新的时代——移动购物时代。

（5）娱乐

移动电子商务将带来一系列娱乐服务。用户不仅可以从他们的移动设备上收听音乐，还可以订购、下载或支付特定的曲目，并且可以在网上与朋友们玩交互式游戏，还可以为游戏付费。

（6）无线医疗

医疗产业的显著特点是每秒钟对病人都非常关键，这一行业十分适合移动电子商务的开展。在紧急情况下，救护车可以作为治疗的场所，借助无线技术，救护车可以在移动的情况下同医疗中心和病人家属建立快速、动态、实时的数据交换，这对每秒钟都很宝贵的紧急情况来说至关重要。在无线医疗的商业模式中，病人、医生、保险公司都可以获益，也会愿意为这项服务付费。这种服务是在时间紧迫的情形下，向专业医疗人员提供关键的医疗信息。由于医疗市场的空间非常巨大，并且提供这种服务的公司为社会创造了价值，同时，这项服务又非常容易扩展到全国乃至世界，相信在这整个流程中，存在巨大的商机。

（7）移动应用服务提供商（MASP）

一些行业需要经常派遣工程师或工人到现场作业。在这些行业中，移动 MASP 将会有巨大的应用空间。MASP 结合定位服务技术、短信息服务、WAP 技术，以及 Call Center 技术，为用户提供及时的服务，提高用户的工作效率。

同步实训

本次实训步骤为：实训概述→实训素材→实训目标→实训任务→实训考评。

一、实训概述

本实训为智能手机、App 操作体验。通过操作体验，使学生能够切身了解主流智能终端操作系统的功能及其使用方法，能够熟练操作应用典型的移动 App。

二、实训素材

无线网络、智能手机（不同操作系统：Android 和 iOS）、互联网、计算机。

三、实训目标

1. 能够熟练操作不同操作系统的智能手机（移动端），以及各类典型的 App，且将操作截图作为考评内容之一；

2. 能够运用典型 App 解决移动商务方面问题，如订票、团购等。

四、实训任务

在本次实训之前，需要学生进行分组，并选出各组组长，以小组为单位进行本次实训操作。在本实训中，教师将指导、帮助学生完成实训内容。

任务一　智能手机操作体验

1. 学生分别使用 Android 和 iOS 智能手机，查看其设置，体验不同操作系统，总结其优缺点，填写表 2-2。

表2-2　智能手机操作体验记录表

手机品牌及型号	操作系统及版本	内存	主要功能	优缺点

注：关于其他移动终端的功能介绍，可在网络上搜索其他移动智能终端的功能与特点并进行了解。

任务二　典型 App 操作体验

下载并安装的典型应用 App，如支付宝、微信、美图秀秀、百度地图等，进行注册并试用，了解 App 的主要功能及操作流程，通过在应用市场或者网络搜索具有相同/相近功能的 App，下载并安装使用。

1. 使用美图秀秀拍照并上传分享到微博；
2. 使用微信进行付款操作；
3. 使用百度地图进行定位。

（注：操作需截图保存，作为考评内容）

五、实训考评

1. 老师可根据本单元实训的完成情况，进行教学考评，考评表见表2-3。

注：平时考勤、作业评定等可在"云班课"App 上进行。

表2-3　考评表

评价项目	评价内容	评价标准	评价方式
理论知识	熟悉并了解移动智能终端和典型应用 App 的主要功能及相关知识	（理论考试）分数≥ 60 分	开卷考试
实训操作	能够熟练运用不同的移动智能终端与各类典型 App	（实训操作）分数≥ 60 分	根据实际操作熟练度、完成进度进行考评
职业素养	1. 责任意识（4分） 2. 学习态度（3分） 3. 团结合作（3分）	综合考评	综合考评
总分			
综合得分	教师根据学生的日常考勤、理论学习和实训表现进行综合考评打分。 注：总分 = 平时考勤（占20%）+ 理论考评（占40%）+ 实训考评（占40%）		

2. 教师根据各组实训进程及实训记录进行综合评价

（1）针对各组的优点进行点评，针对缺点提出改进方法；

（2）针对整个实训过程中团队协作的亮点和不足进行点评。

单元三

微网店的开设

学习目标

知识目标
▶ 1. 理解微网店的概念;
▶ 2. 了解微网店的优势与劣势;
▶ 3. 了解微信小店、有赞、萌店等微网店平台;
▶ 4. 了解微网店前期规划的意义;
▶ 5. 了解商品发布计划制订的目的及作用。

技能目标
▶ 1. 掌握微网店平台的选择方法;
▶ 2. 掌握店铺开设前期规划的制订方法;
▶ 3. 掌握微网店开设流程;
▶ 4. 掌握微网店平台商品发布流程。

本单元包含了三个学习小节,具体为:

3.1　微网店平台的选择
3.2　微店平台开设
3.3　商品发布管理

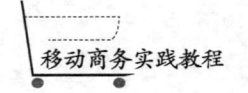

学习引导

小张是成都职业技术学院电子商务专业的学生，他梦想拥有一家属于自己的网店，可是开一家淘宝店铺谈何容易，高昂的开店成本、复杂的经营流程，对于还未走出校门的小张而言，无疑是一座难以逾越的高山。不过近些年随着移动电子商务的发展，"微网店"这种新型的电子商务模式逐渐走进人们的视线，该模式具有流量大、门槛低、操作简单的特点，于是小张决定开设一家"微网店"完成自己的梦想。

学习规划

"微网店"平台的选择是"微网店"开设的第一步，也是最为重要的一步，"微网店"平台选择的正确与否，将直接影响到店铺后期经营的状况，因此选择优秀的平台对于小张而言至关重要。小张在进行"微网店"平台选择时，首先需要了解"微网店"市场发展的状况；其次需要理解"微网店"概念；最后通过综合分析选择出最为合适的"微网店"平台。

相关知识

3.1 微网店平台的选择

3.1.1 认识微网店

"微网店"是一种将移动端作为经营基础的微型网店。微网店具有移动性强、经营门槛低、操作简单的特点。微网店类型包括经营类和服务类两种，经营类的微网店常见的有微信小店、有赞；以服务类型为主的微网店常见的有萌店、喵喵微商城。有赞、微店、萌店的 LOGO 如图 3-1 所示。

图 3-1　有赞、微店、萌店的 LOGO

1. 微网店的优势与劣势

微网店作为新兴的电商模式，与传统大规模网上商城及独立购物 App 相比，微网店具有投入小、经营方式灵活、便于管理的优势。对于经营者而言经营微网店几乎没有资金压力，没有库存风险，只需利用碎片时间和个人社交圈就可进行营销推广，可以为经营者提供不错的利润空间。但是随着电商巨头的逐步形成，各大电商平台已占据了大量的流量，虽然微网店具有投入小、经营灵活、便于管理的优势，但微网店仍需面对流量小、经营规模小的劣势。微网店不同于淘宝、京东等平台那样具有很高的社会认知度和巨大的流量基础，微网店的发展仍处于起步阶段，微网店的经营者需要通过各种推广渠道进行推广为店铺争取流量，这一过程无疑会给经营者带来经营上的困难。

2. 微网店平台认知

当下微网店平台众多，而其中发展最好、使用人数最多的不外乎微店、有赞、萌店这三个微网店平台，下面就它们的发展状态、特点以及功能进行具体的介绍。

1）微店

（1）基本介绍

微店是北京口袋时尚科技有限公司开发的一款帮助卖家销售商品的软件，它操作简单，只要有一部手机就可通过手机号开通自己的微网店，还可以通过一键分享宣传自己的微网店，并促进成交。微店最大的优势是不向用户收取任何费用，非常适合资金有限的小业主。目前，微店的经营范围包括商超百货、服饰鞋包、母婴食品、家用电器、数码产品、图书、化妆品、汽车及配件等多个类目范畴。

（2）经营特点

微店所具有的经营特点可以总结为零手续费、账期短两个方面。首先微店为了最大限度地给用户提供方便，微店不仅免除开店的费用，同时还免除了交易过程中的手续费，这大大地降低了开店者的经济负担；其次微店的账期短，微店每天会自动将前一天的货款全部提现至卖家的银行卡，一般1—2个工作日到账，非常方便。

（3）功能介绍

微店的功能主要包括了商品管理、订单管理、销售管理、客户管理、收入管理五个部分。商品管理为卖家提供了商品添加、商品编辑以及商品分享等功能，以此便于商家商品的推广。如图3-2所示，订单管理为卖家提供订单免费短信通知，卖家只需通过扫条形码输入快递单号，就可以快速有效地管理订单；销售管理为用户提供销售数据查询、销售数据统计的功能，具体包括了每日订单统计、每日成交额统计、每日访客统计等；客户管理为卖家提供了查看客户的收货信息、历史购买数据信息的功能，以帮助卖家分析客户的喜好，从而展开针对性的营销。

2）有赞

（1）基本介绍

有赞是一家移动零售服务商，主要为企业和个人提供移动电商产品服务方案。2012年成立至今，有赞已经连续发布了"有赞微商城""有赞零售""有赞餐饮"等多个产品，如图 3-3 所示。

图 3-2　微店商品管理分享功能　　　　图 3-3　有赞服务产品

（2）经营特点

"有赞"主要的经营特点可以体现在服务对象和经营管理两个方面。在服务对象方面，"有赞"主要面向线下实体门店和线上传统电商，通过自建商城，为他们提供客户粉丝经营、在线互动营销、商品销售等服务。在经营管理方面，"有赞"为商家提供了更多、更灵活的支付渠道，以及管理方式，首先"有赞"支持微信支付、支付宝支付、银行卡支付等多种支付方式；其次"有赞"可以批量导入京东、淘宝等平台的商品，对接所有主流 ERP（企业资源计划），完成多种形式的促销商品的展示；再次"有赞"为商家提供了会员卡、标签、积分、储值卡等服务，方便商家提升客户留存率。

（3）功能介绍

"有赞微商城"的功能主要体现在多人拼团、积分商城、销售员、秒杀四个方面。多人拼团是"有赞"基于多人组团形式，鼓励用户发起与朋友的拼团，以折扣价购买商品，同时带来更广的传播效果；积分商城是"有赞"为了更好推广商品而推出的优惠手段，消费者通过在店铺内消费获得积分，并且可以利用积分兑换特定商品；销售员是"有赞"帮助商家拓宽销售渠道而开设的功能，通过该功能商家可以制定推广计划，招募卖家加入推广队伍，并在其成功推广后给予一定奖励，以此扩大传播、提升整体销量；秒杀是"有赞"推出的帮助商家推广商品的功能，卖家可以针对某款商品，在特定时间内以超低的价格售卖，以此拉动人气，从而带动网店的销售业绩。

3）萌店

（1）基本介绍

"萌店"是上海微盟企业发展有限公司于 2015 年开发的一款应用软件，其首页如图 3-4

所示。萌店一直坚持"人人开店、人人传播、人人分销"的经营理念，自 2015 年 3 月上线以来飞速发展。2015 年 7 月萌店已经成立国际电商事业部，开始涉足跨境电商，整个商品涵盖了日韩、欧美等 30 多个国家的最新商品。

（2）经营特点

"萌店"主要的经营特点可以总结为灵活的销售模式。"萌店"不仅是一个销售平台，同时还是一个分销的平台，商家不仅可以售卖自己的货品，同时还可以设立分销佣金，邀请其他用户进行分销。

（3）功能介绍

"萌店"的功能主要有店铺搬家、订单管理、即时通信、产品分销、数据统计五个方面。店铺搬家是"萌店"为淘宝用户提供的一种快捷开店的功能，该功能可将商家淘宝店铺中的任意商品进行一键授权搬家；即时通信是"萌店"为卖家、买家、平台之间信息沟通所设置的功能；产品分销是萌店推出的帮助商家销售商品的功能，商家可以通过设立佣金的方式邀请好友帮助进行商品的销售；数据统计是"萌店"推出的方便用户随时查看数据的功能，帮助商家通过数据分析，了解店铺整体的运营情况。

图 3-4 "萌店"首页

3.1.2 微网店市场发展现状

随着移动互联网的普及，人们越来越习惯通过手机、平板电脑这样的移动智能设备完成购物、支付、搜索等服务，在该环境下，传统电商企业如淘宝、京东纷纷都推出了各自的 App 以填补在移动端的空缺，新兴的电商企业为了抢占市场也推出了各自的 App，如蘑菇街、美丽说、达令等。但无论是传统的淘宝、京东还是新兴的蘑菇街、美丽说，虽然它们在移动市场占据了一席之地，但较为封闭的经营模式和较高的开店门槛使得这些企业对移动市场开发并不充分。在此之际，一种能够吸引用户共同参与深度开发、利用移动市场的新型电商模式诞生，这种模式就是"微网店"。

自诞生之日起，"微网店"模式的 App 就层出不穷，微店、有赞、萌店、云集、喵喵微店等都是"微网店"中的佼佼者，这些"微网店"App 凭借其开店门槛低、易于推广运营的优势，很快地成为倍受人们关注的新型电商模式。据亿邦动力统计，2014 年至 2017 年微店 App 的使用人数由起初的 366 万增长到 7000 万，其中 80 后和 90 后的微店商家占比达到 88%，如图 3-5 所示。由此可以看出，"微网店"的普及程度和使用人数在逐年增加。

043

移动商务实践教程

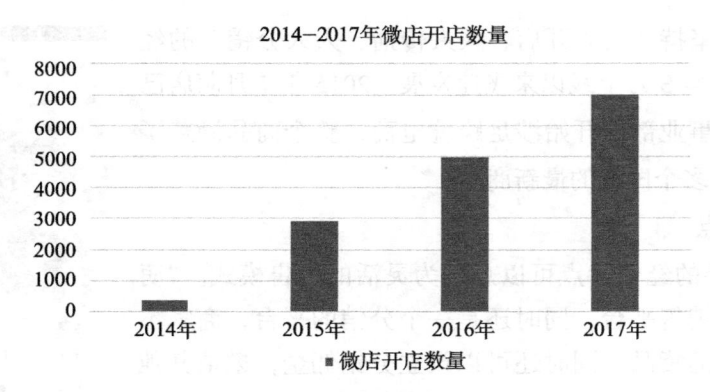

图 3-5 微店店铺数量增长量

"微网店"普及程度的增高带来的是市场认知度的提升，而认知度的提升必然带来流量和销售额的增长。据《2017年中国社交电商大数据白皮书》统计，"云集微店" App 日活动用户峰值近 60 万，每天启动应用 6～14 次，人均单日使用 30 分钟左右，如图 3-6 所示。人均使用率高必然带来巨大的销售额，据统计 2017 年第二季度"云集微店"的销售额达到 18.3 亿，与 2015 年相比增加 500%，如图 3-7 所示。

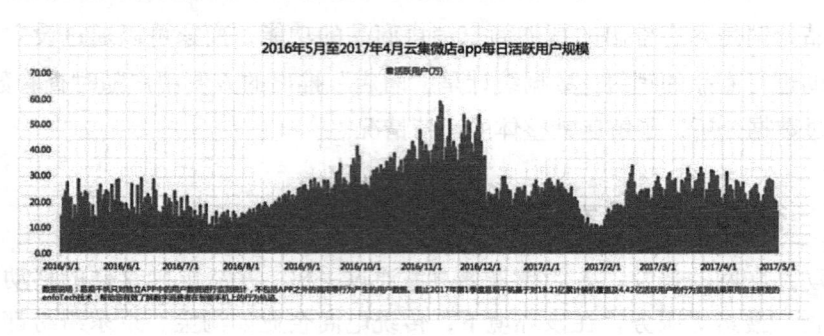

图 3-6 "云集微店" App 每日活跃用户

通过以上数据不难看出，"微网店"已经逐步地成为移动电子商务时代下一种重要的商业模式，这种商业模式在改变以往电子商务市场格局的同时，还促使了移动电子商务的普及，让更多的"小卖家"参与到移动电子商务发展的浪潮中。

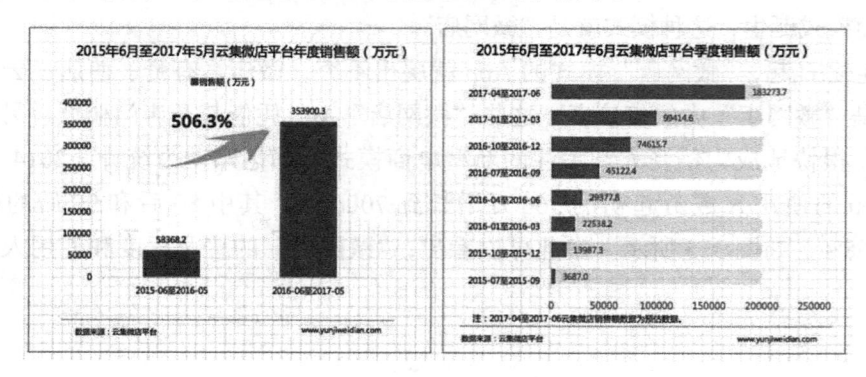

图 3-7 "云集微店"销售额增加

3.1.3 微网店的选择

小张在了解了微网店发展现状和微网店的概念后，决定选择一个微网店 App 作为自己的开店平台。小张需要结合自身因素和平台因素两个方面进行分析，进而选出最为适合自己的微网店 App。

1. 自身因素分析

自身因素分析主要包括了经营目标、售众人群两个方面，具体分析方法如下。

1）经营目标规划

经营目标的规划可以帮助经营者明确店铺开设的经营目标和经营目的，进而明确未来店铺的经营方向。经营者在具体进行经营目标规划时，可以通过筛选的方法让经营目标变得清晰，经营者将自己所有的经营目标进行罗列，通过对每一个目标的可完成性进行分析，将每个完成目标所需要的条件及面对的问题进行罗列，最后筛选出最有价值且能够实现的目标。

2）售众人群分析

售众人群的分析可以帮助经营者了解目标售众的群体特点，进而帮助经营者确定店铺未来的推广营销策略。经营者在具体进行售众人群分析时，首先要将需要了解的数据进行罗列，一般常见的数据有售众的年龄、性别、购买周期、收入来源等；其次借助数据分析网站或问卷对需要了解的数据进行统计分析，常用的数据分析网站有阿里指数、生意参谋、百度指数等；最后是将统计数据和调研结果汇总进行分析，总结出售众人群的特点。

小张还是一名未毕业的大学生，在售众人群分析方面，除了通过数据分析网站了解宏观数据外，还需要小张针对所在学校的学生、教师以及学校周边的情况，通过走访、问卷的方式了解身边人群的购买喜好、消费水平，进而帮助小张对售众做出更为准确的分析。

通过对以上两方面的分析，可以帮助小张明确店铺未来的经营需求，从而为后续平台的选择做准备。

2. 平台因素分析

平台因素的分析需要从微网店平台市场份额和微网店平台的运营规则两个方面考虑。

微网店平台的市场份额决定了微网店平台的流量，因此微网店平台市场份额是微网店平台选择的重要参考依据，纵观当下市场中微网店平台，微店、有赞毋庸置疑是微网店平台的领头羊，在商城上均占有相当大的市场份额。但是微店与微信有着深度的合作，微信用户可以通过单击微信直接进入微店，不仅如此，微店的商家还可以通过微信平台进行微店产品、店铺的推广，这些都对微网店的推广经营有着直观重要的作用，因此虽然微店和有赞均是微网店平台的领头羊，但微店在推广方面更占优势。

除了需要考虑平台的市场份额外，还需要考虑平台的运营规则。平台的运营规则是网店平台为买卖双方制定的运营、销售、售后、维权等方面的规则，这些规则保障了网店经营者权益的同时，还保障了网店平台的健康运行。网店运营规则的建立离不开长时间的积累与思考，完善的网店规则需要时间上的沉淀，微店和有赞都是微网店平台的老品牌，在运营规则方面，都有一套完整的运营体制来保障卖家与买家的权益。

通过以上分析，可知微店和有赞是众多微网店平台中优秀的平台，而微店因其与微信有深度的合作，其流量的来源更有保障，因此对于初出茅庐的小张而言，微店是微网店平台的不二之选。

3.2 微店平台开设

3.2.1 店铺前期规划

小张在开设微店店铺前，除了需要了解微店店铺开设的流程外，更需要进行店铺开设前的规划，具体的规划内容包括了商品规划、目标人群规划两个方面。

1. 商品规划

商品规划是开店前期规划最重要的一个环节，该环节决定了店铺未来所销售的产品。商品规划具体包括单品分析、货源选择、商品定价三个方面。

1）单品分析

销售商品分析可以帮助经营者了解所售商品的市场需求分布、销售成本、同类商品的竞争情况。经营者在具体进行销售商品分析时，首先通过数据分析网站，如阿里指数、生意参谋、百度指数等对商品的整体市场需求、成本以及竞争等情况有一个大致的认识；其次通过走访附近的商城、市场、甚至小商店具体了解某些商品的售价和销售情况。

小张所在学校临近成都国际商贸城，如图 3-8 所示，因此小张除了通过阿里指数、生意参谋、百度指数等了解所售商品的市场情况外，还可以通过走访成都国际商贸城了解具体的商品销售情况，进而帮助自己获取线下商品实际的销售情况。

图 3-8 成都国际商贸城

2）货源选择

货源的好坏直接影响到商品的品质、成本以及供货量，当下商品来源的选择主要分为线下货源与线上货源，线下货源主要是到货物的生产地或者货物的集散地进行货源的采购。线下货源的优势是能够直接看到商品，对商品质量能够更好地把控，而缺点是线下货源由于涉及运输成本，因此会导致成本的增加；线上货源则是通过 1688、慧聪网等采购平台进行货品采购。线上货源的优势是节省货物挑选采购时间，提高货物采购效率，而缺点是不能直接看到商品，商品质量难以把握。

小张在进行货源的选择时，一方面需要考虑货物成本，另一方面则需要考虑货品的种类与质量。成都国际商贸城是小张所在城市里的一家综合大型商品批发市场，该市场除了商品品类多样外还兼有线上平台，如图 3-9 所示。因此成都商贸城兼备了线上与线下货源的优势，对于小张而言，选择成都国际商贸城作为商品的货源地对节省成本是非常有利的。

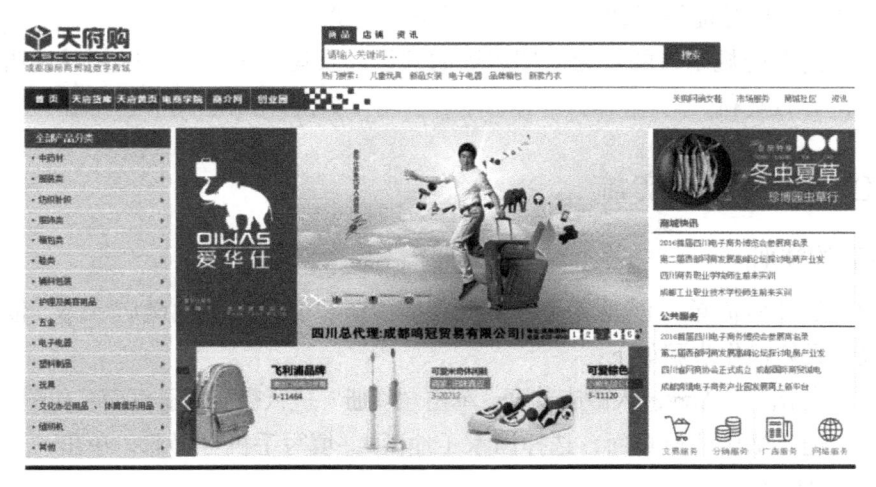

图 3-9 成都国际商贸城线上商城"天府购"

3）商品定价

商品的价格直接关系到店铺的收益，因此价格规划是开店前期规划中非常重要的一个环节。商品价格规划对于创业者而言，不仅需要考虑店铺的成本，还需要考虑目标人群的消费能力以及店铺推广运营策略两方面的内容。

小张在考虑店铺成本方面，首先需要清楚店铺商品的成本，其次需要明确包括店铺开设、物流、宣传等维持店铺正常运转的成本。在充分地了解店铺成本情况后，创业者对店铺内的商品进行初步定价；在考虑目标人群消费能力方面，小张很难对目标群体的消费能力做出准确的判断，因此在该环节小张需要通过调研、大数据分析的方式初步了解目标售众的消费能力，进而对初步定价做出调整；在考虑店铺推广方面，小张需要根据具体的推广活动对商品的价格进行调整，但是小张需要明白，推广的目的在于促进商品销售，进而提高销量和收益的增长。

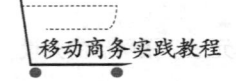

2. 目标人群规划

目标人群规划指的是按照一定标准对目标售众进行分类，从而帮助创业者进行有效的产品推广及店铺运营。在目标人群规划的过程中，一般需要根据目标售众的基本属性对其进行分类，分类的属性通常有地区、性别、年龄、星座、喜好以及使用终端偏好等，利用这些属性能够帮助创业者细分目标人群，进而帮助创业者明确店铺的风格、定位以及定价等具体的工作。

目标人群的具体规划过程包括初步界定人群、购买需求区分、购买能力区分三个方面。初步界定人群是对目标人群的购买习惯、购买理由、年级、性别、爱好、活动场所等基本信息进行界定，通过初步界定，创业者可以掌握目标人群的大致分类；购买需求区分，即根据消费者对商品需求的程度，对消费者进行分类，通过购买需求区分，可以帮助创业者细分出最具有消费可能的消费者；购买能力区分，即根据消费者的购买能力对消费者进行分类，购买能力的区分能够帮助创业者对产品进行定价。

店铺开设前期的规划目的是为后期店铺的开设以及运营做准备，以使后期店铺开设工作更为有序、更为顺利。

3.2.2 店铺开设实施

1. 微店的注册

微店的注册非常简单，创业者通过手机或是移动智能终端下载微店 App，依照注册提示一次完成，具体操作步骤如下：

步骤1：单击微店 App 进入微店首页，单击"注册"进入微店注册页面，如图 3-10 所示。

步骤2：进入微店注册页面，选择国家（地区），填写手机号码后，单击"下一步"按钮，如图 3-11 所示。

图 3-10 微店首页

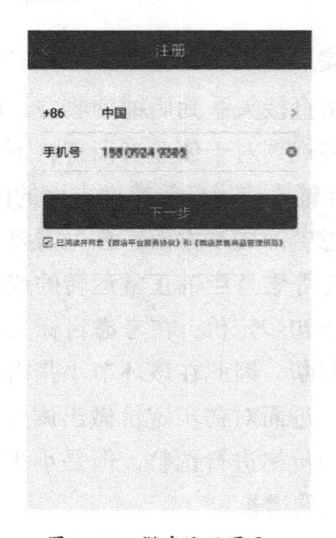

图 3-11 微店注册页面

步骤 3：输入验证码，并设置登录密码（其设置页面见图 3-12），完成后单击"注册"进入到创建店铺页面，添加店铺图标，填写店铺名称，单击右上角"完成"后即完成了微店的注册。

2. 店铺信息的完善

店铺信息完善所指的是店铺基础信息的完善，微店店铺基础信息包括了店铺图标、店铺名称、店铺公告、主营类目四项基础信息，在这些信息当中店铺图标、店铺名称、店铺公告的设置影响后期店铺的推广，因此非常重要。

店铺图标是店铺的标志，是整个店铺风格、主题最直观的展现，因此店铺图标的设计工作非常重要。在微店中店铺图标的编辑是通过单击店铺首页上方店铺头像，进入微店管理页面完成的，在进入到微店管理页面后单击"店铺管理"进入到店铺管理页面，如图 3-13 所示。在该页面单击"店铺 LOGO"进入到手机图片文件夹进行图片的选择，完成店铺图标的编辑。

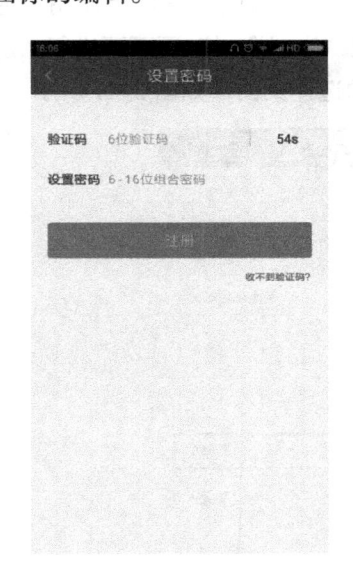

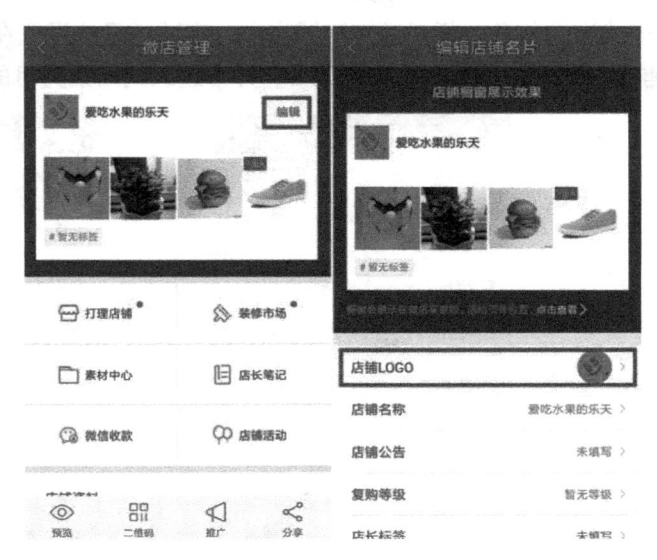

图 3-12　微店注册密码设置页面　　　　　图 3-13　店铺 LOGO 添加操作图

店铺名称是用户了解店铺的重要信息，店铺名称通常需要表达出店铺主要经营的商品，让用户尽可能地一目了然。店铺名称的设置在"店铺资料"页面下进行，进入"店铺资料"页面，单击"店铺名称"即可以进入到店铺名称修改页面进行店铺名称的修改，如图 3-14 所示。

店铺公告是在店铺首页显示的用于介绍店铺或推广商品的文字，如图 3-15 所示，通过店铺公告的设置可以进一步地表达店铺的经营理念。

店铺公告的设置在"店铺资料"页面下进行，进入"店铺资料"页面，单击"店铺公告"即可进入到店铺公共修改页面进行店铺公告内容的编辑，如图 3-16 所示。

图 3-14　店铺名称编辑页面　　　　　图 3-15　店铺公告展示图

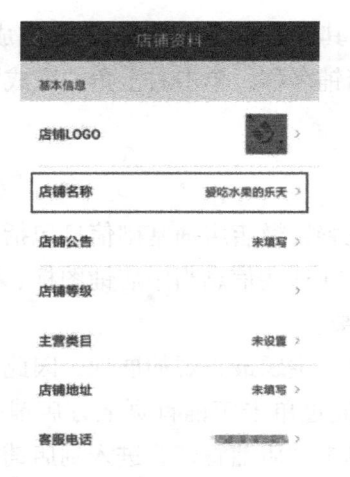

店铺类目的设置是对店铺销售商品分类的过程，通过店铺类目的设置可以使用户通过类目查找店铺信息，便于推广店铺产品。店铺类目的设置在"店铺资料"页面下进行，进入"店铺资料"页面，单击"店铺类目"即可进入到店铺类目的选择页面，如图 3-17 所示。

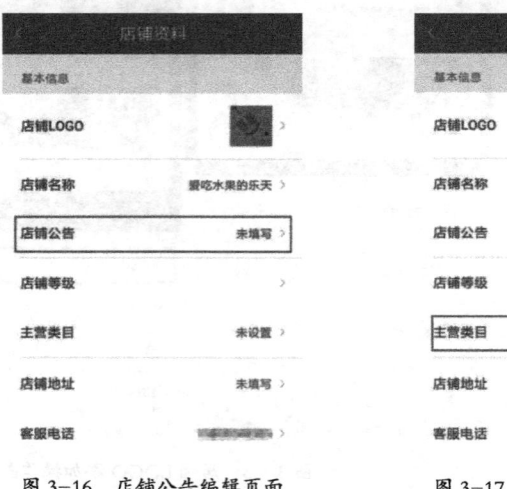

图 3-16　店铺公告编辑页面　　　　　图 3-17　店铺类目选择页面

3.3　商品发布管理

3.3.1　商品发布计划的制定与实施

1. 上新计划

微店不同于传统的商场、超市，商家可以根据店铺的大小决定商品陈列的数量，微店是在移动端运行的网上商城，而常见的智能移动设备屏幕都很小，因此留给展示商品的空间并不多，因此制定上新计划对于提高商品的有效展示率就非常重要。

上新计划的制定一般来说需要从自身店铺和消费者两个角度进行考虑。站在自身店铺的角度考虑，首先需要清楚自己店铺售卖商品的种类与数量；其次需要对店铺产品按照作用进行分类，即哪些商品属于引流商品、哪些商品属于利润商品、哪些商品属于形象商品。在完成了以上的考虑后，接下来需要站在消费者的角度考虑，首先需要明确目标消费人群不同时期对商品不同的需求程度；其次了解目标消费人群的消费心理及消费习惯。在完成了以上考虑后，就可以结合消费者的消费需求、消费习惯对店铺商品进行合理的发布，以达到商品最大程度地展示。

2. 商品的发布

微店商品的发布需要卖家添加商品图片、商品描述、商品价格、商品库存、商品型号、商品详情及商品分类七部分的内容，具体操作如下。

步骤1：进入微店首页，单击"商品"进入到商品管理页面，单击"快速添加"进入到"添加商品"页面，如图3-18所示。

步骤2：单击"添加商品图片"，选择商品图片，单击"完成"，返回到"添加商品"页面，如图3-19所示。商品图片最多可以添加15张，最少可以添加1张。在添加图片时，卖家应尽可能多地添加商品图片，让消费者更直观地了解商品。

图3-18　"商品添加"页面　　　　图3-19　商品图片添加页面

步骤3：在完成商品图片添加后，卖家分别填写商品描述、商品价格、商品库存、商品详情、商品分类的内容，然后单击"完成"。在填写以上信息的过程中，值得一提的是，"商品详情"是最为重要的商品介绍内容，在此，卖家需要通过图片、文字乃至视频，尽可能全面地对所售商品进行介绍，起到推动商品销售的目的。微店中的"商品详情"页面为卖家提供了添加文字、图片、视频、优惠券甚至其他关联商品等多项内容，如图3-20所示。

步骤4：完成了商品信息的填写后，进入到"分享商品"页面，设置运费、开售时间，完成后单击"完成"，结束商品的发布，如图3-21所示。

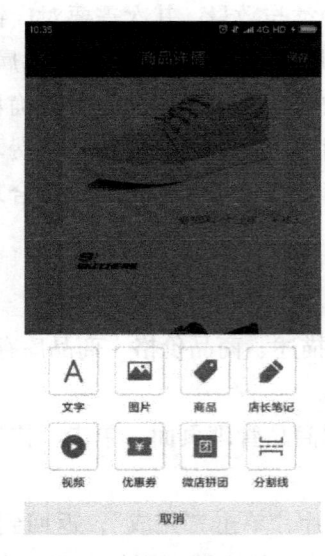

图3-20　商品详情添加页面　　　　图3-21　商品分享页面

3. 商品维护

微店商品的维护是指对微店App上架商品的销量、库存、评论的实时监控，通过对这些数据的监控，可以帮助卖家掌握店铺中商品的经营状况，进而帮助卖家对有问题的商品进行及时的调整。

"销量"在商品维护中是一个非常基础的数据，该数据可以直接反映出商品的销售情况，卖家通过对该数据进行监控统计，可以了解到商品在不同时段的销售情况，从而帮助卖家调整商品的营销策略；"库存"也是一个非常基础的数据，在商品维护中对库存数的监控，可以保证卖家在销售过程不会出现断货的情况；"评论"在整个商品维护中是最为重要的一项，卖家在关注商品评论数量的同时，还需要关注评论的内容。对评论的监控主要是对消费者在评论中对商品、店铺以及服务所提出的问题的总结与回复，通过对评论问题的总结与回复可以帮助卖家了解消费者对商品、店铺的态度，进而帮助卖家在经营上做出有益于店铺的调整。

3.3.2　商品管理

商品管理是在店铺经营过程中针对商品库存、物流、运营以及售后四方面的管理。

1. 库存管理

库存管理是指对店铺中商品库存数量的管理，具体的管理内容包括商品库存数量的分时统计和库存数量变化率的计算。库存数量的分时统计记录不同时段商品的库存，通过库存数据的分时统计可以让卖家在掌握商品库存情况的同时还可以让卖家了解商品销售情况，进而帮助卖家调整不同商品的进货量；库存变化率是计算同一商品不同时间库存数的比，该数据可直接反映出商品销售的快慢，通过对库存变化率的计算可以帮助商家了解店铺内商品销售的速度。

微店 App 在库存管理方面的功能比较简单，为用户提供了批量管理和分类管理两种管理方式。批量管理是对店铺内所有商品的统一库存数据的罗列；分类管理则是依据商品的分类显示不同类型商品的库存数量。用户进入微店 App 首页，单击"商品"进入到商品管理页面，单击"库存"进入到店铺商品库存管理页面，即可完成商品库存的查询，如图 3-22 所示。

2. 物流管理

物流管理对于卖家而言就是发货管理，在物流管理的过程中主要包括货物的发送和物流信息的监控两个方面。货物的发送需要卖家依据订单按时完成每一件物品的发送，同时需要记录有用的订单信息，作为店铺后期运营分析的数据；在物流信息监控方面，卖家主要是对物品收货情况进行监控，在这一过程中，如果卖家发现长时间没有确认付款的用户，需要对其物流信息进行进一步的了解。

微店 App 在物流管理方面，为用户提供了订单查询功能。在订单查询页面，用户可以分别查询进行中、已完成、已关闭的订单情况，如图 3-23 所示。在"进行中"页面，卖家可查看待发货订单、待付款、已发货等信息，从而帮助用户了解订单的发货情况。

图 3-22　微店库存页面　　　　图 3-23　订单数据查询页面

3. 运营管理

运营管理是整个商品管理中最为核心的内容，店铺的运营管理通常包括了流量管理、推广活动管理两个方面。

流量管理是指通过对店铺的浏览量、流量结构综合分析，从而优化和提升店铺流量的过程。在这个过程中，卖家首先需要了解店铺流量来源结构，通过了解店铺流量来源结构可以让商家清晰访客的来源，进而帮助商家有针对性的优化。微店 App 在流量管理方面，为用户提供了经营分析。卖家通过单击首页中"经营分析"可以进入到经营分析页面，在该页面，用户可以查询 30 日之内的访客人数及浏览来源，如图 3-24 所示。其次需要优化和提升店铺流量，卖家根据流量来源的分析结果，针对不同的流量来源进行流量的优化。

推广活动管理是指店铺内所有与店铺推广有关活动的管理，具体包括了店铺推广和商品促销活动两个方面的内容。店铺的推广管理是对店铺推广效果的监控，即通过流量数据统计分析了解推广活动所带来的流量、销量的增加。一般来说，推广活动效果的监控需要与流量监控同时进行，进而可以更加准确地了解店铺推广活动的效果；商品促销活动的管理与店铺活动管理不同，商品促销管理是针对促销产品销量的监控管理，通过对销量的监控，帮助卖家了解商品促销的效果。

微店 App 在推广活动方面为卖家提供了微信公众号推广、今日头条推广、分享赚钱等推广工具，如图 3-25 所示。卖家在使用微店 App 所提供的推广工具进行推广时，可以轻松通过微店 App 查询到由推广所带来的流量、销量，以便进行推广活动效果分析。

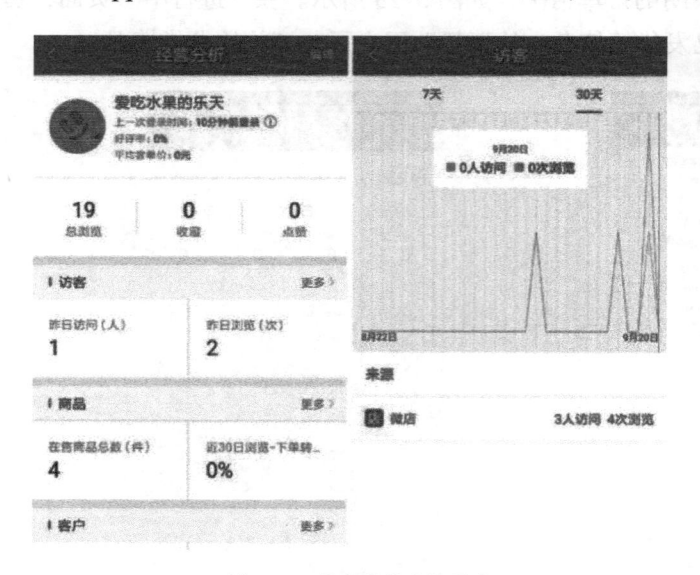

图 3-24　访客数量查询页面　　　　图 3-25　微店 App 推广工具

4. 售后管理

微网店的售后管理具体包括了售后服务管理和客户管理两个方面。售后服务管理一方面是对消费者在购买商品后所产生的，例如退款、退货、换货等售后问题的解决与统计；另一方面则是对消费者评论内容进行查看、总结、回复。卖家通过对售后服务管理，可以让卖家发现店铺经营过程中所遇到的问题，以及了解消费者的需求，进而帮助卖家提升店铺服务水平。客户管理方面，则是对店铺客户情况的分类管理，一般来说，店铺把客户分为潜在客户、新客户、回头客户、流失客户四大类，对于网店卖家而言，可通过所在平台管理工具，对四类客户的数量进行统计分析，也可以通过统计订单中客户的信息对客户进行统计分析。通过对客户进行管理，可以使卖家清楚店铺客户的流动情况，进而帮助了解店铺的经营状况。

在微店 App 中，卖家可以在客户管理页面完成客户管理、订单评论的查询统计工作。卖家单击 App 首页中的"客户"即可进入到客户管理页面，在该页面卖家可以查询潜在客户、新客户、回头客户、流失客户的数量，同时还可以查看所有订单的评论状况，如图 3-26 所示。

图 3-26　微店 App 客户管理页面

单元拓展

1. 微商的概念

微商是继电商之后最新兴起的一种电子商务模式，目前以迅猛的态势发展着。它以微信、微博、微店为载体，以移动智能终端为硬件基础，借助社交网络关系开展产品及服务的营销。因此，微商并不是"微信电商"的简称。虽然微商一词来自那些在微信朋友圈上进行营销并完成销售的商人，但是随着微商模式的不断成熟，微商的"微"早已不是"微信"的缩写，而是有着更广泛的意义，更靠近于"微生活"、"微时代"这样的含义。

微商经营的产品主要是一些利润较高的快消品，例如零食、面膜等，以分销、代购为主，微商从业者具备严格的等级和收益划分，且一般市场定价制度比较严格。

微商的分类方式多种多样，按照经营方式的不同可以分为微商城、微分销、微连锁、微代购。

2. 微商的表现形式

微商城：主要是借助微信公众号、微信朋友圈和微博等媒介推送微店和微商城的产品，交易均通过微店和微商城进行，属于有保障的微商模式。

微分销：这种微商主要以招募代理方式实现层级铺货，进行分销。美容护理方面产品常采用这种模式。这些产品多为一些比较纯粹的单品，拥有自主品牌，具备快消品属性。

微连锁：属于是 O2O 模式，线上线下结合，以实体店加盟的形式参与微营销。

微代购：是一种借助于微信、微博和微商城等移动终端微平台开展海外代购、国内实体代购和网络商城代购等服务的商业模式，是微商的一个种类。

同步实训

本次实训步骤为：实训概述→实训素材→实训目标→实训任务→实训考评。

一、实训概述

本实训为店铺前期规划实训，学生可通过训练掌握微网店开设的前期规划及微网店开设方法。

二、实训素材

移动互联网、智能手机、计算机。

三、实训目标

1. 选择合适的微网店平台，进行店铺开设的前期规划；
2. 根据规划和开设流程，开设微网店。

四、实训任务

在本次实训之前，需要学生进行分组，并选出各组组长，以小组为单位进行本次实训操作。在本实训中，教师将指导、帮助学生完成实训内容。

任务一　店铺开设前期规划

1. 了解各类微网店平台，选择合适的平台，作为本次实训微网店开设平台；
2. 进行开店前期的商品规划，具体商品信息调研自行组织在一定区域进行完成。商品规划调研表详见表 3-1。

表3-1　商品规划调研表

	预选单品	走访商家分析		结论
单品分析	如：女装皮包	如：经走访商贸城各商户，发现近期皮包销售较好		如：鉴于皮包销售较好，可选择皮包作为销售商品
货源选择	商品名称	线上货源	线下货源	结论
商品定价	商品名称	进货成本	物流成本	运营成本	结论

注：上述商品信息调研可在老师的指导下，在实训基地、特定商贸圈完成调研，以确保信息的完整性和全面性。

任务二　根据规划开设微网店

1. 下载并安装微店 App，进行注册；
2. 根据店铺前期规划，管理与运营店铺；
3. 实训期间，老师可根据店铺的关注度和运营情况等数据进行考评，考评标准详见表

3-2。(注：必要数据需截图保存，以便作为考评内容)

表3-2　微网店管理与运营考评标准

类别	数值（百分比）	考评标准（百分比0%～60%为C级、61%～80%为B级、81%～100%为A级）		
		A	B	C
店铺单击率（访客量）				
店铺关注度（粉丝数）				
店铺收藏率				
店铺交易额				
顾客回购率				
产品转换率				
顾客好评率				

注：产品转换率，是指所有到达微店并产生购买行为的人数，和所有到达店铺的人数的比率。产品转换率计算公式为：转化率=（产生购买行为的客户人数/所有到达店铺的访客人数）×100%。

五、实训考评

1. 老师可根据学生本单元实训的完成情况，进行教学考评，详见考评表3-3。

注：平时考勤、作业评定等考可在"云班课"App上进行。

表3-3　考评表

评价项目	评价内容	评价标准	评价方式
实训操作	任务一： 店铺开设的前期规划	1. 是否选择了合适的平台 2. 是否完成商品规划	根据实际操作熟练度以及店铺的关注度、销售额等数据进行综合考评，以确保实训可检测性、可操作性
	任务二： 根据规划开设微网店	1. 是否顺利开设微网店 2. 店铺数据综合考评详见表3-2	
职业素养	1. 责任意识（4分） 2. 学习态度（3分） 3. 团结合作（3分）	综合考评	综合考评
总分			
综合得分	教师根据学生的日常考勤、理论学习和实训表现进行综合考评打分。 注：总分=平时考勤（占20%）+理论考评（占40%）+实训考评（占40%）		

2. 教师根据各组实训进程、实训记录及成果展示进行综合评价。

（1）针对各组的优点进行点评，针对缺点提出改进方法；

（2）针对整个实训过程中团队协作的亮点和不足进行点评。

单元四

App营销平台开发

学习目标

知识目标

▶1. 掌握用户需求分析的方法；
▶2. 熟悉竞品分析的目的与作用，掌握竞品的选择和分析方法；
▶3. 熟悉App原型设计流程，了解App草图原型、低保真原型及高保真原型的优缺点；
▶4. 了解App产品设计原则，熟悉App产品UI设计规范、UX设计原则；
▶5. 熟悉App开发流程；
▶6. 熟悉App上架资料撰写规则，掌握App发布步骤；
▶7. 了解不同App分发平台关于App首发的相关要求、资源位、流程及步骤。

技能目标

▶1. 能够进行用户需求分析与竞品分析；
▶2. 熟练掌握高保真原型设计步骤，能够利用免费的移动应用原型设计工具设计App原型；
▶3. 掌握利用零代码移动应用生产运营平台制作App的方法和步骤，能够根据App用户需求制作App。

本单元包含了三个学习小节，具体为：

4.1 App需求分析；

4.2 App设计与开发；

4.3 App发布。

学习引导

智能手机的出现改变了人们的生活方式，同时也带来了一场营销领域的变革，App、微博、微信正在构筑新媒体营销的"三驾马车"，其中移动 App 是最重要的一种。App 营销是企业利用移动互联网，在第三方应用平台发布应用程序，吸引用户下载使用，以此进行产品发布、宣传活动或服务、提供品牌信息等一系列营销活动的营销方式。目前，国内各大电商均拥有了自己的 App 客户端。小王希望通过更多的方式推广网店的商品，尝试开发一款 App。

学习规划

进行 App 营销，需要有一款属于自己的定制 App。小王将 App 营销平台开发分成三个任务：App 需求分析、App 设计与开发、App 发布。App 开发前期进行需求分析，小王需要掌握用户需求分析的方法、竞品分析方法等知识。对于 App 开发零基础的小王来说，通过代码开发一款 App 有一定的难度，于是他利用网络零代码移动应用生产运营平台完成此次任务。待完成 App 开发，小王将 App 上架至各大应用市场、网站等渠道，并通过首发的方式推广该 App。

相关知识

4.1 App需求分析

4.1.1 现状分析

1. 行业状况分析

据相关数据显示，手机网购用户的增长率已从 2016 年第四季度的 12.58% 发展到 2017 年第一季度的 20.42%，环比增长 62.32%，其中有 90% 都安装或使用过 App。

以 iPhone 为代表的手机 App Store（应用程序商店）模式，则引发了 App 制作软件消费革命，一个平日看来仅用于通话、发短信的手机，如今已经和 PC 相提并论。

App Store 的推出，一下子让 App 制作变得非常简单。从苹果的 iOS 到谷歌的 Android，针锋相对的 App 制作软件数量不断增加，成为相互竞争的资本。

在众多新增加的App之中，电商类App的开发程序成为使用率高的App之一。而据统计，在美国，绝大多数B2C平台，甚至个人的网络商铺，几乎都一对一，甚至一对多地推出各自版本的购物电商App。而如今，中国电子商务平台的商城App还尚处部署阶段，只有局部有实力的电子商务平台完成了App制作开发。

国内移动电商应用市场规模增长迅速，各大电商企业加紧抢滩移动领域。各大电商企业先后推出Android、iPhone等手机客户端，高调进入移动商务领域，移动电商成为各大电商纷纷瞄准的新战场，像广州、深圳、珠海等珠三角发达地区则是首当其冲。

2. 用户需求分析

通过各种路径取得的用户需求是不是就是产品需要？当然不是。

首先要筛选掉明显不合理的需求。例如：每日优鲜是销售水果、饮品和生鲜的电商，主打两小时送达。有用户提出来，能不能用VR技术来挑选和购买水果、饮品和生鲜。这个需求目前从技术上来说就是明显不合理的需求，直接排除。

排除掉明显不合理的需求之后，再看看那些看似很合理的需求。

其实用户不知道自己真正需要什么，最经典的例子就是福特和马车的例子。福特问用户需要什么，用户说更快的马车，如果只给用户一辆更快的马车，就做不出伟大的产品，福特无疑是个厉害的产品经理，他能透过用户需求看到本质，得出产品需求——用户需要的是更快到达目的地，所以应该制造一个更好更快的交通工具——汽车。

乔布斯说，永远不要问用户想要什么，因为用户不知道自己想要什么。并不是鼓励大家去忽略用户反馈，而是要善于挖掘用户需求的本质。

从看似合理的用户需求中筛选出产品需求（见图4-1），需要产品经理或者交互设计师对人性有深刻的洞察，对行业有足够的经验，所以平时系统地学习人类起源和心理学等知识对于需求分析能够起到举足轻重的作用。

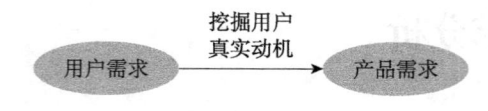

图4-1 从用户需求中筛选出产品需求

得到产品需求之后，接下来要回过头去看看产品定位，将产品需求和产品定位进行对照，会发现有些产品需求是不符合最初的产品定位的，这个时候果断排除掉这部分需求。例如每日优鲜，它的定位是卖水果、饮品、食材的垂直电商，主打2小时送达，如果有用户提出需要在该平台买到合适的衣服，这个需求就不符合产品定位，可以果断抛弃。

筛除不合理需求，提炼用户需求的真实动机，去掉不符合产品定位的需求，经过这三步之后基本可以得到真实可靠的需求。

4.1.2 竞品分析

1. 竞品的选择

一般而言，竞品有三种：直接竞品、间接竞品、潜在竞品。

直接竞品就是通过研究这类产品可以了解同类产品的功能范围、交互形式、外观细节等方面，即可以从中借鉴这类产品的优点，以此来避免出现同类产品的不足之处。

间接竞品指的是各自的着重功能点不一样，但具有某部分相似功能的产品，这类产品会降低所要开发产品的使用率，研究这类产品可以帮助排列出所要开发产品的功能优先级并确定产品所需要的突出功能。

潜在竞品是指在特定行业领域，开发产品的竞争者的利润达到一定规模，能够进入市场并利用其现有资源对竞争格局产生重大影响的产品。研究这类产品有助于预先提防竞争者进入的触角或者提前避开竞争者可能会涉足的切入点。

面对如此多的竞品，可以选择优秀的产品进行分析，而不需要贪大求全地选择所有的竞品。意大利经济学家巴莱多在19世纪末20世纪初提出了二八定律，即在任何一组东西中，最重要的只占其中20%，其余80%的都是次要的。所以，只需要去关注那些占领了80%市场竞争的20%的竞品来进行分析就足够了。

2. 竞品分析的维度

可以从以下几个维度对竞品进行对比分析：战略定位、盈利模式、用户群体、产品功能、产品界面（交互方式、视觉表现）等，这些维度也是随着产品开发的阶段进程而发展的，如图4-2所示。

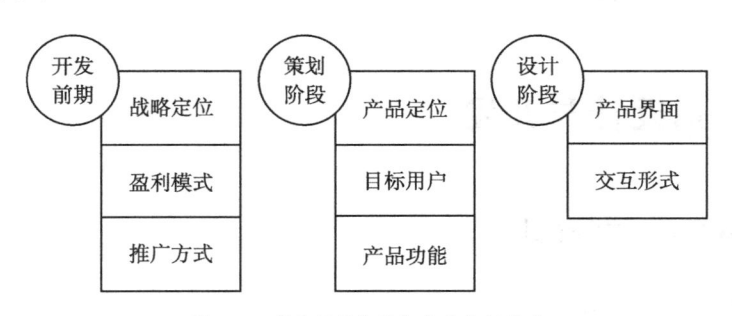

图 4-2　产品开发阶段与竞品分析维度

开发前期，应注重产品的战略定位、盈利模式、推广方式；策划阶段，则更侧重于产品定位、目标用户、产品功能；设计阶段，设计师更侧重于产品界面、具体的交互形式。每个阶段的竞品分析都有不一样的目的，所侧重的维度也有所不同，但是这些维度是有机联系的，不可以孤立对待。

3. 竞品分析的准则

在用户体验方面，竞品分析除了为战略定位、盈利模式、用户群体提供辅助依据外，重点在于对产品功能、产品界面（交互方式、视觉表现）等提供设计指导。在这个过程中，竞品分析可以参照可用性准则来进行分析。当前在用户体验方面较为常用的 10 项可用性准则为：一致性和标准性；通过有效的反馈信息提供显著的系统状态；方便快捷的使用；预防出错；协助用户认识、分析和改正错误；识别而不是回忆；符合用户的真实世界；用户自由控制权；美观、精简的设计；帮助和说明。

4. 竞品分析的内容

1）特性罗列

针对竞品的各个维度，分析方式可以分为横向和纵向。

横向分析是将需要做分析方向的特性罗列出来，然后分别观察和比较竞品情况，因此能够辨认出某一评测类别或所有评测类别中，哪个竞品做得最好，但它所创建的用户体验画面比较零碎，所以不易分析出每一个竞品的整体用户体验水平。

纵向是将所有对手或相关产品列出，分别体验并撰写需要分析的点。每个竞品都有不同的背景及介绍，每个竞品都是由不同的评测标准来描述的。纵向分析为每一个竞品都提供了一个整体的用户体验的视角，但它不易于作不同竞品间的对比。

2）分析评价

特性罗列是客观地描述每个竞品的特点，而分析评价是依照上述的可用性准则对竞品的各个方面进行分析评价。相较特性罗列，分析评价是带有主观色彩的。因为涉及一些产品层面的考虑，通常孤立地从操作体验上很难评判哪个竞品更好，所以主观评价可以作为客观描述的补充。

4.2 App设计与开发

4.2.1 App 原型设计

1. App 原型设计流程

原型是产品经理将文字化的需求转换成的图形稿，是设计方案的表达，是产品经理的重要产出物之一，是项目团队参考、评估的重要依据。原型是产品功能与内容的示意图，是最终产品的雏形。

原型设计一般分为三阶段，即草图原型、低保真原型、高保真原型，如图 4-3 所示。草图设计用来传达内容，是最初的解决方案；低保真原型可以具体到信息的布局和传递，从框架细化到内容；高保真原型则基本可以达到产品上线后的效果，此时交互设计师需要对每一个细节负责。

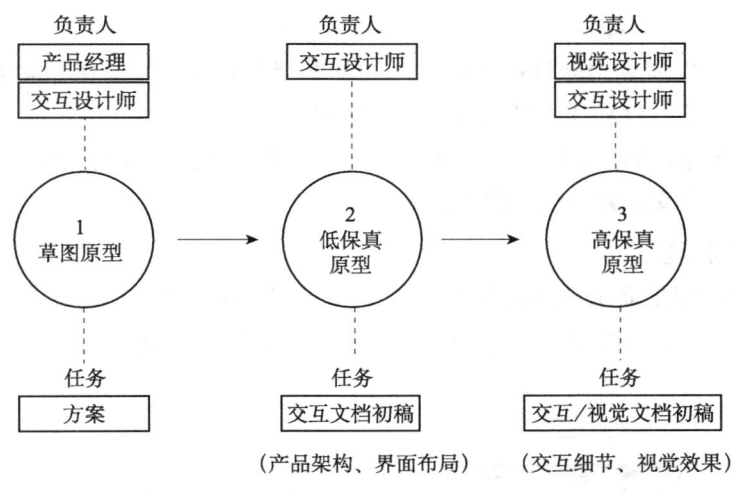

图 4-3　原型设计三个阶段

1）草图原型

草图原型也可以称为纸面原型，它能描述产品的大概需求，记录瞬间灵感，如图4-4所示。

图 4-4　草图原型

很多产品经理或者设计师在使用专业原型工具进行设计之前，都经历过草图原型的设计，设计师们喜欢在白纸上或者白板上勾勒软件的大致样子，也就是软件的骨架。这种方式可以快速记录他们的灵感，也方便修改软件的原型。现在市面上也有纸面原型的模具销售，更方便设计师进行纸面原型的设计。草图原型的优缺点如下。

优点：简单、快捷，适合于项目小、工期短、用户需求少的产品。

缺点：产品经理或者设计师们画的草图，除了自己，别人很难充分理解，也不适于向客户进行展示。

2）低保真原型

低保真原型是根据需求或草图原型，利用相关设计工具制作的简单的软件原型，如图

4-5 所示。

低保真原型可以展现出软件的大致结构和基本交互效果，但是在界面美观程度和交互效果上还不能和真实软件相比。低保真原型的优缺点如下。

优点：快速构建产品大致结构，实现基本交互效果，是团队成员有效的沟通方式。

缺点：美观上和交互效果上还很欠缺。

3）高保真原型

高保真原型是用来演示产品效果的 Demo（原型），在视觉上与真实产品一样，体验上也几乎接近真实产品。如图 4-6 所示为医疗 App 首页高保真原型。

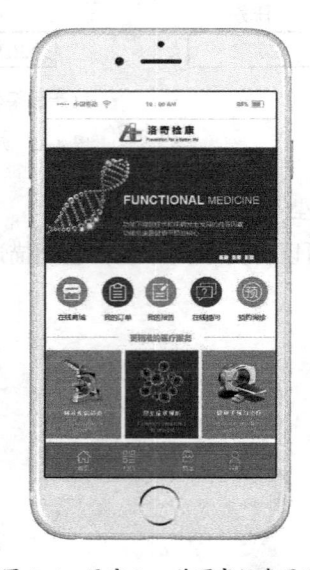

图 4-5　低保真原型　　　　图 4-6　医疗 App 首页高保真原型

为了达到与真实软件一样的效果，高保真原型在设计上需要投入更多精力和时间，这种原型多是用来对客户进行演示，在视觉和体验上征服客户，最终赢得用户信赖的。高保真原型的优缺点如下。

优点：可以模拟出真实软件的界面及交互效果。

缺点：需要投入大量的精力和时间。

注意：根据项目的大小、类型、工期及用户的需求来选择制作哪类原型。如果只是想勾勒系统的大致结构，可以采用草图原型；如果想描述清楚系统的功能结构和基本交互效果，方便项目组人员沟通交流，可以采用低保真原型；如果想给客户演示系统交互效果或者展示设计效果，可以采用高保真原型。

2. 高保真原型设计步骤

这里选择使用免费的移动应用原型设计工具——墨刀。

步骤 1：注册并登录。

使用墨刀桌面客户端进行操作，能带来更好的使用体验。如使用网页版，请用 Chrome

浏览器（最新版）登录，使用 IE、360 浏览器等可能产生兼容性问题。为了节省时间，这里简单介绍网页版的操作。

打开浏览器，利用搜索引擎搜索"墨刀"。打开墨刀官网（https：//modao.cc/），单击"免费注册"，进入注册页面，如图 4-7 所示。注册并登录网站。

步骤 2：熟悉墨刀的页面及功能。

通过网站"入门教程"认识墨刀。

步骤 3：创建项目。

单击"创建项目"，进入图 4-8 所示页面，选择空白项目下的"Android"，进入创建项目页面，如图 4-9 所示。填写项目名称，选择设备类型，上传图标及启动界面。图标大小为 192px×192px，格式为 PNG；启动界面大小为 720px×1280px，格式为 PNG。

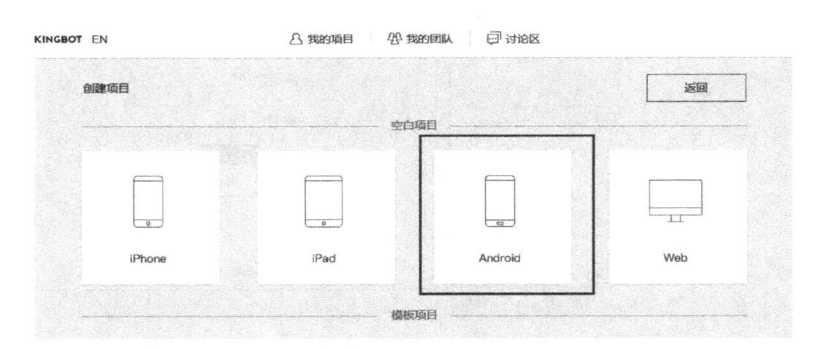

图 4-7　墨刀注册页面　　　　　　　　图 4-8　创建空白项目页面

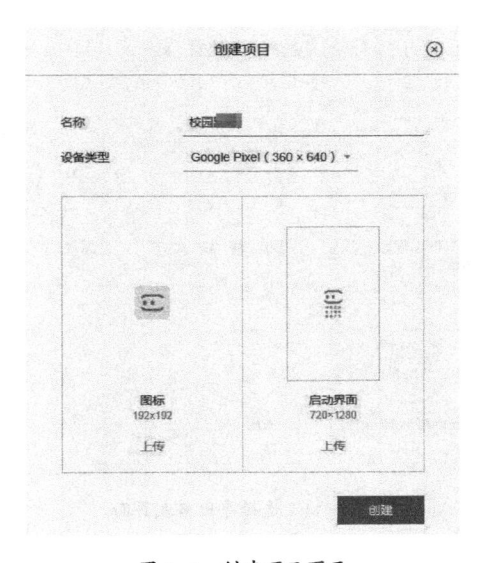

图 4-9　创建项目页面

步骤4：设计高保真原型。

单击"创建"进入项目编辑工作区，如图4-10所示。工作区主要由四部分组成，分别是控件区、设计区、列表区、工具栏。

首先在列表区单击"+新页面"，创建需要的页面；然后开始设计高保真原型；完成之后单击"运行"按钮，查看页面及交互情况。

步骤5：导出原型文件。

单击左上角"导出"，进入选择导出格式页面，如图4-11所示，导出全部PNG和安卓APK文件。

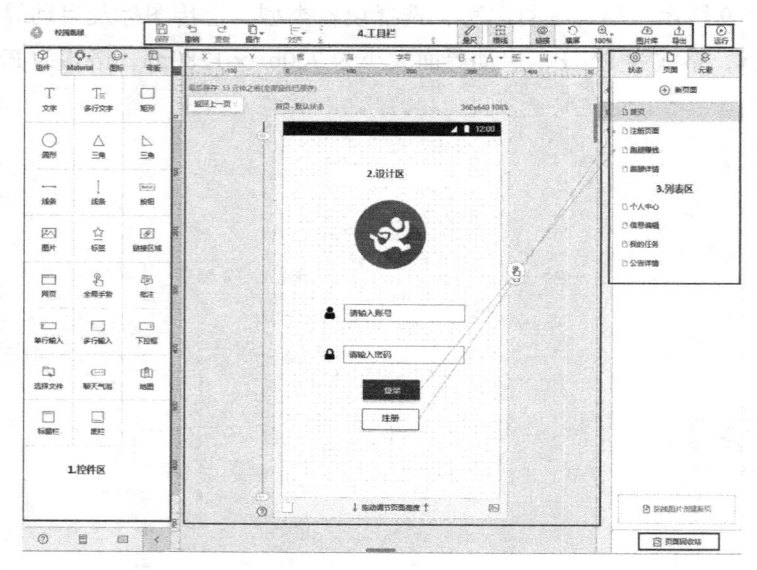

图4-10 项目编辑工作区

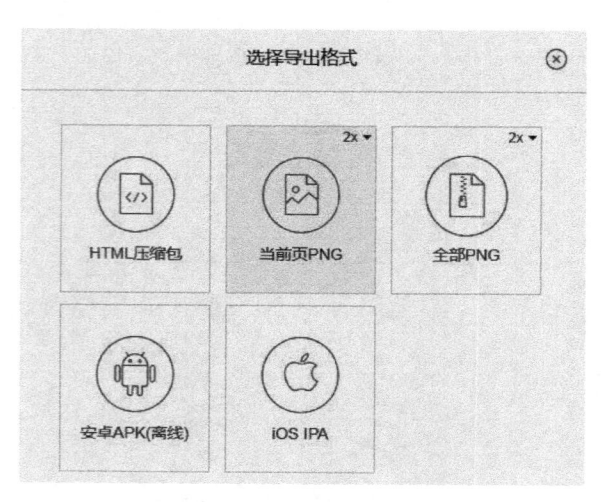

图4-11 选择导出格式页面

3. 产品设计规范及原则

1) UI（User Interface，用户界面）设计规范

首先，在进行 UI 设计时需要充分考虑布局的合理化问题，遵循用户从上而下、自左向右的浏览、操作习惯，避免常用业务功能按键排列过于分散。多做"减法"运算，将不常用的功能区块隐藏，以保持界面的简洁，使用户专注于主要业务操作流程，有利于提高应用的易用性及可用性。

其次，需要明确 UI 设计规范，主要包括对界面布局、背景色、字体颜色大小、界面元素间距等进行统一的梳理和规范。

（1）页面布局规范

在页面布局和交互规范上，建议安卓、iOS 尽量统一，这样可以避免安卓和 iOS 分别设计一套稿子。当然，安卓和 iOS 分别做专门的设计当然更好。对于中小型项目，设计资源紧张的话可以考虑安卓和 iOS 用同一个稿子，分别做相应的微调后输出适用安卓和 iOS 不同的尺寸要求就可以。

以 iOS 平台 iPhone5 的尺寸 640px×1136px 作为标准尺寸设计。在界面设计完成后可以做相应地微调导出适用 iOS 和安卓的稿子。这里可以首先统一设计稿输出规范：安卓（720px×1280px）——界面预览图、界面坐标图、标准界面的图标 PNG 文件；iOS（640px×1136px）——界面预览图、界面坐标图、1～3 倍图矢量图标 PDF 文件。

界面坐标图指在设计已定稿的界面预览图上标注界面元素的间距、文字的颜色、文字的字号大小、图标的尺寸、按钮不同状态颜色、按钮的尺寸等。界面坐标图实例如图 4-12 所示。

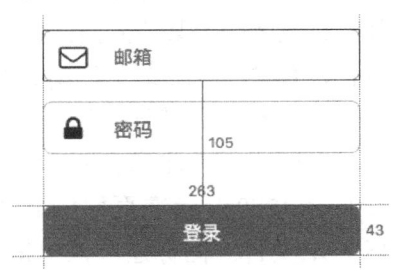

图 4-12　界面坐标图实例

（2）标准色规范

标准色规范分为三个层次，分别为重要、一般和弱，具体如图 4-13 所示。标准色重要：重要颜色中一般不超过 3 种，图片中重要颜色之一红色需要小面积使用，用于特别需要强调和突出的文字、按钮和 Icon；而黑色用于重要级文字信息，比如标题、正文等。标准色一般：都是相近的颜色，而且要比重要颜色弱，普遍用于普通级信息、引导词，比如提示性文案或者次要的文字信息。标准色较弱：普遍用于背景色和不需要特别展示的边角信息。

（3）标准字规范

文字是 App 主要信息的表现，尤其新闻阅读、社区 App 等制定标准的设计规范和良好的排版方式，用户使用 App 也觉得毫无疲劳感，这一点很重要。标准字规范分为重要、一般、弱三类，如图 4-14 所示。这里主要规范标准字的大小，标准字要注意跟上文的标准色进行组合，突出 App 重要的信息和弱化次要的信息。标准字重要：大字号普遍用于

大标题、Top 导航，较小字号用在分割模块的标题上；标准字一般：主要用在大多数文字，比如正文；标准字弱：普遍与标准色较弱组合，用于辅助性文字，如一些次要的文案说明。

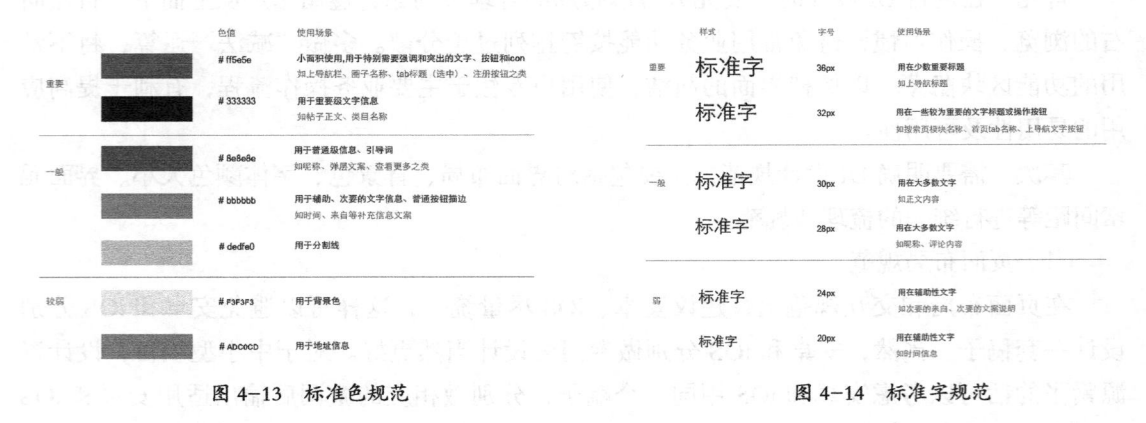

图 4-13　标准色规范　　　　　　　　　　图 4-14　标准字规范

（4）界面元素间距

App 界面要给人简洁整齐、条理清晰感，依靠的就是界面元素的排版和间距设计。这里间距设计还要注意考虑适配不同的屏幕分辨率。一般解决方案是依据屏幕等比放大缩小间距，或者固定某些界面元素的间距，让其他空间留空拉伸。为了满足屏幕分辨率较大的设备，有时甚至需要改变 App 界面的页面布局。

（5）图标 / 按钮规范

图标规范：注意安卓和 iOS 平台对尺寸大小和文件格式需求的不同，如安卓需要 720px×1280px 标准页面的 PNG 图标格式；iOS 需要 3 个尺寸 320×（1～3）倍图的图标 PDF 文件。图标还应该根据不同的功能需求设计不同的状态，如常态、选中态、单击态等。

按钮规范按状态分为常态、单击态、不可单击态。按钮规范因不同功能和场景需要，设计不同的样式和颜色，在尺寸上也分为长、中、短；而且在不同手机平台，长、中、短尺寸也要注意有所不同。

图标、按钮规范如图 4-15 所示。

（6）Loading 规范

页面 Loading 动画是 App 界面必不可少的元素，增加 Loading 可以给用户明确地反馈功能正在加载，减少用户在等待功能响应时所引起的烦躁感。另外，Loading 动画除了常规的菊花形状，还可以考虑使用 NPC（Non Player Character，非玩家控制角色），让 App 更生动、活泼；或者使用 Logo，加强 App 的品牌形象。App Loading 截图如图 4-16 所示。

图 4-15 图标、按钮规范

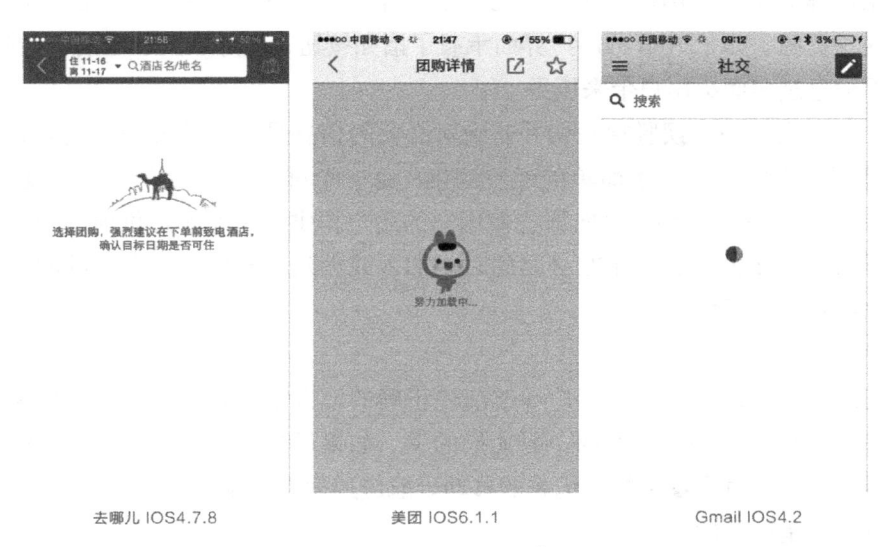

图 4-16 App Loading 截图

（7）页面加载失败、页面为空展示

页面加载失败、页面为空可以统一规范为 NPC、文案、按钮，注意应根据不同的场景显示不同的 NPC 和文案。页面加载失败、页面为空截图如图 4-17 所示。

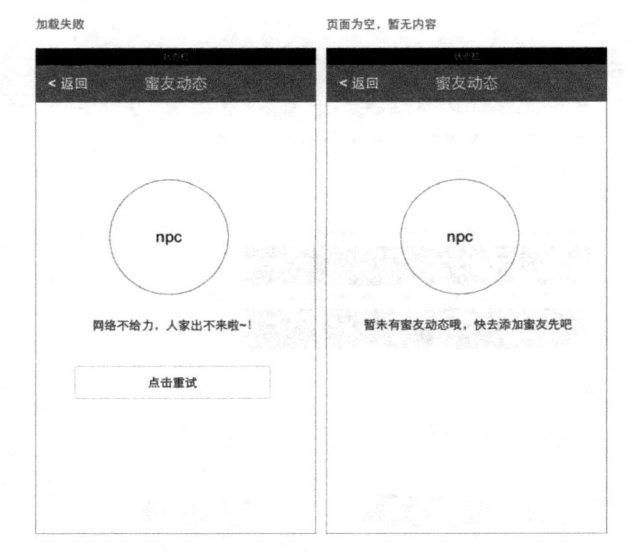

图 4-17 页面加载失败、页面为空截图

2）UX（User experience，用户体验）设计原则

人与系统交互时的感觉就是用户体验。UX 设计原则包括以下内容。

（1）减少混乱

对于用户体验来说，用户的注意力无疑是一种非常宝贵的资源，而产品的设计应该合理地分配这一资源。如果 App 的用户界面承载了诸如按钮、图片、文本等诸多杂乱的信息，势必导致因信息过多而给用户带来压力。

在移动产品设计中，摆脱掉一切并非绝对必要的信息是非常重要的，这样做可以减少混乱，提升用户理解。有一条简单的经验法则：每一个屏幕应该仅保存一个重要的动作。对于 App 而言，其每一屏都应该向那些使用它的用户提供一个有实际价值的独立动作。这使它易于学习，易于使用，易于在必要的时候加入或创建。相比于一个凌乱的屏幕，百分之百清晰的屏幕才是更可取的。

（2）使导航不言自明

对任何应用程序来说，帮助用户导航前往正确的地方都是相当重要的一件事情。优秀的导航设计就好比指导用户旅程的一只无形的手。如果用户发现不了，那么再酷的功能特性或最吸引人的内容也是没用的。优秀的移动导航应遵循以下基本原则。

①导航必须是连贯的。

首先，应该使用恰当的标识物（正确的视觉隐喻），这样导航元素就不需要额外的解释说明用户就能理解；其次，要确保每个导航元素指向了正确的目的地。

②导航必须保持一致性。

在不同页面中，千万不要把导航控件移动到不同的位置或者隐藏起来，这样很容易使用户迷失掉。

③导航应该传达出用户当前的位置。

无法表明当前位置可能是用户在应用程序菜单中最常遇到的一个问题。"我在哪里？"是用户要设计成功的导航前必须回答的基本问题之一。

（3）创建一个跨平台的无缝体验

不应该将移动设计视作是孤立的，对用户来讲，创建一个在移动端、桌面端和平板端无缝结合的体验是非常重要的。

以 Apple Music 为例，如图 4-18 所示，用户在 Mac 端设置一个播放列表后会很快在 iPhone 上也看到该列表。Apple 意识到在跨平台间保持这种数据的同步，创建出良好的无缝结合的体验是非常重要的。

（4）设计对手指操作友好的控件

相比于大的触控控件，小的自然更难于操作。当设计移动端的用户界面时，最好是让控件的可触摸面积足够大，这样用户才容易触及，如图 4-19 所示。

控件的大小最好要控制在 7—10mm，这样用户方能够准确地使用手指触及；另外，用户在与控件产生交互时，控件的边缘应该是可见的，能够以清晰的视觉反馈向用户传达他们确实触及控件本身了。

注意：要确保不同的控件间有合适的留白区域。

图 4-18　Apple Music 跨平台的无缝体验　　　　图 4-19　控件设计

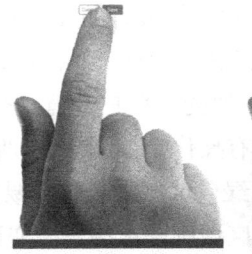

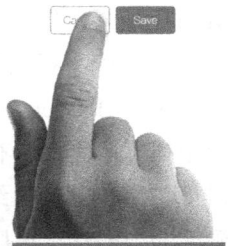

（5）文本内容应足够清晰

相比于台式电脑，智能手机的屏幕要相对小得多，这就意味着如何把大量的信息在这个小屏中呈现是移动设计的一大挑战。一定要杜绝把所有信息都进行尺寸上的压缩也照样能显示很多内容的想法。

针对移动端的一条经验法则：文本大小应该至少在 11pt（pt 就是 point，是印刷行业常用单位，等于 1/72in）左右，好让用户在不用放大的情况下也能够清晰的浏览。文本内容设计示例如图 4-20 所示。

通过增加行高或字符间距都能够提高易读性，合适的、大量的留白可以使一些凌乱的界面看上去简洁不少。

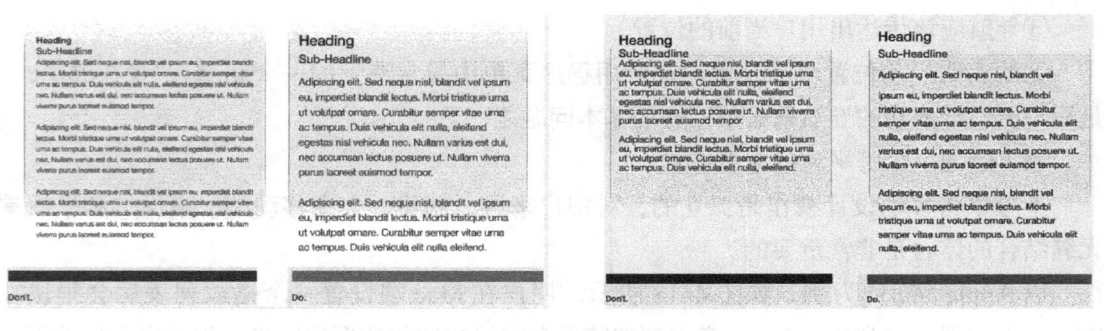

图 4-20　文本内容设计示例

（6）保持界面元素清晰可见

应该使用颜色和对比度来帮助用户查看和解读内容。选择出能够支撑程序可用性的主色调、次要色和强调色，确保不同的界面元素间有足够的色彩对比度，以使那些视力不佳的用户也能浏览使用。

对于使用有背景的文本来说，要保证文本的颜色和其背景色间有足够的对比度，好让文本部分清晰易读。小号文本与其背景色的对比度应至少为 4.5∶1；大号文本与其背景色的对比度至少为 3∶1。

使用足够的对比度在手机上显得尤其重要，因为用户在户外使用时，阳光的照耀会降低其对比效果。图标和其他关键的元素同样应该遵循上述的对比度推荐值。

（7）基于手指的触控点设计控件的布局和位置

Steven Hoover 在他的"用户究竟如何使用移动设备"研究中发现，49% 的人习惯于使用单个拇指来完成所有操作。如图 4-21 所示，屏幕中不同颜色的区域表明用户拇指能够触及的难度等级，其中，绿色区域表示很容易触及的范围，黄色区域则表示拇指要伸展开来才能够到，而要触达红色区域则要求用户改变设备的手持方式。

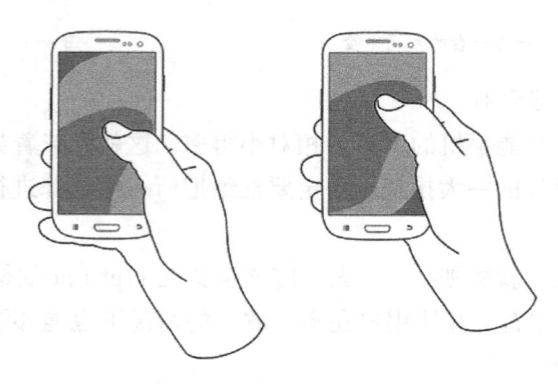

图 4-21　手指的触控范围

将顶级菜单、高频使用的控件和公有的动作放在绿色区域是非常重要的，因为单拇指能够很舒适地同它们产生交互。

另外，把那些具有否定意义的动作（比如删除或清除）放在手指不容易触及的红色区域，因为产品设计人员不希望用户意外地跟它们产生作用。

（8）减少对打字输入的需要

在手机上打字输入是一个缓慢而易于出错的过程，因此最好要尽量减少移动应用程序中所需的输入。尽量移除那些不必要的输入域，保持表单简短。

在合适的地方，使用自动补全的功能（见图4-22）或填入用户个性化数据，这样用户就只需要输入最少的信息。

（9）测试设计效果

若把设计好的App放在一个大屏的电脑屏幕上看，其效果往往非常不错；然而，一旦放在一个实际的手机屏幕上测试，其效果甚至不及前者的一半。即使是那些设计最为用心的用户界面，放在真实世界中也难免会包含一些不可见的缺陷，这就是为何要让真实用户在多样的移动设备上测试程序的原因。要把应用程序当作一个不断进化的实体，使用分析得来的数据结果及用户的反馈信息不断地提升用户体验设计。

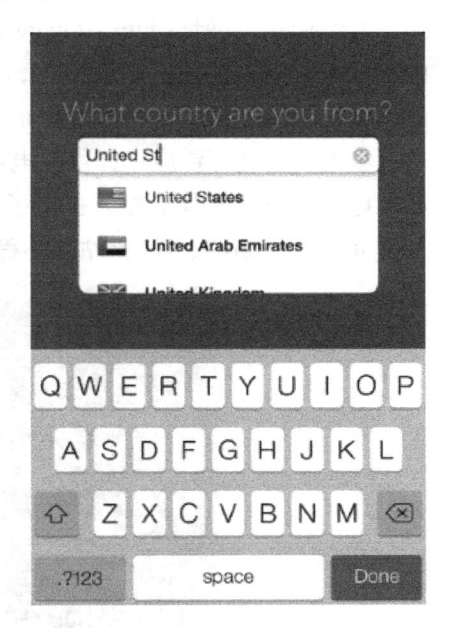

图4-22 自动补全

4.2.2 App开发

1. 产品功能开发

在设计完成后，即可进入开发阶段。App的开发分为两部分——客户端和服务端。客户端的开发即一般理解的手机应用开发，主要是界面实现和接口整合。界面根据效果图来实现。首先需要注意的是，开发人员必须根据效果图和相关文档理清整个功能逻辑，保证所有页面都已打通。另外，安卓客户端还有不同分辨率设备的兼容问题，开发过程中要尽可能地考虑多种设备，从而采用相对灵活的页面实现方式。

服务端即App的管理后台，通常是在网页端实现。管理后台是手机应用的重要支撑，绝对不能轻视其重要程度。管理后台除了需要实现管理此App数据的功能外，还要注意其效率和扩展性。App一般都是高速迭代的产品，在运营推广过程中经常会增加功能，所以其后台扩展性一定要好，否则就会出现要增补功能而无法完成，或者只能推倒重新开发的情况。

另外，App在开发过程中有两个必须要重视的问题，那就是内存和网络访问。由于手机内存有限、流量费用较高，所以内存占用和网络消耗一定要尽可能地做到最小。在开发者完成App开发编程工作之后，即可对App进行测试，只有测试通过后的App才能进行后续的发布工作。

2. App开发流程

移动互联网时代，App已成为聚集用户的必要手段。但设计与制作一款App对于小王和其他普通人来说似乎是遥不可及的梦想，首先专业的 Android 或 iOS 开发知识就已经将大家拒之门外。如果委托他人开发，将是一笔不小的开销。App 自助开发平台的涌现，为小王等普通人（无编码能力、无设计能力）的移动梦想开启了一扇门。下面介绍一款简单易上手的 App 开发平台。

叮铛应用（网址：http : //www.dingdone.com）是集 iOS、Android、小程序、H5 于一体的零代码移动应用生产运营平台，面向垂直行业提供完整的行业解决方案，帮助用户高效制作生成移动应用，迅速覆盖 App、小程序等多元移动市场。

小王了解到叮铛应用提供的电商解决方案（如图 4-23 所示），可快速搭建移动端商城，面向电商商家及实体店主，提供了完整的线上交易、库存管理、支付结算等功能纯原生地开发 iOS、Android、H5 微站、小程序四种移动商城形态。

图 4-23　叮铛应用电商解决方案

请读者前往叮铛应用论坛（网址: http : //f.ddapp.com/forum.php?mod= forumdisplay&fid=147，如图 4-24 所示）查看并学习新手教程，熟悉电商类应用的功能清单，学习视频教程，根据官方提供的 App 制作流程制作一款属于自己的 App。

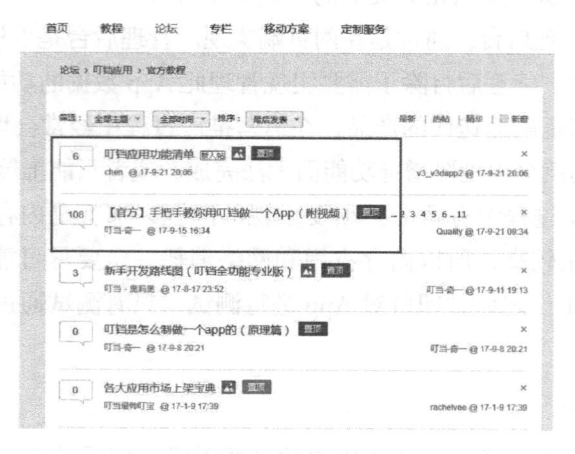

图 4-24　叮铛应用论坛

4.3 App发布

4.3.1 App上架

1. App上架资料撰写规则

App开发成功后，需要通过如手机系统官方商店、手机厂商商店、运营商商店、第三方应用商店、下载站等渠道下载到用户的手机中，为开发者带来下载量。

一般来说，App的发布分为三种，各大应用市场（具体指的是小米应用商店、91门户、安智市场、腾讯应用宝、n多网、联想乐商店、360、机锋、豌豆荚这九家应用商店）发布，注册开发者，直接在网站上传以及通过邮件发送等。而注册开发者是最为重要的一种方法和途径。

注册开发者分为两种，一种是企业开发者，一种是个人开发者。企业开发者是对于那些已经注册的、拥有营业执照的公司，在注册时必须上传其证件的扫描件，有的严格的应用商店还要求上传产品专利证书和一些其他的证件。而个人开发者适合一些个人或小型开发团体，要求相对简单，只要求填写注册开发者的个人信息和联系方法，以及个人有效身份证件的号码和扫描件。当完成注册并通过审核，注册者就有可能获得一个SDK，这个SDK必须加入到所开发的App源代码中，之后就可以上传App，并等待App上架成功的通知。

而应用的标题、关键字和描述的最佳化，是应用是否能获得可观下载量的关键。这就要求开发者在上传App时，要灵活运用ASO的方法，对标题、关键字和描述三大部分进行撰写。

1）标题撰写规则

①应用商店对App标题的限制是100个字符，但应用商店检索结果中只会出现应用标题的前32个字符。因此，App的标题撰写应充分利用所有字符，要保持简洁性，并用这32个字符清楚表达重要信息。

②标题撰写需要包含关键字，但避免填塞过多内容，要用描述性的字眼让标题显得自然而流畅。

③标题无须添加公司名称，因为应用商店已经有固定的区域显示公司名称。

④标题不要频繁变更。当应用获得一些名气时，网络评论员会提到它的名字，用户也会在网上搜索这款应用。建议长期保持原来的名称不变，持续扩大用户范围。如果非要修改应用名称，也不要每个月或每周都修改。

2）关键词撰写规则

①通过发掘与对比得出合适的关键字。仔细审视应用市场，输入一些关键词，然后仔细观察搜索的结果。观察它们是否是被意外搜索出来并且没有匹配上关键字的，或是它们

与关键字真的有着某种关联。如果发现有很多应用都匹配了所搜索的关键字，应该通过这些应用下载和评价的比率得出，这些应用的关键字是否也能作为自身的 App 关键字，但要注意避免使用过度竞争的关键字，尽可能地选择排在搜索结果前几位的一般关键词。

②严格按格式要求填写关键字，避免关键字前后出现空格，避免使用句子格式，充分利用 100 字符。避免使用"免费"字眼以及不要填塞冗余内容。

3）描述撰写规则

App 的标题和关键字是瞄准和吸引目标用户的手段，而描述则是用来推动下载量的。在撰写描述时，需要关注前三行文字而非关键字。当用户单击应用时，他们就会看到前几行内容，因此将最希望传递给用户的信息（获奖、重量级评论等）放在描述的前三行，从第四行开始详细描述，将各主要功能点逐一列出，并加以解释。同时，使用号召性用语，例如"即可下载，掌握全城折扣信息！"，在最后一部分加入公司介绍、其他应用介绍以及有效的联系方式。要重点关注传达应用体验或益处。

2. 发布 App 步骤

基于上述的 App 上架资料撰写规则，可分别上架 iOS 版与安卓版的应用。以安卓版为例讲解具体的上传步骤，如下所示。

步骤 1：注册账号，填写开发者资料。

首先打开百度移动开放平台（http://app.baidu.com），在右上角找到注册按钮，先注册成为开发者，填写资料，其页面如图 4-25 所示，提交并等待审核。

步骤 2：创建应用，选择应用类型。

审核通过之后，就可以发布应用了。

①进入百度移动开放平台首页，单击"发布应用"，如图 4-26 所示，进入到选择创建应用类型页面，如图 4-27 所示。

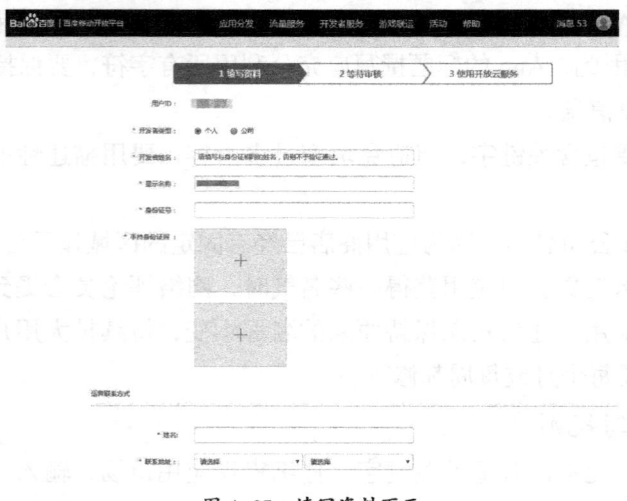

图 4-25　填写资料页面

图 4-26　百度移动开放平台首页

图 4-27　选择创建应用类型页面

②鼠标光标移动至"应用分发",单击"应用管理"→"创建新应用",如图 4-28 所示,进入到选择创建应用类型页面。

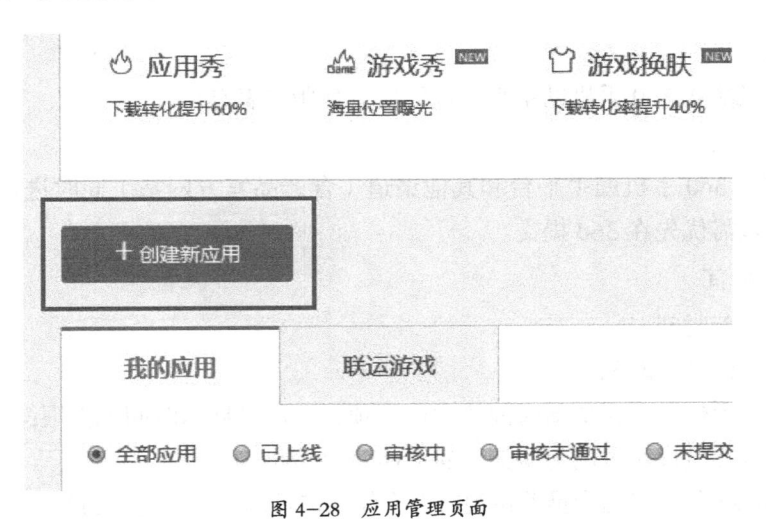

图 4-28　应用管理页面

步骤 3：填写应用信息。

上传安装包、应用图标及截图,选择语言类型、分类、支付类型,填写描述、应用简介等信息。

步骤4：提交应用，等待审核。

通过审核后，用户即可在安卓应用市场搜索并下载对应App。

4.3.2 App首发

完成App上架后，为了确保新上架的App不被埋没在众多的App当中，对App进行推广，是必不可少的一环。App推广最常见的方法就是采取首发的方式。不同的应用市场，首发要求不一样。

1. 360手机助手

1）首发类型

（1）全新首发

适用于首个版本APK包且未在任何市场及渠道中发布的应用，首发通过以后自动生成已上线应用。

（2）应用重大版本更新首发

适用于已在360手机助手提交上线应用的重大更新版本发布。

2）首发形式

（1）首发合作宣传

首发期间只能在360手机助手平台进行应用新版本发布，官方网站和其他渠道的发布时间需在360手机助手的首发结束之后进行。360手机助手会提供更丰富和优质的资源位为应用推广。

（2）独家首发

首发期间只能在360手机助手平台进行应用新版本发布。

（3）联合首发

首发期间在360手机助手平台和其他渠道（含产品官方网站）同时进行应用新版本联合发布，首发包需优先在360提交。

3）首发时间

（1）首发推荐时间

①首发资源位展示时间。

首发专栏展示位随专栏更新时间依次向下顶替，产品展示时间无上限；

首页首发卡片位展示时间为1天（24小时）；

软件页banner位、专题内推荐位视首发合作宣传具体情况而定，通常为1天（24小时）。

②首发标签推荐时间为1天（24小时）。

（2）首发申请

首发需提前3个工作日申请；为了调配更优质的资源位，首发合作宣传需至少提前7

个工作日申请。

（3）首发审核

首发审核时间为 1—3 个工作日。

（4）首发间隔时间

首发间隔时间为 15 天，同款产品 15 天内只可申请一次首发。

（5）首发时对首发包对素材上传的要求

预约首发成功之后，最迟在首发前一个工作日 18：00 上传符合首发规则的首发包。未按时上传首发包及素材则无法进入首发流程，首发失败。

4）首发资源位

360 手机助手首发资源位说明表见表 4-1，部分展示位如图 4-29 所示。

表4-1　360手机助手首发资源位说明表

首发合作宣传应用展示位	独家首发、联合首发应用展示位
手机端 - 首页"今日首发"卡片前 4 位	手机端 - 首页"今日首发"卡片
手机端 - 软件 -banner 位	手机端 - 软件 - 新品首发
手机端 - 软件 - 新品首发 - 前 4 位	软件 PC 端 - 找软件 - 软件首发
手机端 - 每周 push 专题内推荐位	软件 PC 端 - 找软件 - 最新首发
软件 PC 端 - 今日热点 - 首发专栏 banner	
软件 PC 端 - 找软件 - 软件首发 banner	

（1）手机端 - 首页"今日首发"　　（2）手机端 - 软件 -banner 位　　（3）手机端 - 软件 - 新品首发列表

图 4-29　首发应用部分展示位置

2. 百度移动应用市场

百度移动应用市场由 91、安卓及百度助手合并而成。开发者发布应用新版本时，只在百度移动应用市场进行发布推广，其他渠道则需在百度移动应用市场的首发结束之后才能上架发布。

1）首发合作推广方式

首发推广可以让开发者的应用通过以下几种形式呈现给用户。

（1）推荐位

如百度 Web 站推荐位、百度移动站推荐位、百度手机助手客户端推荐位、91 助手客户端推荐位、安卓市场推荐位等。

（2）个性化推荐

针对不同用户群体的特点，采用有针对性的定向定量的推广方法，激活率较高。

（3）PR（Public Relation，公关）宣传

对通过百度大平台的多种资源进行 PR 宣传和品牌曝光。通过品牌传播与事件营销进行有针对性的宣传，快速树立企业形象，有效提升品牌知名度。

2）首发合作流程及步骤

首发合作流程如图 4-30 所示。

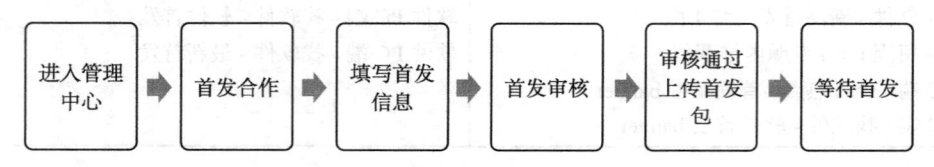

图 4-30　首发合作流程图

步骤 1：进入应用管理中心，单击"首发合作"，如图 4-31 所示。

图 4-31　应用管理中心

步骤 2：选择首发类型。

①独家首发：指只在百度移动应用市场进行首发，或只在 91、安卓进行首发。

②联合首发：指同时在百度、91、安卓以及其他渠道进行首发，如有其他渠道，可在输入框中标明，如图 4-32 所示。

图 4-32　选择首发类型页面

步骤 3：填写首发信息。

首发应用：选择已经在平台上提交过的应用。

填写版本：填写首发软件的版本信息，填写格式为 versionName（versionCode），括号不区分中英

文符号。例如：2.3.1（211）。

首发开始日期：尽量提前 7—15 天申请首发，越早申请越容易获得客户端高优展示位置。

首发结束日期：首发开始日期后 1 天或 2 天。应选择确定日期，多选将无法安排推荐位。

更新说明：详细描述首发软件新版本的特点。

首发资源：选择软件首发时可配套提供的资源，对应信息填写页面如图 4-33 所示。

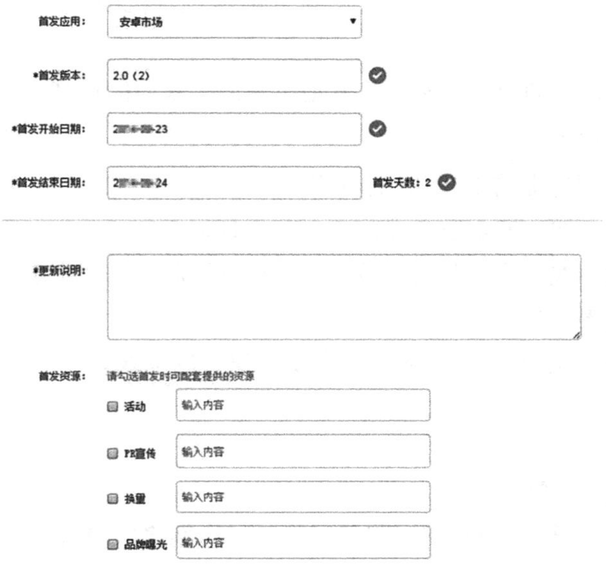

图 4-33　填写首发信息

步骤 4：上传软件。

在首发审核通过之后，再次进入开发者平台的首发合作页面，单击“上传应用”完成首发流程，如图 4-34 所示。

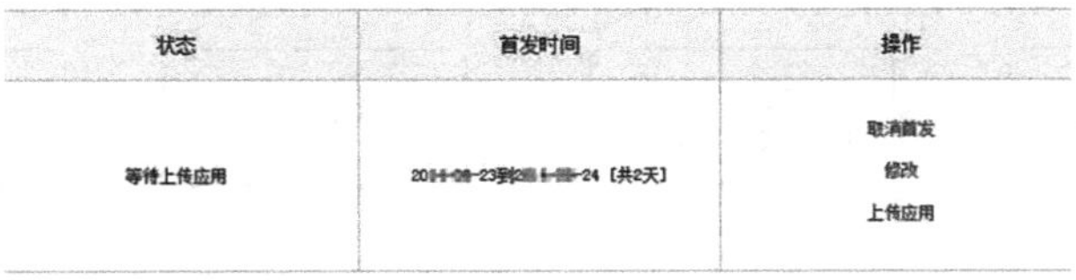

状态	首发时间	操作
等待上传应用	[illegible]-23到[illegible]-24［共2天］	取消首发 修改 上传应用

图 4-34　首发合作页面

步骤 5：取消首发。

如果需要取消首发，在单击“取消首发”的同时发送邮件给商务人员，告知需要取消首发的软件名称和包名。

3. 阿里应用分发开放平台

阿里应用分发整合了豌豆荚、阿里九游、PP 助手、UC 应用商店、神马搜索，并联合 YunOS 应用商店等应用分发平台，实现全流量矩阵布局。

1）首发形式

（1）按更新类型

新品首发：应用从未在任何应用市场及平台提交发布，可以申请新品首发。

版本更新：应用进行了重大版本更新则可申请此种首发类型。

（2）按首发渠道

独家首发：必须在"PP助手&UC应用商店&淘宝手机助手"上线24小时后，才能在其他渠道上线。

联合首发：申请首发的应用，必须与其他渠道的上线时间保持一致。

2）首发相关时间

（1）申请时间（请勿提前10天以上申请首发）

常规工作日首发上线：需要至少提前3个工作日提交申请。

周末节假日首发上线：从假期前最后一个工作日算起，需要提前4个工作日提交申请。

（2）首发时间间隔

首发成功后，同款应用在15天内不可重复申请首发上线。

（3）审核时间

1—2工作日。

（4）首发包提交

首发当天前一工作日17：00前提交首发包。如逾期将取消首发，若不能准时提交，需提前与首发对接人反馈沟通。

（5）推荐资源上线时间

首发当天11：00。

3）首发流程

阿里应用分发开放平台首发流程见图4-35所示。

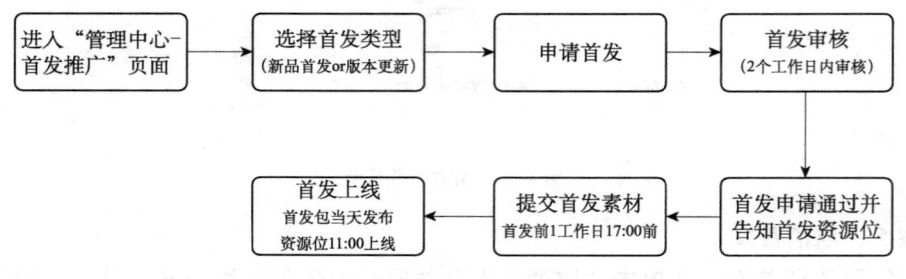

进入"管理中心-首发推广"页面 → 选择首发类型（新品首发or版本更新）→ 申请首发 → 首发审核（2个工作日内审核）→ 首发申请通过并告知首发资源位 → 提交首发素材（首发前1工作日17:00前）→ 首发上线（首发包当天发布 资源位11:00上线）

图4-35 阿里应用分发开放平台首发流程

3. 腾讯应用宝

应用宝是后台（腾讯开放平台）申请，只能预约未来5天后、15天内的首发，工作人员将在2个工作日内完成审核，15天内只可首发一次，要注意申请资料的编写。申请成功之后，上传首发包时，务必通过"上传首发包"入口，而非"日常版本更新"的入口，否则会导致首发失败。

4. 其他首发

华为、OPPO、联想的应用市场也有首发，主要是后台申请。小米、魅族、中国移动的首发服务需要邮件申请。特别值得一提的是，中国移动带来的流量非常可观，就是认证申请步骤相比较其他应用市场烦琐很多。

一般应用市场对于全新首发的支持力度相对大一些，申请首发更容易。主要的几个市场对于版本更新首发要求基本差不多，无非是重大功能添加、UI全新改版等，所以申请资料的措辞说明很重要。其中需要注意，应用宝头三个月的首发申请，都算全新首发，下载量不作为主要评估元素。而360对新小公司扶持力度更大，全新首发申请更容易，带来的量也比较可观，基本只要按照官方文档要求提交申请都能得到推荐。当然会根据软件质量等因素给予不同的推荐力度，不过，全新首发日的下载量会作为版本更新首发的评估依据。

单元拓展

1. 竞品分析的定义

针对用户体验对竞品分析（Competitive Analysis）提出的定义为，对所研发产品的竞争对手的同类型产品进行分析讨论，并给出类比归纳的分析结果，用以了解现有产品的发展优势，从而借鉴于研发产品中。

2. 竞品分析的目的与作用

竞品分析是一种确定功能需求、绩效标准和其他基准的非常有用的方法。在产品的用户体验设计过程中，在不同的阶段进行竞品分析的目的与作用也不一样，所以在做竞品分析之前要先明确目的。

在用户研究阶段进行竞品分析，分析的结果可以作为即将形成的用户需求文档（如人物角色）的参考，也可以对这些具体的问题做详细的说明。在概念模型或内容模型阶段，竞品分析将作为一种附加的对比手段，等同于日常的策略文档。

在设计阶段，这个时候产品已经基本成型，竞品分析则是针对非常具体的设计问题被当作设计的源泉，竞品分析的结果可以作为提出设计的依据。

在可用性测试阶段，此时的竞品分析主要是针对某一具体功能、问题做深入的对比，这时候竞品分析应将可用性测试的结果作为依据来进行。在不一样的阶段，竞品分析的着重点不一样，作用也不一样。

总的来说在项目的早期可以帮助产品经理了解用户需求和业界的发展，在中期可以指导设计，在后期可以协助检验产品的可行性。

3. 原型的作用

原型是产品经理对需求分析是否到位的一个复盘，从原型中可以清晰看到产品的流程，检验设计逻辑是否合理。

原型的使用对象十分广泛，包括需求方、UI、技术开发、测试。通过原型，能与项目人员达成共识，让相关人员熟悉整个设计，顺利进入到下一个环节，进行 UI 出图和技术搭建框架、设计数据库等。

原型是产品的模型，展示了最终产品的蓝图。

4. 原型元素及功能埋点

1）原型元素

原型元素为原型当中组成的最基本元素，如原型当中的文字、按钮、图片等。依据元素是否会改变、是否可操作又可将元素细分为如下三类。

（1）展现元素

展现元素为原型当中最基本的元素，即文字、图片等不会发生改变的元素。如原型中的标题、展示图片等。

（2）可操作元素

可操作元素指用户在使用产品过程中，可以与用户之间发生交互效果的元素。

①按钮。

按钮是原型中比较常出现的元素，如表单的提交按钮、内容点赞按钮等。

②跳转链接。

跳转链接指通过单击会跳转到相应页面的元素，跳转链接可以是文字、图片，也可以是产品导航类链接，如 App 当中的 Tab 标签、功能跳转以及返回、分享功能链接等。

③多媒体元素。

多媒体元素指产品原型当中需要对用户展现的音频、视频以及动态图片等多媒体内容所使用的组件。

（3）输入元素

输入元素为用户在使用产品时提供数据输入功能的元素，最常见的有用户注册时需要填写的表单数据，或者是用户回复、评论内容的输入框。

2）元素注释

单纯的元素罗列原型是无法满足产品研发团队的需求，根据元素类型的不同和可能产生的不同状态，需要对相应的元素加以注释，尽可能穷举元素的所有可能出现的状态和问题。

（1）元素规范

元素规范主要指元素在原型中的展现形式，如大小、位置、排版以及是否自适应屏幕等。另外，针对输入元素，要明确输入内容的规则，对输入内容的验证以及提示等。

（2）状态转换

状态转换针对可操作元素而言，用户对元素进行操作后，元素会出现几种状态。如用户单击点赞按钮后，点赞数自动加一，点赞按钮变成已赞图标，当再次单击点赞按钮时，点赞数自动减一，点赞按钮回复初始状态。

在描述元素状态转换时，一定要尽可能将所有可能出现的状态穷举罗列，并辅助说明状态转换的逻辑以及可能出现的问题。这样做的目的在于让研发团队尽可能明确业务底层逻辑，减少 Bug（漏洞）出现的概率。

（3）页面跳转

页面跳转指用户单击相应跳转链接后会跳转到指定页面，这类注释主要针对跳转链接类元素，在注释时注明要跳转到的页面。关于页面跳转设计，可以在产品流程设计的页面流程设计中进行详细规划。

（4）交互说明

交互说明指用户的某些行为是否会对产品产生影响，如资讯类产品在阅读内容详情时，在当前页面从右向左滑动就会自动阅读下一篇文章。类似这类的交互动作，如单击、双击、屏幕滑动等，如果所开发产品对于这些交互有不同的表现，也要在原型中进行相应的注释。

3）功能埋点

在产品上线后对产品功能、流程进行数据分析时，如果需要从产品自身数据库中提取数据，就应在产品设计阶段对功能进行埋点。如对于电商原型页面的功能埋点，在用户单击加入购物车、单击结算等相关动作元素上进行埋点，利于后期对电商业务漏斗模型的数据分析统计提供数据支持。

对于功能的埋点一定要在定义数据关键指标时有所明确，这样在画原型时，可以对每一个页面需要埋点的功能进行突出注释。

5. App 产品设计原则

（1）清晰

任何一款产品，界面都必须"清晰"，只有清晰的界面才能让用户明白这个产品表达了些什么，才会让用户跟着指引使用该款软件。因此设计师在工作时，就要将用户的想法融入进去，因为只有这样开发出来的产品才会是受用户欢迎的。

由于不同类别的产品的需求是不一样的，这就要求设计人员对每一类产品都要有比较清晰的了解，只有这样才能保证一款产品设计出来能被他们的受众群体所欢迎。比如说，摄影产品，最主要的便是快门和取景框，而社交类产品最主要的便是让用户知道该在哪里聊天等，这些都需要根据不同产品的特性进行设计。

（2）流畅

如果一款产品在设计上很清晰了，可是用户在使用时却很不流畅，这对于用户体验来说，其影响也是比较大的。如果要保证流畅性，就得靠突破产品核心来吸引用户，只有让用户能在没有负担的情况下快速完成任务的设计才会受到用户喜爱。比如外卖软件在设计时应该根据用户的过往点餐记录向其推荐距离比较近的美食，而不是只是单单根据距离远近向用户推荐，因为这并不是用户特别想要的。

（3）统一

整体的设计一定要协调而使设计风格统一，因为只有这样才会达到最自然的效果。要做到统一不仅应实现均衡的构图，让画面整体具有稳定性，还要透出空间感，不会使得用户觉得在使用的过程中产生拥挤的念头。

（4）美观

在文字的设计上要让用户能够快速阅读。一般来说，楷体字的设计要比草书设计效果好很多，因为草书阅读起来太困难。在颜色的运用上，不用使用过多的颜色，颜色过多会让整体设计看起来比较混乱。图标和布局也同样应体现美观。

同步实训

本次实训步骤为：实训概述→实训素材→实训目标→实训任务→实训考评。

一、实训概述

本单元实训为移动商务类 App 开发。通过本单元的学习和本次实训，使学生熟悉 App 需求分析、竞品分析的方法，掌握 App 原型设计、开发的方法和步骤。

二、实训素材

移动互联网、智能手机、计算机。

三、实训目标

1. 进行用户需求分析，设计 App 原型。
2. 掌握利用零代码移动应用生产运营平台制作 App 的方法与步骤，根据用户需求制作 App。

四、实训任务

在本次实训之前，需要学生进行分组，并选出各组组长，以小组为单位进行本次实训操作。在本实训中，教师将指导、帮助学生完成实训内容。

任务一　App 用户需求分析

立足于成都商贸城的大背景，开发一款电商类 App，用于进一步推广成都商贸城，并为其命名，明确 App 定位，分析用户需求，填写表 4-2。

表4-2　App需求分析

App 名称	
App 定位	
用户需求	

任务二 App 原型设计与制作

1. 根据理论知识并结合实训，完成一个简单的电商 App，包括商品列表展示页（普通页）、商品详情页（详情页）和个人中心页；

2. App 的功能包括商品下单支付、购物车、联系客服、用户登录等；

3. 根据产品需求和功能，结合网络资源，在"墨刀"平台上设计 App 原型。保存 App 原型图片，提交给教师。

任务三 App 开发

1. App 素材准备：App 图标、App 启动图、首页和个人中心页面图标、登录头像默认图、个人中心页面图标。

（注：App 素材可自己制作，也可在"叮铛"网站下载。）

2. 在浏览器中打开叮铛应用官网，注册并登录网站，根据官方提供的 App 制作流程制作一款属于自己的 App。

（注：①叮铛网址 http：//f.ddapp.com/forum.php?mod=forumdisplay&fid=147；②制作流程需截图保存，以便用于考评）

五、实训考评

1. 老师可根据学生本单元实训的完成情况，进行教学考评，考评表见表4-3。

注：平时考勤、作业评定等可在"云班课"App 上进行。

表4-3 考评表

评价项目	评价内容	评价标准	评价方式
实训操作	任务一：App 用户需求分析	1. 是否完成用户需求分析	老师根据实训进度、App 制作情况进行综合考评，以确保实训检测性和可操作性
	任务二：App 原型设计与制作	1. 是否完成 App 原型设计 2. 是否在"墨刀"平台顺利完成 App 原型制作	
	任务三：App 开发	1. 是否在"叮铛"网站顺利完成 App 的开发制作	
职业素养	1. 责任意识（4分） 2. 学习态度（3分） 3. 团结合作（3分）	结合实训周考勤，综合考评	综合考评
总分			
综合得分	教师根据学生的日常考勤、理论学习和实训表现进行综合考评打分。 注：总分 = 平时考勤（占20%）+ 理论考评（占40%）+ 实训考评（占40%）		

2. 教师根据各组实训进程、实训记录及成果展示进行综合评价。

（1）针对各组的优点进行点评，针对缺点提出改进方法；

（2）针对整个实训过程中团队协作的亮点和不足进行点评。

单元五

微信小程序开发

学习目标

知识目标
▶1. 理解微信小程序的概念;
▶2. 了解微信小程序的作用及特点;
▶3. 了解微信小程序开发的范围、框架及工具;
▶4. 了解微信小程序的接入流程。

技能目标
▶1. 掌握微信小程序的注册流程;
▶2. 掌握微信小程序信息的完善;
▶3. 掌握微信小程序提交审核与发布的流程。

本单元包含了两个学习小节,具体为:
5.1 微信小程序认识
5.2 微信小程序开发

学习引导

小王在成都商贸城经营着一家女装服饰店,经过多年的经营,店铺的生意越来越好。小王为了拓展业务计划开发一个维系供应商和客户的App,可是高昂的App程序开发成本让小王望而却步。正当小王为App程序开发的成本发愁时,微信小程序引起了他的注意,他得知微信小程序不仅开发费用低廉，而且易于操作，因此他决定对微信小程序进行一番学习。

学习规划

微信小程序对于小王而言，还是一个全新的概念，小程序能否帮助小王实现与供应商和客户之间的精准沟通与营销，他心里还不是很清楚。为此，小王决定从学习小程序基础开始，系统地认知小程序，同时全面地了解小程序的开发过程，以帮助自己通过小程序实现精准沟通与营销的目的。

相关知识

5.1 微信小程序认知

5.1.1 认识微信小程序

1. 微信小程序的概念

在了解微信小程序前，应该清楚什么是小程序。小程序是针对移动智能设备所提出的概念，小程序是一种不需要用户下载与安装即可使用的 App 程序，用户只需要单击小程序就能轻松使用该程序为用户提供的功能，因此小程序的出现大大方便了用户对 App 的高效使用，实现了"即用即走"的高效理念。

小程序虽然不需要用户下载，但小程序的运行仍需要平台，微信小程序就是"微信"推出的小程序运行平台。微信在其公众平台上线了小程序（在微信公众号账号分类中，见图 5-1），该功能提供了一个可以将小程序接入微信公众平台的入口，因此用户可以通过接入小程序的方式，借用"微信"进行品牌、商品的推广传播。

图 5-1 微信公众号账号分类

2. 微信小程序的使用

微信小程序的使用非常简单，对于微信用户而言，微信小程序的具体使用包括进入小程序页面、搜索查找小程序、单击使用小程序以及小程序的分享四步，具体操作如下。

步骤1：进入小程序页面。用户登录微信，单击"发现"进入到发现页面，在该页面单击"小程序"，进入到"小程序"页面，如图5-2所示。

步骤2：搜索查找小程序。进入"小程序"页面，用户可以通过单击"放大镜"并输入小程序的名称进行搜索，也可通过单击"附近的小程序"进行小程序的查找，如图5-3所示。

图 5-2 微信小程序入口页面　　　　　图 5-3 搜索查找小程序

步骤3：单击使用小程序。用户在完成小程序的选择后，单击小程序的图标，即可进入小程序，如图5-4所示。

图 5-4 单击使用小程序

步骤 4：小程序的分享。小程序的分享，需要用户进入到小程序的页面中进行操作。用户进入小程序，单击页面右上角处，在弹出菜单中单击"分享"，可将小程序分享给微信好友。小程序的分享页面如图 5-5 所示。

图 5-5　小程序的分享页面

5.1.2　微信小程序的作用及特点

1．微信小程序的作用

微信小程序的出现对提高人们的工作效率起着重要的作用。

在应用方面，微信小程序简化了 App 应用的使用过程，用户无须下载 App 应用，只需通过微信小程序就能实现与 App 基本同样的功能，这样用户就不需要考虑流量、系统、硬件配置等限制因素，完全依照自己的实际需求使用即可。

在推广方面，微信小程序为商家的宣传提供了更多的可能，以往商家的推广主要是以发布推广图文、视频、H5 等方式进行，这些推广方式虽然可以不同程度地突出推广重点，但在展示、互动方面还有很多的不足；然而微信小程序则不同，开发者通过编写程序，不仅可以实现图文、视频的宣传，同时还能实现与用户的互动，甚至可以给小程序赋予实际的功能让用户使用。

在行为方面，微信小程序促进了用户、商家行为方式的改变。对于用户而言，微信小程序让用户多了一种了解品牌、商品甚至 App 应用的方式，进而用户会主动通过小程序了解信息；对于商家而言，微信小程序为商家提供了一种全新的品牌推广运营方式。

2．微信小程序的特点

微信小程序的初衷主要是提高 App 应用的使用效率，最大限度地方便用户使用，因此微信小程序体现出的主要特点可以总结为"高效率"。小程序的高效率具体表现为无须下载、触手可及、用完即走三个方面。

①无须下载。随着移动电子商务的发展，移动智能设备几乎成为人们生活中的必需品，随之而来的App应用自然而然地成为人们经常使用的"工具"，然而App应用必须经过下载、安装后才可以运行，这一过程不仅操作烦琐，而且还需要消耗流量、存储空间等资源；然而微信小程序则免除了用户下载、安装的过程，用户可以无须安装直接使用。

②触手可及。如果说移动互联网的发展让信息唾手可得，那么微信小程序的出现则是让"程序"触手可及。随着物联网、人工智能的不断发展，"程序"正悄然地成为一种新的信息传播方式，通过"程序"可以传播信息、可以实现App应用的功能甚至可以控制身边的设备。微信小程序简便的操作，可以让生活中的"程序"触手可及。

③用完即走。即无须卸载，以往的App应用，如果用户不使用了，需通过卸载将其删除，而微信小程序则不需要，用户单击即可使用，退出即完成使用，不需要用户进行卸载删除操作。

5.2 微信小程序开发

小王通过对小程序概念、作用及特点的学习已经对小程序有了初步的认识，接下来，小王希望通过小程序开设一个店铺，以便于实现微信推广的同时实现精准营销。通过小程序开设店铺，自然就会涉及小程序的开发，而微信小程序的开发过程可以分为小程序的接入和小程序的开发两个方面。

5.2.1 微信小程序的接入

微信小程序的接入流程是指开发者在微信公众平台发布小程序的流程，微信小程序的接入流程具体包含了注册、小程序的信息完善、开发小程序、提交审核和发布四个步骤。

1. 注册

微信小程序的开发者首先需要完成微信小程序账号的注册，其具体步骤如下。

步骤1：进入"微信公众平台"（https://mp.weixin.qq.com/），单击"微信小程序"进入到微信小程序页面，单击"前往注册"，如图5-6所示。

步骤2：进入微信小程序注册页面，按照要求依次完成账号信息填写、邮箱激活、信息登记。其中，在"信息登记"环节中需要用户依据注册主体的身份选择"主体类型"，其具体包括了个人、企业、政府、媒体、其他组织5种类型，如图5-7所示。

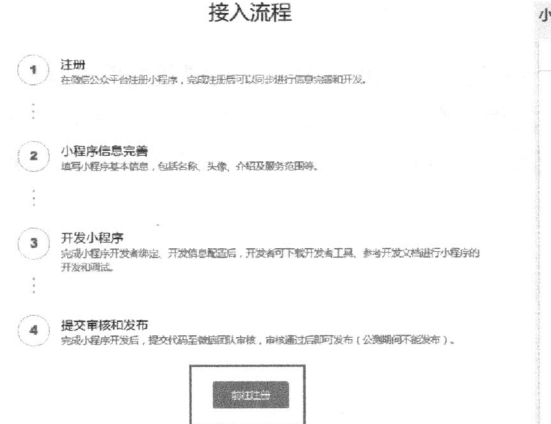

图 5-6　微信小程序接入流程页面　　　　　　图 5-7　微信小程序注册页面

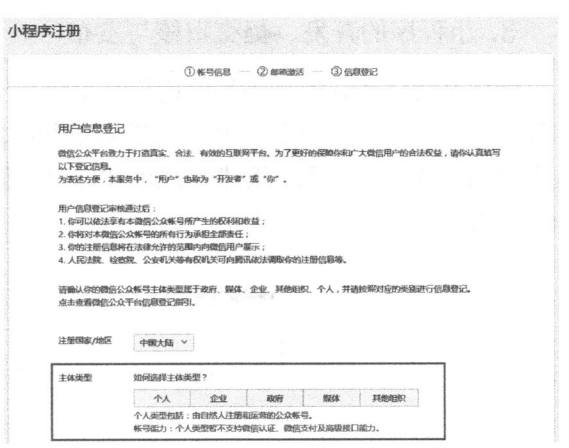

步骤 3：选择并完成"主体类型"后，进入主体信息登记页面，按照要求完成主体信息的登记，同时完成微信小程序的注册，如图 5-8 所示。

2. 小程序的信息完善

开发者完成微信小程序账号注册后，可直接进入到"小程序信息"填写页面，进行小程序信息的完善。小程序信息的完善关系到小程序在移动端的显示，因此，对于开发者而言，小程序信息的完善非常重要。小程序信息具体包括了小程序名称、小程序头像、小程序介绍、服务类目 4 个部分，如图 5-9 所示。

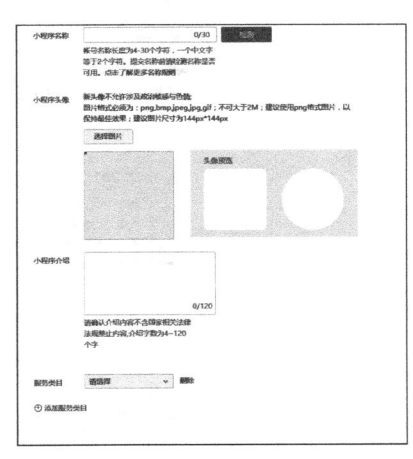

图 5-8　主体信息登记页面　　　　　　图 5-9　小程序信息填写页面

小程序信息不仅是对小程序的基本介绍，在微信这个平台中，其更是小程序的身份，因此微信官方对小程序信息的修改次数有着明确的规定。小程序的名称，在小程序发布前，允许用户更改 2 次，在发布后一年可修改 2 次；小程序头像，一个月内可以申请修改 5 次；小程序的介绍，一个月内可修改 5 次；服务类目，一个月可修改 3 次。因此开发者在填写小程序信息时，需要做好填写前的准备工作。

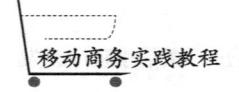

3. 小程序的开发、提交审核与发布

微信小程序的开发是小程序代码编写和上传的过程，在此，为了方便管理微信小程序，需要先绑定开发者。首先，开发者进入小程序流程发布页面，单击"添加开发"进入到开发者添加页面，按照添加要求完成添加即可，如图 5-10 所示，开发者的绑定可以有助于微信官方管理、审查小程序。

图 5-10 小程序发布流程

其次，需要统一的程序开发工具，微信为开发者提供了可以在 Windows、Mac 操作系统下的开发工具，开发者可以通过登录微信小程序的页面，进行开发工具的下载，如图 5-11 所示。

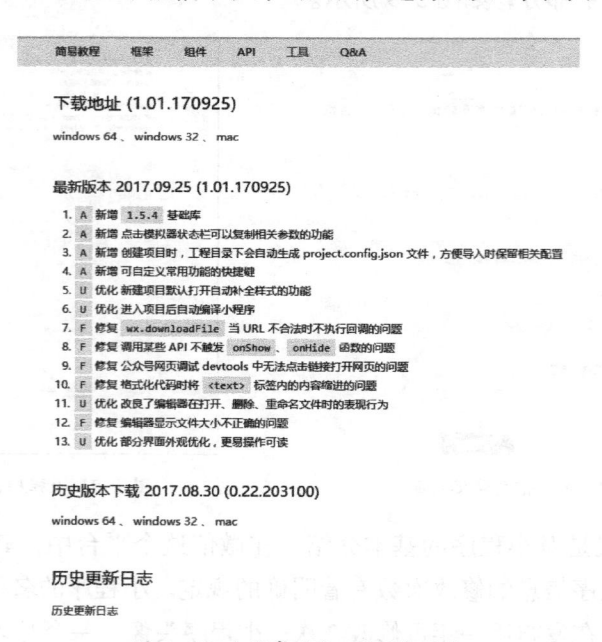

图 5-11 小程序开发工具下载页面

最后，开发者在完成了小程序的开发后，需要将开发好的程序进行发布。微信小程序

在发布之前需要完成开发者绑定和审核版本两个步骤，完成后方可进行小程序的发布。小程序发布页面如图 5-12 所示。

图 5-12　小程序发布页面

5.2.2　小程序开发

微信小程序的开发，可以分为直接开发和工具开发两种方式。所谓直接开发是指专业的程序编写人员通过微信官方所提供的程序编写工具完成代码的编写，最终实现小程序的开发过程。利用这种开发方式可以帮助商家实现复杂的功能诉求，但同时也需要开发者具有较高的开发水平。工具开发，是指通过第三方提供的小程序开发工具，进行简单的功能设置操作完成小程序开发的过程。利用这种开发方式，不需要专业的程序开发人员即可完成小程序的开发，但是不能够实现复杂的功能诉求。

1. 直接开发

直接开发是面向专业的开发人员的一种开发途径，因此微信小程序的直接开发不仅需要开发者完成代码的编写，还需要开发者按照微信规定的开放流程进行小程序的开发。微信小程序的开放流程包括了获取 App ID、创建项目、编写代码、预览程序四个步骤，具体操作如下。

步骤 1：获取 App ID。登录（https：//mp.weixin.qq.com），进入到"小程序发布流程"页面，单击页面左侧"设置"进入到开发设置页面，即可查看到微信小程序的 App ID，如图 5-13 所示。注意不可直接使用服务号或订阅号的 App ID。

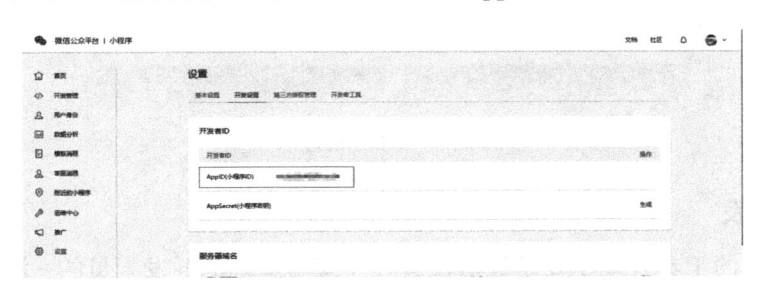

图 5-13　查看 App ID

步骤2：创建项目。该步骤需要通过"开发者工具"进行创建，开发者下载并安装开发者工具后，打开并使用微信扫码登录。选择创建"项目"，填入上文获取到的 App ID，设置一个本地项目的名称（非小程序名称），并选择一个本地的文件夹作为代码存储的目录，单击"新建项目"即完成项目的创建，如图 5-14 所示。

步骤3：编写代码。微信小程序编写的目标是尽可能以简单、高效的方式让开发者获得在微信中开发具有原生 App 的体验，因此微信小程序提供了描述语言 WXML 和 WXSS，以及基于 JavaScript 的逻辑层框架，并在视图层与逻辑层间提供了数据传输和事件系统，可以让开发者方便地聚焦于数据与逻辑上。

图 5-14　新建项目页面

步骤4：预览程序。在完成代码的编写与调试后，开发者单击左侧菜单栏并选择"项目"，单击"预览"，扫码后即可在微信客户端中体验。小程序预览页面如图 5-15 所示。

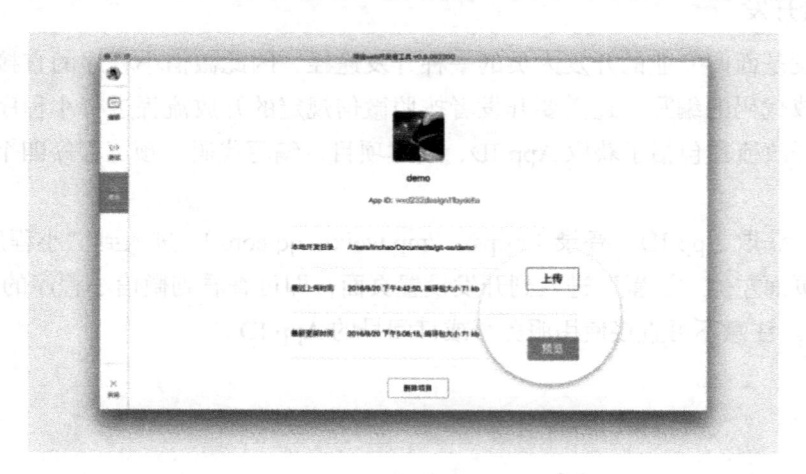

图 5-15　小程序预览页面

2. 工具开发

微信小程序的工具开发主要是针对没有程序编写基础的开发人员的一种开发途径。现如今能够进行微信小程序开发的工具有很多，最为常见的有上线了、点点客、微尘等，用户通过这些工具可以实现小程序商城的快速搭建。对于没有程序开发基础的用户，通过工具开发完成小程序商城的搭建是其最好的选择，下面就以"上线了"为例介绍小程序店铺的搭建。

步骤1：登录"上线了"。输入网址（http：//wx-mp.sxl.cn/），进入到"上线了"首页，如图5-16所示。

图5-16 "上线了"首页

步骤2：创建小程序。单击"创建小程序"，进入到小程序类型选择页面，如图5-17所示。

图5-17 小程序类型选择页面

步骤3：小程序模板选择。在完成类型选择后，进入到小程序模版的选择页面，用户可以根据店铺所售商品的风格选择一个合适的模板，如图5-18所示。

步骤4：填写信息。模板选择完成后，进入到信息编辑页面，在该页面用户可以完成商品管理、风格设置、功能设置、营销工具设置，如图5-19所示。

步骤5：小程序的发布。在完成信息的编辑后，单击"立即发布"进入微信小程序授权页面，如图5-20所示，单击"我已有账号，前往授权"。

图 5-18　模板选择页面

步骤 6：完成授权。单击"我已有账号，前往授权"，通过扫描二维码完成授权，如图 5-21 所示。授权完成后，等待微信官方审核，通过后即可进行小程序的使用。

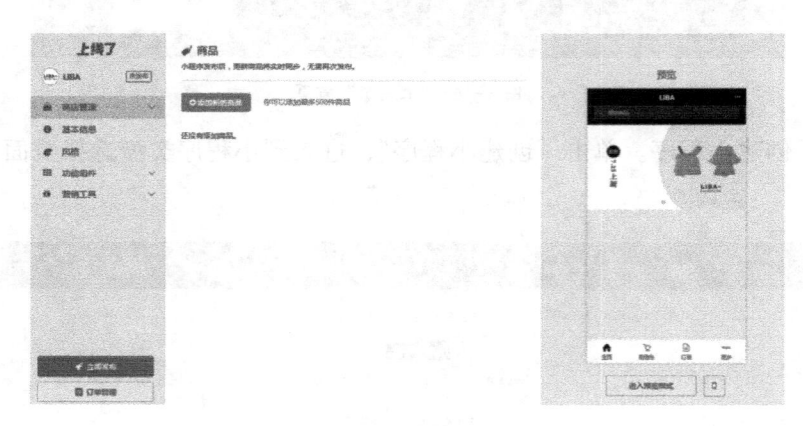

图 5-19　信息编写页面

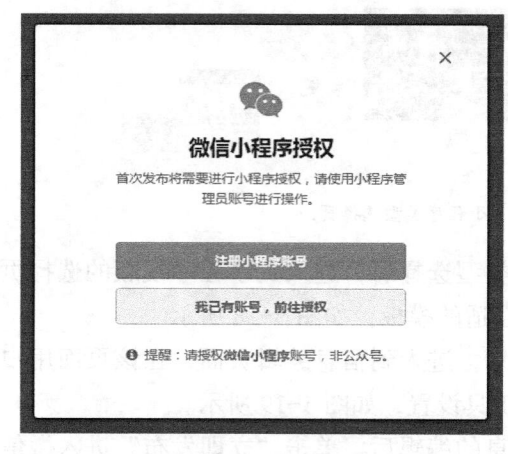

图 5-20　微信小程序授权页面　　　　图 5-21　授权二维码页面

单元拓展

2016年1月11日，微信公开课PRO版上，张小龙在演讲中讲道：微信的本意并不是要做成一个只是传播内容的平台，而是要做一个提供服务的平台，所以微信团队专门推出了服务号，但服务号以提供服务为主，基于一个诉求，"这不是我们想看到的。现在我们将开发一个新的形态，叫作应用号。"根据张小龙的描述，应用号的形态大致为："一种新的公众号形态，这种形态下，用户关注了一个公众号，就像安装了一个App一样。他要找这个公众号的时候就像找一个App，在平时这个号不会向用户发送信息的，所以App就会很安静地存在那里，等用户需要的时候找到它就好了，这样的话我们可以尝试做到让更多的App有一种更轻量的形态，但是又更好使用的一种形态来存在，这是我们在探讨的一种新的公众号形态，叫应用号。"

2016年9月22日凌晨，微信公众平台开始陆续对外发送小程序内测邀请。小程序即被外界广为关注的微信"应用号"。

2016年11月3日晚间，微信团队对外宣布，微信小程序开放公测，开发者可登录微信公众平台申请，开发完成后可以提交审核，公测期间暂不能发布。

2016年12月28日，腾讯集团高级执行副总裁、微信事业群总裁张小龙表示，微信小程序计划于1月9日正式上线，届时所有微信用户都能够使用。

2017年1月9日早上7点4分，微信公开课发布"你好，我是小程序"，微信小程序正式上线。

2017年3月27日，小程序宣布新增六大功能：个人开发者开放、公众号自定义菜单跳小程序、公众号模版消息可打开相关小程序、模板消息跳小程序、绑定时可发送模板消息、兼容线下二维码、App分享用小程序打开。

2017年5月10日，小程序发布附近的小程序，入口摆在了小程序栏的顶端。

2017年8月，微信小程序发布新功能，分享时可自定义配图、客服消息支持发送小程序卡片等。

同步实训

本次实训步骤为：实训概述→实训素材→实训目标→实训任务→实训考评。

一、实训概述

本单元实训为微信小程序开发实训，学生通过本实训，能够掌握微信小程序开发的流程操作。

二、实训素材

移动互联网、智能手机、计算机。

三、实训目标

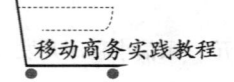

四、实训任务

学生分组,并选出各组组长,以小组为单位进行实训操作。在本实训中,以成都国际商贸城实体店铺为实训对象,结合本节所学,通过小程序为实训店铺开设一个网上店铺。

任务一 微信小程序账号的注册及小程序信息的完善

微信小程序是微信平台下的一种账号类型,但其又与微信订阅号、公众号不同,需要开发者单独注册方可使用,因此微信小程序的注册是微信小程序开发的第一步。学生可在老师的指导下,完成微信小程序的账号注册,同时完成表5-1中小程序信息的填写。

表5-1 微信小程序注册信息表

登录邮箱	
主体类型	
小程序的名称	
小程序的介绍	
小程序的服务类型	

任务二 微信小程序的开发

学生根据本单元所学的微信小程序开发流程并结合实训店铺类型,通过"上线了"完成一个实体店铺的微信小程序开发,并将开发结果截图进行展示。

五、实训考评

1. 老师可根据学生本单元实训的完成情况,进行教学考评,考评详见表5-2。

注:平时考勤、作业评定等可在"云班课"App上进行。

表5-2 考评表

评价项目	评价内容	评价标准	评价方式
实训操作	任务一:微信小程序账号的注册及小程序信息的完善	1.是否顺利完成微信小程序账号的注册 2.是否完善微信小程序信息	老师根据实训进度、小程序注册、开发情况进行综合考评,以确保实训检测性、可操作性
	任务二:微信小程序的开发	1.是否能够完成店铺信息完善 2.是否完成店铺授权	
职业素养	1.责任意识(4分) 2.学习态度(3分) 3.团结合作(3分)	结合实训周考勤,综合考评	综合考评
总分			
综合得分	教师根据学生的日常考勤、理论学习和实训表现进行综合考评打分。 注:总分=平时考勤(占20%)+理论考评(占40%)+实训考评(占40%)		

2. 教师根据各组实训进程、实训记录及成果展示进行综合评价。

(1)针对各组的优点进行点评,针对缺点提出改进方法;

(2)针对整个实训过程中团队协作的亮点和不足进行点评。

单元六

二维码与H5营销

学习目标

知识目标
▶1. 理解二维码营销与 H5 营销的概念；
▶2. 熟悉二维码的应用领域；
▶3. 熟悉 H5 营销的表现形式。

技能目标
▶1. 掌握二维码营销的内容与策划方法；
▶2. 掌握 H5 营销的前期策划、制作与传播方法。

本单元包含了两个学习小节，具体为：
6.1　二维码营销
6.2　H5 营销

学习引导

随着近几年移动互联网的发展，"二维码"已经不是陌生词汇，这个由黑白小方格组成的矩阵图案，只需要用智能手机轻松一拍，就可以获得丰富的信息。二维码营销方式因其创新性、互动性，让传统广告从"反感扰人"变得"亲切宜人"。而另一种营销方式 H5 也在近几年异常火热，不管是"围住神经猫"还是"支付宝十年账单"，都吸引了众多用户参与。在移动互联网时代，学习利用二维码、H5等营销方式进行营销，是很多商家进行移动互联网营销必不可少的。

通过本单元的学习，读者能够熟悉二维码的应用领域，熟悉 H5 营销的表现形式，了解二维码的制作方式，掌握二维码营销及 H5 营销的策划、实施方法。

学习规划

小张目前就职于一家互联网公司，随着智能手机的不断迭代，人们接触资讯的时间越来越碎片化，而这些碎片化的时间为商家带来了更多的营销展示，移动电子商务也越来越成为一个趋势。国庆中秋临近，小张所在的公司决定开展移动电子商务方面的营销活动，要求利用二维码和 H5 对网店中秋活动进行宣传，并将此任务委派给电子商务专业毕业的小张。小张通过观察日常生活中常见的事例发现二维码营销以及 H5 营销是移动电子商务中常用的两种营销工具，工欲善其事，必先利其器，因此小张决定先系统地了解二维码营销以及 H5 营销这两种营销工具。

相关知识

6.1 二维码营销

6.1.1 二维码营销概述

在进行二维码营销之前，小张决定从认识二维码、二维码营销以及二维码的应用领域入手开始学习。通过观察日常生活与查阅相关资料，小张了解到了二维码及二维码营销的概念、二维码的应用领域。

1. 二维码及二维码营销的概念

二维码是用某种特定的几何图形（按一定规律在平面（二维方向上）分布的黑白相间的图形）记录数据的条码。在代码编制上巧妙地利用构成计算机内部逻辑基础的"0""1"比特流的概念，使用若干个与二进制相对应的几何形体来表示文字数值信息，通过图像输入设备或光电扫描设备自动识读以实现信息自动处理。它具有条码技术的一些共性：每种码制有其特定的字符集，每个字符占有一定的宽度，具有一定的校验功能等；同时还具有对不同的信息自动识别功能以及处理图形旋转变化点功能。

二维码营销是指通过二维码图案的传播，引导消费者扫描二维码，获取产品资讯、商家推广活动，并刺激消费者进行购买行为的新型营销方式。二维码常见的互动类型有视频、电商、订阅信息、社会化媒体、商店地址等。

2. 二维码的应用领域

小张搜寻了日常生活中发现的二维码并将其罗列为以下几种情况。

第一，网购中带有二维码的蔬菜（见图6-1）、水果，经过扫描可以了解所购买的水果、蔬菜的产地、出产日期等信息；在超市购物时，有的商品带有二维码，经过扫描可以得到该商品的产地信息。

图6-1　蔬菜上的二维码

第二，小张在出差时购买的机票、车票等都带有二维码，乘务员可以通过扫描车票、机票上的二维码来确定票与人是否相符。例如，在新一代的高铁票中，车票的右下角有一个二维码（见图6-2），乘客无法使用普通的扫码器进行信息读取，要通过特定的程序解密之后才能够获取信息。

图6-2　车票上的二维码

第三，小张在外出与客户洽谈的时候，客户经常会出示一个二维码让小张扫描添加，通过扫描二维码可以获得该客户的名片资料。

储存名片信息。使用二维码名片（见图6-3），可以迅速交换双方的个人信息，这样对方如果想要储存你的信息则在手机中进行简单操作即可，而且不会发生错误，这一应用在商务方面十分便捷。

图 6-3　名片上的二维码

第四，小张在便利店结账的时候，扫描店家的收款二维码（见图6-4）即可通过手机完成交易；小张扫描在网购的外包装上印制的二维码，会自动跳转到该商家的店铺。

电子支付入口。由于二维码的扫码设备门槛不断变低，使用手机就能够扫码解读。智能手机设备的持有量在我国爆发性增长，移动商务普及率越来越高，二维码将线上交易与线下服务、互联网与实体店互相串联起来。

图 6-4　收款二维码

二维码从被发明到现在已经在各个行业和领域得到多样化应用，这里将二维码的应用概括性地分为四大类，即追踪溯源、凭证识别、资讯存储交换和资讯与服务的延伸。

（1）追踪溯源

通过在产品上印制二维码标识，可以在生产、流通的整个过程实现追踪和溯源，以便达到强化质量管理、成本控制和优化流通管理的目的。

（2）凭证识别

证件和凭证应用最关心的往往是防伪问题，其次是如何准确、快速、自动地读取。二维码独特的信息识别功能正好可以解决这两个问题。

（3）资讯存储交换

二维码可以用来储存一些资讯，例如个人名片、公文表单、商业表单等，在需要提供资料的时候，只需要扫描二维码就可以实现，这样不但效率高而且能够避免差错。

（4）资讯与服务的延伸

通过储存 URL 之类的地址信息，二维码可以很便利地把线下的资源与线上资源链接，提供延伸的资讯和其他服务。

对二维码和二维码营销的含义以及二维码的应用领域有了一定的了解后，小张开始实践二维码营销活动的步骤。

6.1.2　二维码营销实施

无论使用哪种方式、哪种工具进行营销，营销的过程都有相似之处，包括分析策划、内容设计制作、不同渠道推广投放等，二维码营销也是这样。小张根据原来学习的营销知识将二维码营销的步骤分为前期策划、二维码内容制作、二维码投放推广三个阶段。

1. 前期策划

前期策划在整个二维码营销实施过程中起到引导规划的作用，在策划过程中要确定三方面内容：营销目的及二维码内容的确定、二维码的视觉展示、二维码投放推广渠道的确定。

（1）营销目的及二维码内容的确定

进行营销前要明确营销目的，明确营销目的后可以确定适合的二维码内容，二维码存储的内容可分为文本、网址、名片、文件、图片、音频、视频等格式的。小张要利用二维码推广店铺，那么二维码的内容就可以选择为店铺首页网址。

（2）二维码的视觉展示

通常情况下二维码都是黑白相间的，但事实上彩色二维码的生成技术也并不复杂，并且在传播时更容易被年轻人所接受。在进行二维码营销时，可以根据自身需要选择黑白或者彩色的二维码进行营销。除此之外，还应该确定二维码的尺寸、二维码的中心图片和引导语句。其中，二维码的尺寸要适宜推广的场景，尺寸过小不容易引起消费者的注意；尺寸过大，消费者需要退到一定的距离后才可以扫全二维码，影响扫码体验。二维码的中心图片和引导语句都应能激起消费者的扫码欲望，引导语句要求言简意赅，可根据营销产品进行创意。因此，小张决定设计一个彩色的二维码用来推广网店的中秋活动，并在二维码下方配上"中秋好礼"的文字。

（3）二维码投放推广渠道的确定

小张将二维码的投放推广渠道分为线上和线下两种。线上投放主要包括各大门户网站、论坛以及各种 App 等，如在 PC 端的网页上扫描二维码下载 App、在所发微博中配二维码图进行营销、微信公众账号内的二维码营销等。

线下主要包括在购物中心、广场、社区等地点发放传单，设置户外广告牌；对于网店卖家来说，还可以在快递包裹或商品外包装上印制店铺地址的二维码。

线上小张决定利用微博、微信公众账号和熟悉的论坛社区进行二维码的推广，线下则将制作好的二维码印制在网店所售商品的外包装上进行推广。

2. 二维码内容制作

完成前期策划后进入二维码制作阶段，小张通过互联网搜索"二维码制作""二维码生成器"得到很多二维码制作工具，比如草料二维码生成器、联图二维码、微微在线二维码生成器、视觉码、美图 GIF 等，小张选择草料二维码生成器进行二维码的制作。

①通过互联网搜索"草料二维码生成器"或直接输入网址（https：//cli.im/），进入草料二维码主页，如图 6-5 所示。

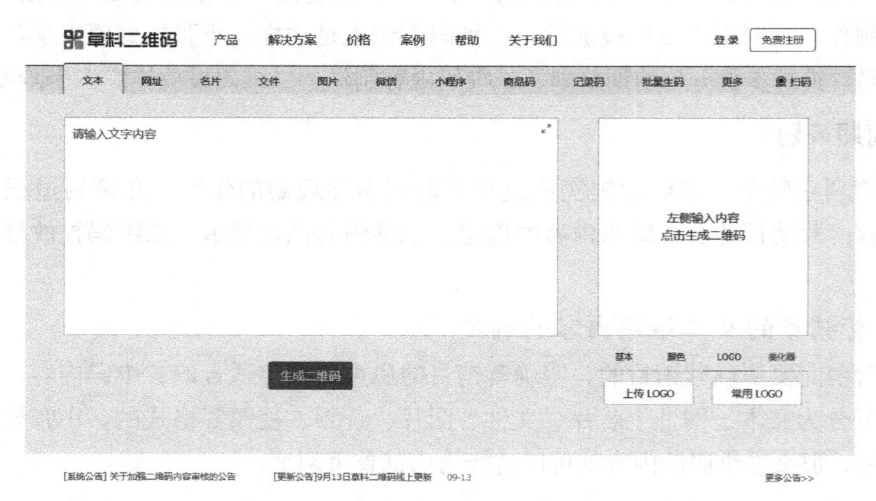

图 6-5 草料二维码主页

②选择确定好的二维码内容格式，如文本、网址、名片、文件、图片等，如图 6-6 所示，输入对应的内容，小张要推广的是网店活动，所以选择了"网址"栏目。

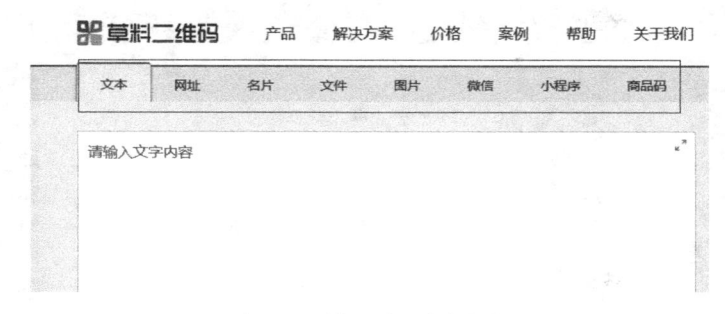

图 6-6　选择二维码内容格式

③输入网店首页地址，单击生成即得到二维码，如图 6-7 所示。

图 6-7　生成二维码

④优化二维码。在生成的二维码下方，可以对二维码进行简单的美化、添加中心图片、添加文字、调整大小等优化措施，如图 6-8 和图 6-9 所示。

图 6-8　优化二维码图 1

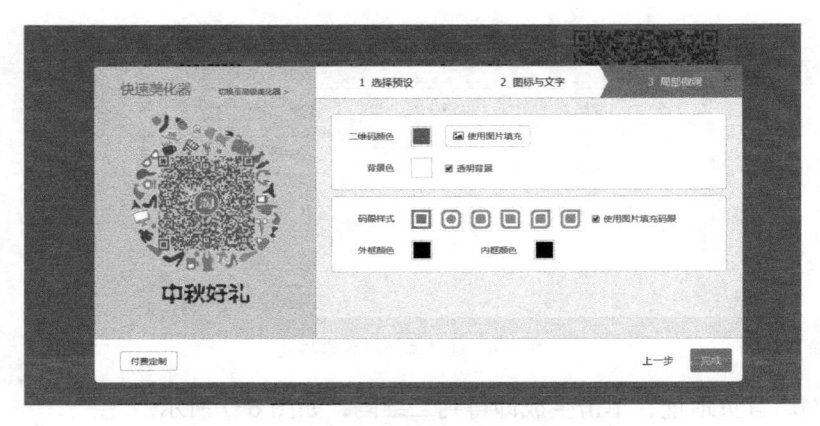

图 6-9　优化二维码图 2

3. 二维码投放推广

小张将二维码投放推广分为线上投放和线下推广两种方式进行。

1）线上投放

（1）利用微信公众账号进行二维码投放

在微信订阅号图文消息中添加店铺二维码，通过用户转发、分享增加阅读次数，提高二维码曝光度。

（2）利用微博进行二维码投放

在微博推广时可以使用图文结合的方式，在文字中加入微博自带的动态表情吸引眼球，在图片中除二维码宣传图外，其周围可加上需要宣传的内容或商品，使得内容更具有吸引力和购买欲，引起用户单击大图，从而扫描二维码进入店铺。除此之外，我们还可以利用微博的视频、话题、长微博等功能对店铺进行宣传。

（3）通过论坛社区做二维码推广

在论坛上推广自己的产品，可以选择一些宣传效果较好的论坛社区，如淘宝论坛、百度贴吧、开心网、人人网等。这里以淘宝论坛为例，进入淘宝论坛，单击"卖家之声"，在"卖家之声"页面回帖和发帖，可以就目前店铺的发展情况进行阐述，例如发表一篇关于"如何使用二维码为店铺引流"的文章，并在适当的位置加入二维码图片，这样既能防止被封贴，还能很好地推广自己的二维码。

2）线下推广

线下的二维码投放渠道有很多，如广告屏、报纸、杂志、DM 单、户外广告大屏幕、地区路牌、包装、名片、宣传单、灯箱等。小张将设计好的二维码印制在购物袋、网店商品外包装以及商品包装内的小卡片上，对二维码进行推广。

在电子商务营销过程中，二维码不仅仅具有店铺引流的功能，还可以作为支付接口进行现场支付，同时也可以是消费者手中的优惠券，顾客消费时只要向商家展示手机上的二维码优惠券，并通过商家的识读终端扫码、验证，就可以得到优惠。除此之外，还可以作为会议签到的凭证，省去了过去传统的签名、填表、会后再整理信息的麻烦。总之，二维码在电子商务营销中的位置至关重要，使用恰当会大大节省营销成本。

6.1.3 二维码营销的注意事项

小张将二维码营销过程中遇到的一些问题以及面对问题时的一些思考总结归纳了几点心得。二维码营销最基础的目的是引导用户进入店铺页面，直接让消费者看到你希望他看到的内容。但在实际运用移动二维码进行营销时，用户不是看到任何二维码都会进行扫描，只有对产品或活动感兴趣，才会扫描。从这点出发，商家必须在制作、展示、用户扫描、查看等每一个环节，充分考虑用户的心理和习惯。

1. 为用户提供有价值的扫码理由

二维码所对应的内容必须有足够的诱惑力，能够解决顾客的问题，如优惠、售后服务、顾客感兴趣的阅读信息等。

2. 把二维码放在合适的地点

二维码放置的位置非常关键，如果将二维码放在过道的广告牌、路边的橱窗上，那匆匆而过的人群就很少会有人驻足来扫描。楼顶灯箱广告上就更不靠谱了，自己扫一扫就知道有多难。最适合的地方就是人群相对悠闲的地方，例如公交车站的灯箱、餐厅的桌角、电影院排队的地方等。

3. 确保二维码扫描成功率

当顾客扫描完二维码后，满怀期待地等待，居然迟迟无法扫描成功，你的营销就丧失了意义和机会。所以要在保证二维码扫描成功率的基础上再去优化二维码的视觉展示，使用户成功扫描二维码，获得想得到的内容。

4. 内容编排要简洁

扫描二维码后进入的网页不要设计得过于烦琐，因为用户扫码是有明确目的的，他们需要立即找到所需的内容。所以，牢记一个原则——简单而清晰。

6.2 H5营销

了解二维码营销后，小张开始进行H5营销的相关内容学习。与二维码营销的学习类似，小张也打算从认识H5营销、H5营销的特点和表现形式等方面入手，对H5营销的知

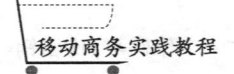

识展开学习。

6.2.1　H5营销概述

通过查阅相关资料以及对众多H5营销案例进行分析总结，小张对H5、H5营销、H5营销的特点以及H5营销的表现形式理解如下。

1. H5及H5营销的概念

H5是HTML5的简称，是一种制作万维网页面的标准计算机语言。HTML5是万维网的核心语言、标准通用标记语言下的一个应用超文本标记语言（HTML）的第五次重大修改。运用该语言制作我们在微信朋友圈中经常看到的、打开后可以滑动翻页、带动画特效、有音乐之类的非常精美的内容。我们在微信朋友圈中看到的各大品牌广告，也全部都是用H5制作的，我们称之为H5场景。

H5营销是指利用H5技术，在页面上融入文字动效、音频、视频、图片、图表、音乐、互动调查等各种媒体表现方式，可将品牌核心观点精心梳理出来，还可以使页面形式更加适合阅读、展示、互动，方便用户体验及用户与用户之间的分享。正是具备了这样的营销优势，H5技术的运用不但为移动互联网行业的高速发展增添了新的契机，也为移动互联网营销开辟了新渠道。

2. H5营销的特点

H5营销都有哪些特点呢？小张找了很多H5的案例，希望能从中找出一些共性。

案例1

如图6-10所示，这是一个图文展示类型的H5，页面加载完成以后映入眼帘的是五位男明星；任意选取一位，进入聊天界面与男明星聊天，在聊天的过程中聊天界面右上角的好感度图标会根据你与男明星的聊天内容发生变化；最后根据本次聊天的内容做出一个简单的分析。单击"戳我有奖"进入网易美学活动界面，还可以单击按钮分享至朋友圈或者再次选择男明星聊天。

图6-10　H5营销案例1

小张发现这个 H5 的粉色背景非常适合活动的主题，并且根据每位男明星的特点设定了聊天的内容，内容风趣幽默，让用户通过单击对话框选择答案，兼顾和增强了用户的交互体验。

案例 2

如图 6-11 所示，这是一个关于教师节的图文展示类型的 H5，页面加载完成以后映入眼帘的是对老师的感恩及祝福。在这一页面中用户可以参与评论、点赞，用户的评论会以弹幕的形式在屏幕上滚动出现；紧接着用户可以向上滑动屏幕，跟着文字文案一起回忆老师们对我们的谆谆教诲和"恨铁不成钢"的"愤怒"；最后用户可以自己制作一个简单的 H5，表达对老师的教导和指引之恩。

图 6-11　H5 营销案例 2

小张发现这个 H5 的颜色多采用绿色和黄色，这两种颜色搭配后的效果比较明艳，给人一种阳光和希望的感觉，而且这个文案配上背景音乐更加感人至深，让人不禁想起曾经教育过自己的老师。在案例中加入评论和向上滑动观看的设计都兼顾了用户的交互体验，在观看过程中回忆起老师当时对自己的"严苛"，这也可以加深用户印象。

案例 3

这是一个图文视频类的 H5，视频主要通过快闪的形式介绍智联招聘 2017 年最佳雇主的评选活动，最后可以登录智联企业账号进行最佳雇主的评选，个人用户可以选择相应的标签和心仪的公司，生成属于自己的"大牌"。

小张觉得这个 H5 中快闪和动感的背景音乐的完美结合，给人一种振奋的体验感，整体的设计比较简单；亮点在最后一部分，个人用户可以选择标签生成属于自己的"大牌"，还有具体的分析，配图也是比较有意思。

图6-12　H5营销案例3

通过对案例的分析总结，小张将H5营销的特点归纳总结为以下三点。

（1）文化价值传达为主，文字叙述为辅

H5页面是一种根植于智能手机的表现形式，离开了移动设备，H5页面显得内容呆板、互动性极差。为了更加适配于移动设备，H5产品往往选择丰富的表现形式和简短的文字去吸引用户注意力。H5支持滑动阅读，但是却不侧重于用户在页面滑动过程中阅读过多的文字和图片信息，而力图通过动画、音乐、情节的设置去吸引用户的注意力，使他们身临其境，获得极大的参与感或者共鸣。之所以这样做，是因为H5营销本质上仍然是一种依赖于社交网络的病毒式营销。设计者的根本思路是通过更多用户的分享，达到品牌宣传或者理念传达的目的。不需要用户进行深度阅读和理解，仅仅希望给他们以简短有趣的印象，便于分享。

（2）注重隐藏流量、消耗时间，注重推出时机

H5页面在生存和传播形态上有着鲜明的弱点，一方面，H5页面由于包含了较多的媒体形式，必然存在着打开较为缓慢、消耗流量较大的问题；另一方面，由于本身依靠社交媒体传播，使得H5页面具有极大的易逝性，除了极少数核心用户会通过PC端、新闻客户端等方式去追寻某个H5页面的所在，绝大多数用户，不关心这个页面的来源，看过或者分享后也很少二次传播。

为了克服这个问题，设计者通常通过舒缓的音乐、可爱的卡通形象，或者某种情感期待来留住用户，同时尽量将每一屏画面设计得各具特色，从色彩、构图、文字上吸引用户继续翻屏。同时，为了确保H5页面能够在特定时间段取得预期的传播效果，H5页面的推出往往采取"早启动、重人工、巧推广"的方式发布。从时间上看，H5页面在社交媒体平台的启动往往早于营销对象本身，如电影的预热、大型会展互动的邀约、招聘的前期宣传等，早期通过核心人群和具有影响力的个人、公众账号、自媒体账号对H5页面进行传播，带动二轮、三轮用户的病毒式传播，以达到在营销对象最需要推广的时候，相应的H5页面刚好出现在他的社交媒体圈；或者，当用户还不了解某个产品时，H5页面通过简单的游戏活动促使他们对产品有了初步的认识。从H5的生存周期来看，一个H5页面的爆发式增长

时间不会超过 1 周，1 周之后用户基本会对产品感到厌倦，从而自然而然地终止分享。

（3）新媒体内容推广为主，经济价值暂未显现

新闻媒体利用 H5 技术制作一些精美的新闻页面已经不再新鲜，对于新闻媒体而言，H5 页面的新闻几乎不需要严谨的内容和导语，也不追求即时性和深度，更像是一种配合主流报道做的新闻小品，使读者在阅读严肃新闻的同时可以会心一笑，参与到新闻事件的科普与传播当中。从经济价值来看，由于 H5 页面的生存周期较短，传播效果不可控，使得广告投放工作不容易找准定位和价值。

3. H5 营销的表现方式

通过对 H5 案例的分析总结，小张将 H5 营销的表现方式分为幻灯片式、交互式、功能型等三种形式，这三种形式都各有特点，使用场景也有所不同。

（1）幻灯片式

这是 H5 最初期也是最典型的形式，由于简单、实用，所以至今还很流行。其效果就是简单的图片展现、翻页交互，其整体的表现很像幻灯片展现。幻灯片式的 H5 已出现了很多在线制作软件供大家使用，所以制作成本几近为零，例如比较常见的 H5 相册、H5 邀请函、H5 招聘信息等。幻灯片式 H5 示例如图 6-13 所示。

图 6-13　幻灯片式 H5 示例

由于制作简单、周期短，这类 H5 适用于频繁、小型的需求。使用在线编辑器时，不需要任何开发，只需要配备 1 名设计和文案。幻灯片式 H5 到目前为止有以下使用场景：

①定期发布的内容，几近零预算。这些内容相对而言比较常规，如新上线的产品或功能、活动邀约、活动相册等，微信图文信息无法实现理想的效果，通过 H5 的形式会更容易传播。

②结合热门的营销，周期极短。这类情况下，时效性是非常重要的，应当以最快的速度推出，而这时候候引发广泛传播的关键就在于文案和设计。

（2）交互式

交互式 H5 营销不同于简单的幻灯片式 H5 营销，通过对用户体验的挖掘和交互效果的实现，从体验上开始让用户有了参与感，因为参与感的提升，用户的分享指数也带来了进一步提升。交互式 H5 示例如图 6-14 所示。

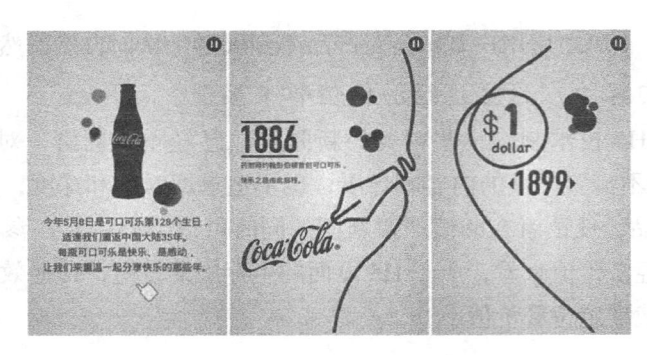

图 6-14 交互式 H5 示例

除了这种叙事型的 H5 动画，大部分的 H5 游戏也都属于交互型 H5 营销，这些类型各异的 H5 营销，本质上都是基于 H5 的动画技术制作的，以下为交互式使用场景：

①中小型活动/品牌事件的传播，预算不多、周期较短。这类情况一般是进行某些新品发布、企业招聘、公关事件、中型会议等的传播。此类活动需要权衡周期和成本的因素。

②大型活动/品牌事件的传播，预算充足、计划性强、周期较长。一般大家看到那些极具传播性的 H5 基本上都属于这一类，比如图 6-14 所示的示例，像这类在美学、交互和故事性上都表现突出的案例，需要两周以上的时间才能完成。

（3）功能型

所谓功能型 H5 是同时聚焦于用户需求并且重视传播性的 H5 利用，在设计 H5 的时候除斟酌传播的问题之外，也要思考如何把它变成一个延续运营的产品。对用户来说，功能型 H5 能提供一些使用频次较高的功能，免除下载 App 的麻烦，比如查快递、房间预订、天气查询等功能。这实际上是思考角度的问题，从"我要传播什么"到"我希望用户传播什么"的转变。

例如图 6-15 所示，左侧是百度针对地铁涨价制作的 H5，它可以计算你每天乘坐地铁要多少钱并且实时显示大家的评论；右侧是 STC 的社交移动风云榜，很简单，就是精品 H5 的展现。

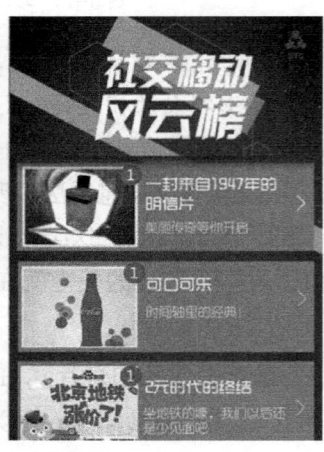

图 6-15 功能型 H5 营销示例

轻交互重功能的功能型 H5 制作周期较短、成本也不高，成功的关键不在于酷炫的交互，而在于用户需求的掌控和后续的运营。因此，这类 H5 需要的是一名高水平的产品经理，而以设计、开发为辅。以下为功能型 H5 交互式使用场景：

①品牌账号的粉丝运营。功能型 H5 由于具有一定的产品特性，其最大的价值就是提高粉丝活跃度和忠诚度。我们需要根据本身品牌的形象定位和受众的特性设计功能型 H5，要将品牌或产品的功能性特点抽象到生活方式或精神寻求的层次。

②结合热门内容的品牌传播。该类型的传播是最多见的，但是很多结合热门的 H5 传播都是一次性文娱消费，存活时间较短。其实如果能从用户需求发掘和产品运营的角度去思考，许多针对热门的 H5 传播都有很大提升的空间。

6.2.2　H5 营销实施步骤

与二维码营销步骤分析相似，小张根据自己所学的营销知识以及电子商务知识将 H5 营销的步骤分为前期策划、H5 页面内容制作、H5 页面投放推广等三个阶段。

1. 前期策划

H5 从立意、创意、设计，到制作、传播，是一个一气呵成的系统工程，技术的把握、创意与文案的优化、传播的执行，每一个都不可或缺，所以在 H5 营销的前期策划中需要做的主要工作为确定页面主题、页面内容、传播形式和方式。

（1）确定主题

为吸引用户关注，主题需突出产品特点的同时增加创意、避免抄袭，由于 H5 是用来宣传公司网店中秋活动的，小张将 H5 的主题确定为"中秋好礼"来推广中秋节的活动。

（2）确定内容

在确定内容时主要从用户角度考虑，通过图文并茂的方式添加用户互动功能，促使用户单击，提高粉丝活跃度和忠诚度；根据本身产品定位以及受众的特性设计 H5 作品，在文案设计中抓住用户心理，添加用户感兴趣的词汇，同时可根据用户群的不同特点编写标题。

（3）确定形式

H5 的形式非常多样，幻灯片式、小游戏、海报等各种形式，可以选择最合适的形式进行营销。

（4）确定推广方式

目前，比较常用的 H5 页面推广方式有公众号的图文群发推广、微信群推广、线下二维码推广以及 KOL（意见领袖、微博达人）转发和投稿等。

2. H5 页面制作

小张通过互联网搜索得到许多 H5 制作的工具，如 MAKA、易企秀、equb360 意派等。按照 H5 工具的自主定制空间及使用方式等可将 H5 工具分为以下三类：完全自主定制（如

epub360、vxplo 互动大师等）、自主定制类、非自主定制类，不同类型有各自的优缺点。完全自主定制和自主定制类的优势是可操作性强；劣势在于功能较多，学习时间成本较大。非自主定制类的优势在于操作简单、随学随用；劣势为只能选择使用，不能定制功能和交互效果。

经过一番比较，小张选择了目前国内市面上使用最频繁的、功能上比较齐全的 H5 微场景制作工具——易企秀进行中秋活动 H5 页面的制作。

①通过浏览器搜索"易企秀"或者直接输入网址（www.eqxiu.com）进入易企秀官网（见图 6-16）。

图 6-16　易企秀官网

②通过已有选项框或者搜索框选择自己需要的模板，小张通过搜索找到了一款比较适合网店活动的中秋 H5 模板，如图 6-17 所示。

图 6-17　选择模板

③进入后台编辑页面（见图6-18），根据自己的需求制作H5页面，可以通过调整H5页面的文案、图片、特效、背景音乐或者添加组件、表单等方式创作企业所需的H5页面。

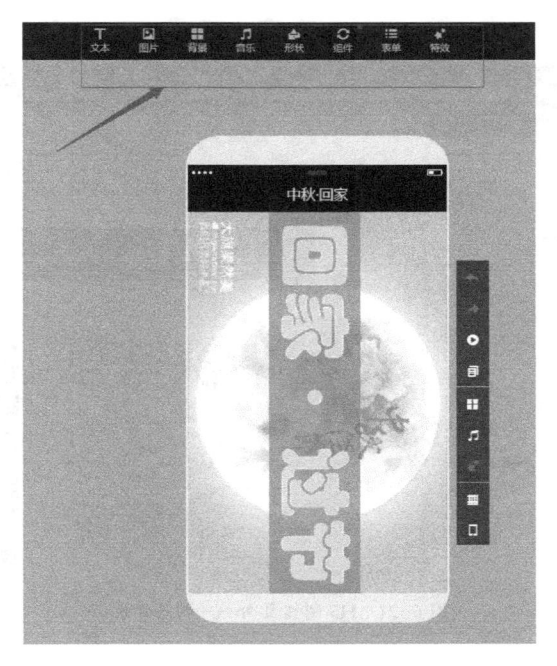

图6-18 H5制作页面——后台

④单击制作页面导航栏上的"文本"按钮添加文案，如图6-19所示。

⑤单击制作页面导航栏上的"图片"按钮添加图片，如图6-20所示。

图6-19 H5制作页面——添加文字

图6-20 H5制作页面——添加图片

⑥单击制作页面导航栏上的"背景"按钮或者制作区右侧快捷菜单的方块图标调整背景，如图6-21所示。

⑦单击制作页面导航栏上的"音乐"按钮或者制作区右侧快捷菜单的音符图标添加背景音乐,选择音乐时也可以通过左下角的"添加外链"输入音乐链接地址添加背景音乐,如图6-22所示。

图6-21 H5制作页面——调整背景

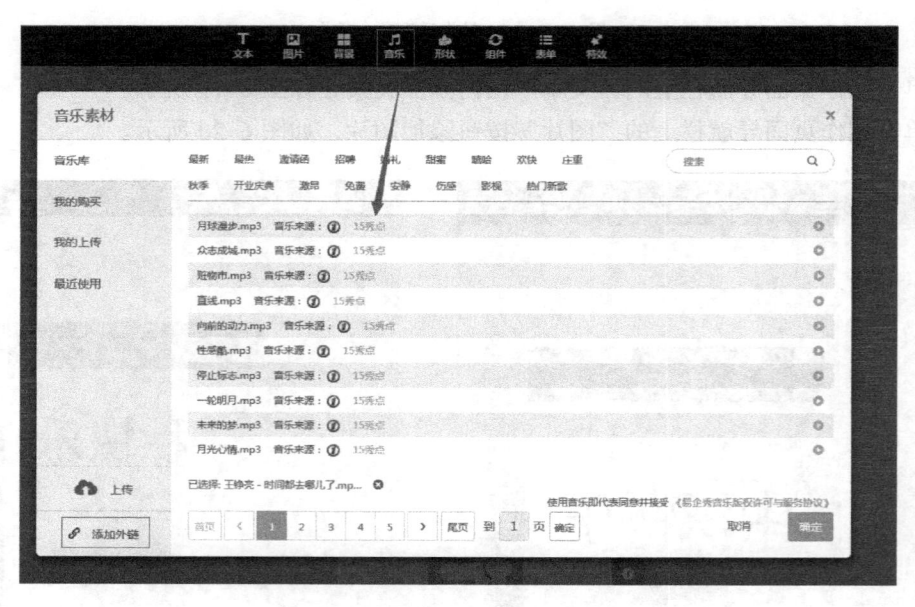

图6-22 H5制作页面——添加背景音乐

⑧单击制作页面导航栏上的"组件"按钮,选择想要添加的组件,如视频、链接、电话、倒计时等组件,如图6-23所示。

⑨单击制作页面导航栏上的"特效"按钮,选择想要添加的特效,添加的特效会在设

置界面展示，如图 6-24 所示。

图 6-23　H5 制作页面——添加组件

图 6-24　H5 制作页面——添加特效

⑩H5 页面制作完成后可以通过右上角的"预览和设置"按钮预览 H5 的呈现效果，发现有不足的地方可以继续编辑优化，在设置页面可以设置 H5 的标题、描述，以及设置微信分享时显示的标题、描述以及页面翻页方式等，如图 6-25 和图 6-26 所示。

⑪H5 页面制作完成后，单击右上角的"发布"进入发布页面（见图 6-27），在发布页面可以获取 H5 的二维码和地址链接用于推广宣传，也可以在此查看 H5 的效果统计和数据汇总，通过数据的分析了解 H5 的传播效。

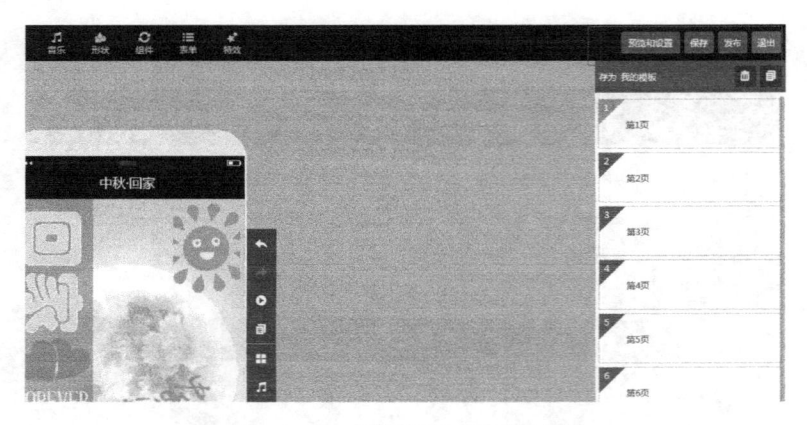

图 6-25　H5 制作页面——预览和设置

图 6-26　H5 制作页面——设置页面

图 6-27　H5 发布页面

3. H5 页面的投放推广

H5 页面制作完成后，小张就考虑到了 H5 页面推广的问题，经过查阅书籍和分析成功的 H5 营销案例，小张将 H5 页面推广渠道总结如下。

（1）线上线下的结合推广

线下活动推广，扫二维码玩游戏送礼品，通过 H5 有趣的互动可以引发粉丝互动转发朋友圈、微博等。H5 独特价值在于除了具备传播性以外，它通过用户的重复使用行为使得 H5 的传播是一个持续不断的过程。

（2）品牌微信公众号推广

"文稿+H5 落地页"推广。从用户角度挖掘 H5 的价值点，写一篇文稿，通过图文群发来推广 H5 无疑是最重要的方式。

一个好的 H5 一定具备打动用户的价值点，从一个角度切入写一篇文稿，无论通过投稿的方式还是转发方式都能带来意想不到的传播效果。无论投入多么精彩的 H5，如果没有好的推广就只能孤芳自赏。

（3）利用身边社群推广

尽可能利用所有能推广 H5 的渠道，目前比较常用的方式包括通过公众号的图文群发推广、微信群推广、线下二维码推广。

首先需要列出所有能用到的资源，并发动内部人员转发，每个微信群其实都有自己的定位——工作、生活或者闲聊，所以，为了提升打开率，可以适当地为不同的微信群定制转发的文案。

（4）朋友圈互动推广

朋友圈推广则是以生活属性为主，有趣、好玩、有参与感是关键。朋友圈的传播完全依靠用户自愿，没有任何讨巧的办法，唯一能做的就是优化标题和内容，同样的 H5，换一个标题，产生的流量是大大不同的。而朋友圈的转发，仅仅依靠个人力量毕竟是有限的，可以发一些红包请朋友转发。但是能不能产生二次传播，就完全依赖于内容了。

6.2.3　H5 营销的注意事项

通过 H5 营销的策划、制作、推广等一系列流程，使小张对 H5 营销的理解又加深了一步。经过对整个 H5 营销过程的分析总结，小张发现了在 H5 营销时要注意的一些事项并将其归纳如下。

第一个方面，要在创意和内容上追新求异。

制作让人眼前一亮的 H5 营销页面一定是一个会制造话题的技术活。创意上要结合品牌调性，达到视、听创新；内容上要做到有趣、好玩、实用、有价值，另外还需紧跟热点，利用话题效应，只有这样才能抓住用户的眼球，才能促使用户进行分享、传播，达到营销效果。

第二个方面，要深挖 H5 的价值点。

一个好的 H5 一定具备打动用户的价值点，尤其是功能型 H5，需要根据本身品牌的形象定位以及受众的特性设计，要将品牌或产品的功能性特征抽象到生活方式或者精神追求的层次，只有这样才能与用户产生共鸣。例如，卖体育用品的可以抽象为体育锻炼与健康的生活方式，设计一个改善身体健康状态的功能型 H5。

第三个方面，要从技术上寻求突破。

要想让 H5 营销脱颖而出，其核心应用技术也必须"高大上"，必须大胆应用其多媒体特性、三维图形制作及 3D 特效等功能属性，而不是仅体现在触摸、滑动等传统 PPT 幻灯片的简单操作上。

第四个方面，多渠道推广 H5 页面。

可以充分调动身边任何可以利用的渠道资源，进行多种形式的推广，比如通过公众号进行图文群发推广、微信群推广、线上线下二维码推广，以及 KOL（意见领袖）转发和投稿等。另外，可以策划开展多样线上线下活动，促进用户品牌倾向性。

单元拓展

1. 二维码的分类

二维码又称为二维条码，可以分为堆叠式/行排式二维条码和矩阵式二维条码。堆叠式/行排式二维条码形态上是由多行短小的一维条码堆叠而成；矩阵式二维条码以矩阵的形式组成，在矩阵相应元素位置上用"点"表示二进制"1"，用"空"表示二进制"0"，"点"和"空"的排列组成代码。

堆叠式/行排式二维条码（又称堆积式二维条码或层排式二维条码），其编码原理是建立在一维条码基础之上，按需要堆积成两行或多行。它在编码设计、校验原理、识读方式等方面继承了一维条码的一些特点，识读设备与条码印刷与一维条码技术兼容。但由于行数的增加，需要对行进行判定，其译码算法与软件也不完全相同于一维条码。有代表性的行排式二维条码有 Code 16K、Code 49、PDF417、MicroPDF417 等。

矩阵式二维条码（又称棋盘式二维条码），它是在一个矩形空间通过黑、白像素在矩阵中的不同分布进行编码。在矩阵相应元素位置上，用点（方点、圆点或其他形状）的出现表示二进制"1"，点的不出现表示二进制"0"，点的排列组合确定了矩阵式二维条码所代表的意义。矩阵式二维条码是建立在计算机图像处理技术、组合编码原理等基础上的一种新型图形符号自动识读处理码制。具有代表性的矩阵式二维条码有 Code One、MaxiCode、QR Code、Data Matrix、Han Xin Code、Grid Matrix 等。

2. 制作 H5 时提升用户体验的技巧

①减少用户输入：尽量让用户填写更少的内容，能用单击类操作就不要让用户输入文

本，能让用户输入一行的就别让用户输入两行，减少用户输入负担。

②减少单屏输入：因为业务需求的确需要让用户输入很多内容，用户从头写到尾输入完整须好几分钟，一般用户没有这么大耐心，所以可以将输入内容拆分成多个页面，这样可以减少单个页面的输入内容，降低用户的负担。

③页面风格统一：每个页面的风格保持统一，保持用户视觉上的体验顺畅。

④减少说明文字：页面上不要有大段大段的文字说明，否则用户没有耐心看完。

⑤增加等待元素：网络不好的情况下页面会有段时间是空白的，还无法打开新页面，这时候需要预先加载一个等待元素填补空白页面，不要让用户看到空白页面，防止流失。

同步实训

本次实训步骤为：实训概述→实训素材→实训目标→实训任务→实训考评。

一、实训概述

本单元实训为 H5 营销实训，学生通过本单元的学习，能够掌握 H5 营销的前期策划、制作与传播方法。

二、实训素材

移动互联网、智能手机、计算机。

三、实训目标

1. 掌握二维码营销；

2. 掌握并运用 H5 营销。

四、实训任务

学生分组，并选出各组组长，以小组为单位进行实训操作。在本实训中，学生将在老师的帮助指导下完成本次实训内容。

任务一　二维码营销

（1）二维码营销前期策划

完成表 6-1 中的内容。

表6-1　二维码营销前期策划表

二维码营销前期策划	说明	具体分析
二维码营销受众	确定受众	
二维码营销文案	确定二维码中储存的信息和二维码的引导语	
二维码营销创意	描述创意点	
二维码营销投放时间	确定投放时间并给出理由	

（2）二维码制作

①选择二维码制作工具；

②根据二维码制作流程制作二维码并进行美化；

③二维码制作完成，截图保存。（作为考评内容）

（3）二维码投放

二维码投放分析并填写表6-2。

表6-2 二维码投放分析

发布平台	选择其原因
微信	
微博	
支付宝等	

任务二 H5营销

（1）H5营销前期策划

前期策划是实施H5营销过程中最为重要的一个环节，前期策划具体分为了主题确认、内容策划、H5表现形式确认、H5营销创意、传播途径规划等五个部分。

在本次实训中，老师可带领学生选择合适的店铺，完成H5营销前期的策划，将前期策划中遇到的问题进行分析说明并总结，完成表6-3。

表6-3 H5营销前期策划分析

H5营销前期策划	说明	具体分析
H5营销主题	确定本次营销的主题是什么	
H5营销内容	根据营销主题编写H5营销的文案，包括文字、图片、背景音乐等	
H5营销表现形式	确定本次H5营销的表现形式	
H5营销创意	描述本次H5营销的创意点	
H5营销传播途径	确定H5营销的投放途径，并说明理由	

（2）H5页面的制作与投放

学生根据前期策划的内容进行H5页面的制作，包括H5制作工具的选择和页面设置。制作与投放H5页面的操作如下。

①选择好制作工具，简述选择原因；

②进行H5页面制作，将制作步骤及成品截图展示。（截图将作为考评内容）

③根据不同投放途径的优缺点，进行H5页面推广投放。投放平台：微信公众号、微博、贴吧等。

营销实训期间，老师可根据营销推广情况等数据进行考评。考评标准详见表6-4。（注：必要数据需截图保存，以便作为考评内容）

表6-4　考评表（一）

类别	数值（百分比）	考评标准（0%~60%为C级、61%~80%为B级、81%~100%为A级）		
^	^	A	B	C
H5页面单击率				
二维码扫码关注量				
平台投放量				

五、实训考评

1. 老师可根据学生本单元实训的完成情况进行教学考评，详见考评表6-5。

注：平时考勤、收集作业等考评可在"云班课"App上进行。

表6-5　考评表（二）

评价项目	评价内容	评价标准	评价方式
实训操作	任务一：二维码营销	1. 是否完成二维码营销前期策划 2. 是否按照策划制作出完整二维码	根据实际操作熟练度、二维码与H5营销实施的最终成效进行综合考评
^	任务二：H5营销	1. 是否完成H5营销前期策划 2. 是否按照策划制作出完整H5页面	^
职业素养	1. 责任意识（4分） 2. 学习态度（3分） 3. 团结合作（3分）	结合实训周考勤，综合考评	综合考评
总分			
综合得分	教师根据学生的日常考勤、理论学习和实训表现进行综合考评打分。 注：总分 = 平时考勤（占20%）+ 理论考评（占40%）+ 实训考评（占40%）		

2. 教师根据各组实训进程、实训记录及成果展示进行综合评价。

（1）针对各组的优点进行点评，针对缺点提出改进方法；

（2）针对整个实训过程中团队协作的亮点和不足进行点评。

单元七

微信营销

学习目标

知识目标
- ▶1. 了解微信公众号定位的相关知识;
- ▶2. 熟悉微信公众号类型;
- ▶3. 熟悉微信公众号内容编辑的相关知识;
- ▶4. 明确微信获取好友关注的渠道。

技能目标
- ▶1. 掌握微信公众号选题策划与编辑的方法;
- ▶2. 能够独立完成获取微信好友的操作;
- ▶3. 能够在微信朋友圈进行营销推广。

本单元包含了两个学习小节,具体为:

7.1　微信公众号运营

7.2　朋友圈营销

学习引导

微信营销是网络经济时代企业营销模式的创新之一,是伴随着微信而兴起的一种新型网络营销方式,其一对一的互动交流方式和精准推送信息的特点受到许多商家喜爱。小林是成都职业技术学院电子商务专业的一名学生,由于课外时间比较自由,他计划购入一批服装在成都国际商贸城开店售卖，为了引入更多的顾客，他决定采用微信平台展开营销。

学习规划

如何通过微信营销来争夺用户时间、营销自己的商品，是许多商家需要考虑的内容。小林了解到微信营销并不是申请账号、撰写内容、信息推送那么简单，微信营销主要包括微信公众号运营、朋友圈营销两种模式，于是，他就这两方面展开了学习和训练。

相关知识

7.1 微信公众号运营

7.1.1 明确定位

定位是确定微信公众号类型和方向的基础，也是一个微信公众平台展示给用户的形象，从某种程度上来说它决定了关注人群。明确定位有利于发展精准用户、寻找盈利点，也有利于建立清晰的账号形象。

1. 账号选择

微信公众号是开发者或企业在微信公众平台上申请的应用账号，微信公众号与 QQ 账号互通。通过公众号可以在微信平台上实现和特定群体进行文字、图片、语音、视频的全方位沟通和互动。微信公众号分为服务号、订阅号和小程序三类。小林了解到作为商家可以根据需求选定自己所需的类别，并对这几种账号的特征做了如下归纳。

1) 服务号

服务号是为企业和组织提供强大的业务服务与用户管理功能，帮助企业快速实现全新推广的公众服务平台。服务号主要用于服务类交互，提供绑定信息、服务交互，适用于媒体、企业、政府或其他组织。

服务号每月只能群发四组消息，但所推送的内容会在消息列表窗口直接显示，因此，用户打开阅读概率高，企业每次推送的内容都有足够长的时间准备，能够保障推送给用户的内容质量。

微信对服务号有着很大的开发空间，目前的高级接口能够完全满足所有类型的企业所需，加上对微信第三方公司的开放权限，一个认证后的服务号，如果能够灵活应用，可以作为企业的 App。

小林关注了优衣库的微信服务号，了解到通过该服务号（见图 7-1），用户可以方便快捷地查询优惠活动、服装穿搭、附近门店、商品查询、顾客心声等内容。

图7-1 服务号——优衣库

2）订阅号

订阅号为媒体和个人提供一种新的信息传播方式，构建与读者之间更好的沟通与管理模式。订阅号每天都可推送消息，属于推广分享类账号。

订阅号主要功能偏向于为用户传达资讯，功能类似报纸、杂志，提供新闻信息或娱乐趣事，适用于个人、媒体、企业、政府或其他组织。订阅号示例如图7-2所示。

订阅号允许运营者每日向用户发送一条群发消息，可以是直接的内容消息，也可以是图文消息。一般订阅号都会采取图文消息的形式进行发送，图文消息一般包括文字、配图、音乐、视频等。

3）小程序

小程序是一种新的开放能力，开发者可以快速地开发一个小程序。小程序可以在微信内被便捷地获取和传播，同时具有出色的使用体验，是一种不需要下载安装即可使用的应用小程序。

小程序实现了应用"触手可及"的梦想，用户扫一扫或者搜一下即可打开应用；也体现了"用完即走"的

图7-2 订阅号示例

理念，用户不用关心是否安装太多应用的问题。应用将无处不在，随时可用，但又无须安装或卸载。

在跳转方式的实现上，小程序支持公众号绑定相关小程序后的以下三种连接跳转方式：

①公众号可以把自己关联的小程序放在自定义菜单中，用户单击后可直达小程序。

②通过公众号模版消息可打开相关小程序。通过公众号，公众号运营者可以推送关联的小程序页面。

③公众号绑定相关小程序时，可选择给粉丝下发通知。公众号运营者可以通知粉丝——"我绑定了这个小程序"，粉丝单击消息就可以打开小程序。

小林搜索附近的小程序后，找到了星巴克的小程序应用，单击后，直接进入了星巴克的应用界面，如图7-3所示，可以进行查看产品信息、购买产品给朋友等操作，非常便捷。

基于微信订阅号、服务号及小程序的功能特性，商家可以根据自己的业务需要进行选择，在选择微信公众号类型前，需要明确订阅号、服务号及小程序的具体区别。小林在综合考虑后，决定采用服务号的形式对店铺产品进行推广。

图 7-3　小程序

2. 找准定位

确定了公众号类型后，小林开始确定公众号的定位，他分别从市场定位、类别定位、目标用户群定位以及风格定位四方面进行了归纳。

1）市场定位

通过多方考察和调研，小林确定了如下的市场定位。

①公众号主推产品定位：小林将公众号主推产品确定为女装；质量为中下层次的服装快销产品；成本控制在单件进价 20～100 元，售价为 50～250 元之间；服装以活泼、青春风格为主；服装种类包括外套、裤子、内搭、鞋帽等，以外套和裤子为主要产品。

②店铺定位：店铺定位为青春女装，并着力塑造推广该形象。人员配置上，以小林自己为主，另雇有一名兼职人员，并对店铺形象和员工着装做了相应规定。

③竞争力定位：在女装同类产品中，小林的店铺核心竞争力为优惠的价格和新颖的款式。

2）类别定位

在类别定位方面，小林将公众号的类别定位为青春女装营销类账号，因此在后续公众号内容创作上，主打资讯分享和产品分享。

3）目标用户群定位

因为是在学院附近的商贸城开店，加之自己的店铺产品为活泼、青春风格，因此，小林将目标用户群定位为 19～25 岁的女性，重点用户群为在校女学生。

这类用户群体具有较大的服装购买需求和较低的价格需求，符合店铺的市场定位。同时，该类人群年纪较小，更侧重于购买活泼、青春风格的服装，也符合店铺的产品定位。

7.1.2 选题策划与编辑

为公众号做好定位后，小林开始进行选题策划与编辑。公众号主推的产品是活泼、青春风格的女装，在公众号推介时，可以推荐年轻款女装的搭配风格或店铺信息等主题内容。

鉴于是新开的店铺，因此在微信服务号进行推广时，小林决定优先发表女装搭配风格的内容，以增加用户对店铺的好感度。主题确定好后，小林开始进行内容的编辑。

微信内容编辑时可以借助编辑器，常用的编辑器有以下几种。

（1）秀米　http://xiumi.us/#/

特点：简单易上手，种类多。

（2）i 排版　http://www.ipaiban.com/

特点：动态样式多且形式新颖。

（3）135 编辑器　http://www.135editor.com/

特点：新奇模板多，手机预览易变形。

（4）新榜编辑器　http://edit.newrank.cn/

特点：好用、实用且功能强大。

在具体编辑排版时需要考虑到用户群体、内容、风格、布局、颜色调配、字体编列、图片图形编列、版面分割等。小林利用秀米软件（见图 7-4）展开了内容编辑，具体操作步骤如下。

图 7-4　秀米微信图文编辑器

步骤 1：在浏览器搜索秀米软件并打开，单击"注册"按钮进行注册，注册后即可通过"登录"按钮进行登录，具体操作分别如图 7-5、图 7-6、图 7-7 所示。

图 7-5　在浏览器搜索到秀米软件

图 7-6　"登录"按钮　　　　　图 7-7　选择登录方式并进行登录

步骤 2：单击"新建一个图文"，新建图文，如图 7-8 所示。

图 7-8　新建图文

步骤3：进入到图文排版编辑界面，查看导航栏。导航栏主要分为四个部分，分别是系统模板、我的收藏、剪贴板和我的图库，如图7-9所示。进行图文排版时，主要用到的是系统模板和我的图库，系统模板中可以进行标题、图片、背景图等的添加操作；利用我的图库可以进行上传图片和快捷添加图片等操作。

图7-9 秀米导航栏

步骤4：在页面右侧图文编辑框中进行内容编辑。依次添加标题、摘要、封面图片，添加时，单击相应位置即可，如图7-10所示。

步骤5：编辑正文。单击模板加入，根据需要加入标题、图片、背景等；单击导航栏相应标识即可添加，添加完成后进行文字编辑，如图7-11所示。

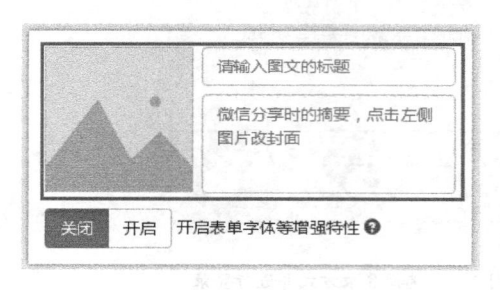

图7-10 图文编辑（1）　　　　　　　　图7-11 图文编辑（2）

单击文本编辑框，即可进行字体及格式的相关设置，如图7-12所示。同样的，单击图片和正文文字，会弹出相关设置，根据需要进行设置即可，如图7-13所示。

图7-12 文本编辑框

步骤 6：编辑完成后单击"预览"按钮，如图 7-14 所示，进行预览，预览效果图如图 7-15 所示。

图 7-13 图片编辑框

图 7-14 "预览"按钮

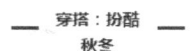

图 7-15 预览效果图

步骤 7：预览检查无误后，单击"预览"按钮右侧的"保存"按钮进行保存；再单击"保存"按钮右侧的"复制"按钮，将图文复制到微信服务号后台（复制时，可使用组合键 Ctrl+C；粘贴时，可使用组合键 Ctrl+V）。

图 7-16 "保存"和"复制"按钮

使用组合键 Ctrl+V 粘贴到微信服务号后效果如图 7-17 所示。

图 7-17　粘贴到微信服务号后的效果

步骤 8：上拉页面，在微信公众号后台为内容添加标题和作者，如图 7-18 所示。

步骤 9：下拉页面，为内容添加封面和摘要，如图 7-19 所示。

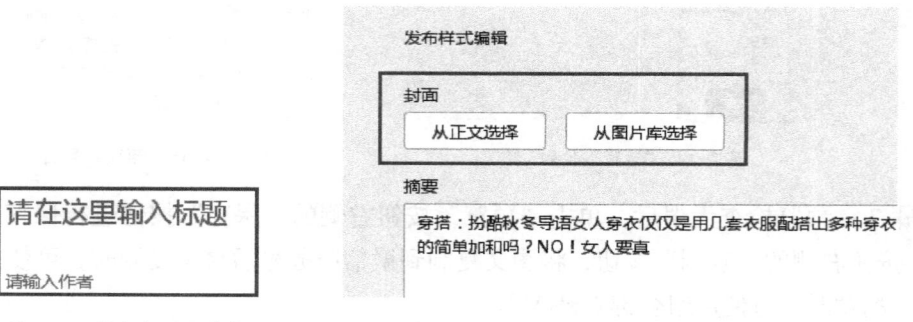

图 7-18　添加标题和作者

图 7-19　添加封面和摘要

步骤 10：单击页面下方"保存并群发"按钮，如图 7-20 所示，发表内容。群发后，效果如图 7-21 所示。

图 7-20　"保存并群发"按钮

图 7-21 群发后效果图

至此，小林完成了图文的编辑，在进行排版时，除了可以使用上面列举的图文编辑器外，也可以采用 PPT 进行编辑。PPT 是一种比较容易上手的工具，运用 PPT 丰富的素材库和工具页面，可以设计出各种效果的标题和图文风格。

当然，仅在微信发表内容还是不够的，还需要将内容和公众服务号推广出去，吸引更多用户来关注服务号。具体操作时，可以在 QQ 群、社群、微信、微博等平台上，将公众服务号的二维码进行展示，并加上相应的描述性文字，让更多的用户了解并愿意成为该服务号的粉丝。

7.1.3 效果分析

内容发表之后，为了及时了解内容带来的营销效果，小林针对此次营销的效果展开了分析。

步骤 1：搜索并登录微信公众平台。

步骤 2：查看发文的阅读数和点赞数，如图 7-22 所示。根据阅读数与点赞数能够初步了解营销受众的数量。

步骤 3：单击左侧导航栏"统计"栏目下的条目，包括用户分析、图文分析、菜单分析、消息分析等，如图 7-23 所示。

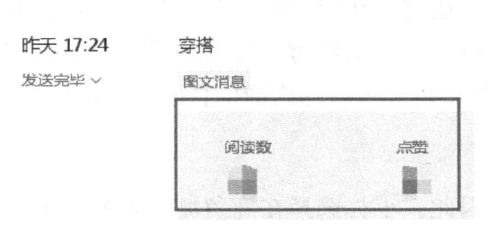

图 7-22 阅读数和点赞数　　　　图 7-23 "统计"栏目列表

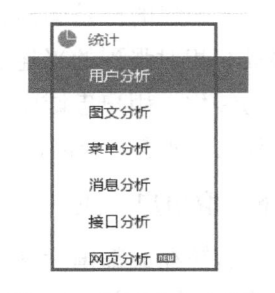

小林分别在用户分析中查看关注人数的变化与人数变化趋势；在图文分析中查看图文阅读人数和分享人数；在菜单分析中查看菜单单击次数和菜单单击人数；在消息分析中查看消息发送人数与次数等。结合这些数据能够分析出微信服务号的总体人数变化和文章的阅读情况，根据这些情况的不同，采取相应措施。比如，文章阅读人数很少，则减少或去掉这类文章的发送。

值得注意的是，微信公众号运营不是一朝一夕的事情，只有明确定位所针对的用户群体、用心经营内容，才能制作出符合用户期望的内容与服务，拉近与用户之间的距离，有效宣传自己的产品。

7.2 朋友圈营销

7.2.1 获取好友关注

小林深知，要想将成都国际商贸城的女装店开展起来，就微信端来说，仅展开公众号营销是不够的，还需要辅以微信朋友圈营销。因此，他从获取好友关注、朋友圈营销推广、服务与维护三方面分别展开了学习与训练。

1. 线上获取好友关注

（1）从 QQ 获取微信好友关注

在 QQ 空间、QQ 签名上发布微信号，可间隔一段时间后重复宣传，也可以将 QQ 好友、手机通信录的朋友全部加为微信好友。另外，可以根据产品特性加入不同的 QQ 群和微信群，通过 QQ 邮件、好友邀请等方式，批量实现 QQ 用户的导入，这是具有一定可行性和回报率的添加好友方式。

此外，通过把产品赠送给在微信上有一定影响力的朋友，让其体验后进行分享、宣传和推广，能起到宣传产品的效果，也能增加更多粉丝。

（2）从微博、行业网站及论坛获取微信好友关注

这些平台上聚集的都是同样属性的用户群体，他们大多具有同样的爱好，对于行业产品及服务都具有相对强烈的兴趣及需求。通过对相应企业公众账号的推广，能获得一定比例有效用户的转化，用户忠诚度也比较高。具体操作时，可以将微信号及微信号功能等发布在这些平台上，如有必要的话，可以将微信号服务的店铺信息或产品信息也进行发布。

2. 线下获取用户关注

小林所开店铺在成都国际商贸城，因此，小林选择在商贸城附近通过派发宣传单、张贴海报，以及与合作店家在名片、购物袋上印刷微信号二维码等方式来展开续传。

此外，小林在平时生活中还通过参加培训、论坛、讲座、交流会等来认识更多的人，增加实际好友的同时，在这些群体中为女装店的微信号做宣传。

最后，小林通过微信个人账号添加同城账号，锁定同城的目标客户，将这些用户发展成女装店铺的微信号好友。这样做的好处是，在产品交易时，能够帮助减少产品运费等成本开销。

需要注意的是，微信限制了 5000 个好友数量，在添加好友超过上线的情况下，就需要着手筛选精准用户，保证营销效果和成交额。

7.2.2　营销推广

通过获取好友关注，有了一定数量的微信好友之后，小林着手朋友圈营销的实施。

1．朋友圈信息发布

朋友圈信息发布的方式、内容等，直接影响受众的接受程度，受众愿意接受，购买网店产品的概率就大，反之，则概率变小或消失。那么，如何正确地在朋友圈发布内容？

在朋友圈不要发送直接的产品广告，这类型的内容难免会遭到厌烦，长时间后，即使未被好友拉黑，也不会被阅读，这类内容也就失去了营销的作用。直接的产品如图7-24所示。

正确的做法是在编辑朋友圈内容时，穿插一些其他内容，并且可以采用一些有趣味性的语言进行表述。同时，搭配相应的图片，图片的内容要与文字相关。在做产品推介时，也可以推送一些女装的图片，最好是有模特着装效果的图片。图片要能够体现产品卖点并有美观的视觉效果，否则很难起到营销效果。

如图 7-25 所示，小林在做女装推广时，文字体现了产品功能，并加入了一些"俏皮"的言语，让用户更容易接受。

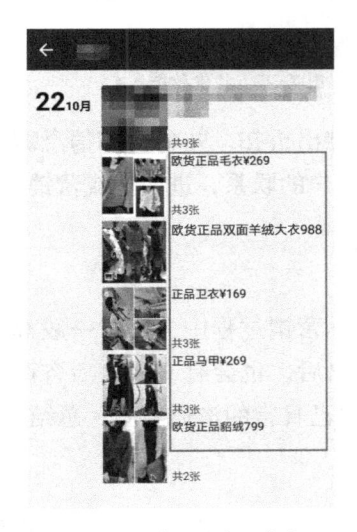

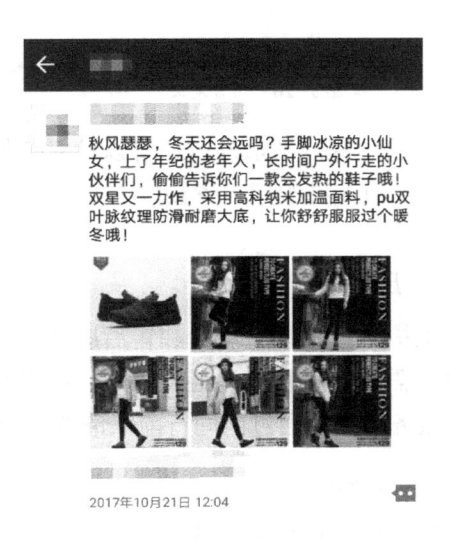

图 7-24　直接的产品广告　　　　图 7-25　加以润色的图文消息

针对朋友圈信息发布，小林做了如下总结：

①注意软度，广告不要太生硬；

②注意频率，同类内容不要频繁刷屏，每天推送 1～2 条为宜，太少起不到效果，太多会让用户厌烦；

③注意长度，配文不要太长，否则用户很难阅读下去，要直截了当说明要讲的内容。

2. 推广活动信息发布

推广活动信息发布有别于日常发布，它是针对产品活动所做的推送。小林了解到，在发布活动信息时，一般有以下几种情形。

（1）点赞赠送或包邮

为了完成营销目标，可以采取点赞赠送或包邮等形式，让已有用户将店铺或产品信息发送给好友，以起到良好的宣传效果。点赞发文如图 7-26 所示。

（2）特价秒杀

在做产品售卖时，可以针对热销品做特价秒杀，在增加订单量的同时，达到宣传的目的。特价秒杀发文如图 7-27 所示。需要注意的是，秒杀时，一定要确保产品的质量。

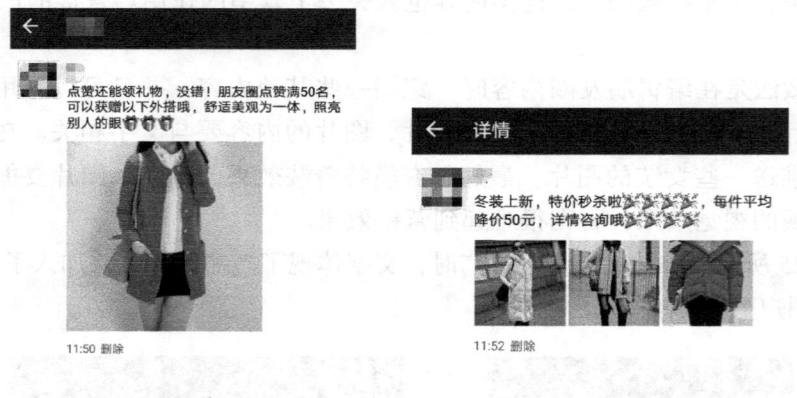

图 7-26　点赞发文　　　　　　　图 7-27　特价秒杀发文

除点赞赠送和特价秒杀外，还可以针对节假日推出折扣，并将折扣信息编辑成图文发布在朋友圈等。以这种给用户省钱的方式，拉近与用户的联系，进而达成营销目标。

7.2.3　服务与维护

服务与维护，就是售前沟通和售后服务。在实际营销过程中，用户一般都会进行售前咨询，这时就需要进行售前沟通；同时，在产品卖出后，也会有一些售后咨询，因此，需要进行售后服务。小林通过向同行前辈请教，加上自己日常的沟通经验，总结出以下内容。

1. 随时做出响应

在用户发出沟通信息时，要及时进行回应。此外，在用户购买产品后，要告知用户女装的洗涤注意事项、存放方法等信息。

2. 始终如一

要让用户了解到店铺不光有优质的产品，还有周到、热情、细心的服务，无论售前服务还是售后沟通，良好态度都始终如一。

在整个沟通过程中，要用到礼貌用语、俏皮表情、亲切问候等，尤其是在售后沟通时，一定要注意，否则可能因为售后沟通不良而给用户带来不好的消费体验，从而流失客户。

3. 消费回访

在微信沟通时，可以进行消费回访，适时地给用户发送快递信息。在用户已经穿着产品的情况下，可以询问用户是否喜欢、穿着是否舒适、有无异味等情况。在增加用户好感度的同时，也能考察到用户偏爱的产品，从而优化进货品种与数量。

单元拓展

1. 编辑标题和图片的技巧

1）取个好标题 + 吸引人的封面图片

标题关系到用户是否会打开文章，对公众号宣传有着重要的影响。如果不能引起用户的兴趣，让他们看了标题之后点进去看内容，那么就意味着这次商品宣传和转化的效果为零了。众多繁杂的文章、图片能给人第一视觉的冲击力，设置好封面会吸引用户阅读。标题一定要简明扼要、顺口、有新意，通常选择 7～28 个字，从传播知识、发布优惠信息、满足好奇心、提供忠告等入手进行策划。

2）图文并茂

通篇的文字枯燥、乏味，还容易引起"密集恐惧"，就算内容精彩绝伦，也容易造成用户视觉疲劳。图文并茂则弥补了这一缺点，不仅能够为文字增色，而且还可以将信息主题直观地表达出来。公众号文章能够图文并茂、相得益彰会受到用户欢迎，无论是图片还是插图都具有形象性、直观性、趣味性和启迪性等特点。这种图文并茂的内容编排符合用户的阅读习惯，利于用户更好地理解内容。

2. 朋友圈营销策略

1）塑造个人品牌

既然能和你成为朋友加入你的朋友圈，肯定是认可你这个人，或者是想和你成为朋友。所以微信中不能只发送产品的宣传内容，还要把你的个人生活、日常感悟等分享出来，

图 7-28 内容标题及封面图片

让对方知道这个微信后面的是一个怎么样的人。分享的东西必须是正面的、积极的、正能量的，塑造你的个人品牌。

2）情感策略

客户知道了你是一个怎么样的人，对你产生了好感，这时你就可以很好地利用客户对你的好印象，进行一些产品的推销，循序渐进。切忌不要一次发送很多产品的宣传信息，这样很容易引起朋友圈客户的厌倦和疲劳心理。

3）分享策略

（1）分享客户见证

当客户购买产品之后应第一时间分享出去，让更多的人看到原来有这么多人购买，并且还有一个不错的购物体验。分享内容包括发货情况、订单量、产品动态、订单信息、对话内容截图等，这是一个刺激潜在客户购买的有效方式。

（2）分享社会热点和乐趣

每天在网络上、生活中捕捉一些当下热门的话题、新闻、流行的事物，分享其中的乐趣，这对于朋友圈里的客户来说，是喜闻乐见的。吸引了客户注意，关注你的朋友圈也成了他们的习惯，更利于开展广告宣传。

4）互动策略

如果希望朋友圈中的好友知道你的存在，比如客户发送了一些不错的内容或者信息，要给予评论或点赞，通过这样的运营，与客户之间就形成了一种交流，这也是一种非常重要且增强自己在朋友圈存在感的行为。

5）社交策略

用一些优惠信息或者增值服务鼓励客户将信息分享到自己的朋友圈，这样一方面能够维护好和朋友圈中老客户的关系，另一方面也会拓展更多的新客户。

6）善用群发助手

进入微信首页，单击右下方的"我"，单击"设置"，进入设置页面。依次选择"通用"→"功能"→"群发助手"。在"群发助手"页面单击开始群发，在最下方选择"新建群发"，然后选择要群发的好友的微信号。群发切忌单纯地发送广告信息，可以根据产品性质适当加入一些活动或者是节日祝福等。

7）充分开发微信群

建立微信群，邀请自己的客户加入，很多客户能够通过这个群进行商业上的或相同爱好方面的交流与认识，但作为组织者，必须了解哪些客户能够连接在一起，这样才能实现微信营销的效果。微信群初始是40个人，每人有两次免费升级为百人群的机会。

同步实训

本次实训步骤为：实训概述→实训素材→实训目标→实训任务→实训考评。

一、实训概述

本单元实训为微信营销实训，学生通过本实训，能够深化对微信营销的认识与相关技能的掌握。

二、实训素材

移动互联网、智能手机、计算机。

三、实训目标

1. 掌握微信公众号选题策划与编辑的方法；
2. 能够独立完成获取微信好友的操作；
3. 能够在微信朋友圈进行营销推广。

四、实训任务

学生分组，并选出各组组长，以小组为单位进行实训操作。在本实训中，教师指导帮助学生完成实训内容。

任务一　微信公众号运营

微信公众号运营包括明确定位、选题策划两部分，学生需要在老师指导下进行操作。

学生以小组形式模拟自己将在××商贸城开设一家店铺，需要展开店铺微信公众号的相关营销工作。店铺类型可以由小组自主决定，也可以由教师指定。

（1）确定店铺定位，针对店铺类型进行选题；

（2）开设店铺微信公众号，进行运营。

任务二　朋友圈营销

任务二衔接了任务一，学生以小组形式分别申请和注册微信号，进行获取粉丝和营销推广的操作。发表内容时，每个小组至少发表三条。（目标群体可以假定为全班学生）

在营销实训期间，老师可根据微信公众号的关注度和店铺运营情况等数据进行考评，考评表详见表7-1。（注：必要数据需截图保存，以便作为考评内容）

表7-1　考评表（一）

类别	数值（百分比）	考评标准（0%～60%为C级、61%～80%为B级、81%～ A级）		
		A	B	
微信公众号关注量				
店铺关注度（粉丝数）				
朋友圈粉丝数				
朋友圈点赞数				
店铺交易额				

注：经过上表数据分析，老师可直观地看到本单元实训结果，以检测学生实训成果。

五、实训考评

1. 老师可根据学生本单元实训的完成情况，进行教学考评，详见考评表7-2。

注：平时考勤、作业评定等可在"云班课"App上进行。

表7-2　考评表（二）

评价项目	评价内容	评价标准	评价方式
实训操作	任务一：微信公众号运营	1. 是否明确店铺定位 2. 是否按照店铺选题开设微信公众号	根据实际操作熟练度、微信营销实施的最终成效进行综合考评
	任务二：朋友圈营销	1. 获取好友量是否不少于假设总人数的30% 2. 朋友圈营销内容创建是否合格	
职业素养	1. 责任意识（4分） 2. 学习态度（3分） 3. 团结合作（3分）	结合实训周考勤，综合考评	综合考评
总分			
综合得分	教师根据学生的日常考勤、理论学习和实训表现进行综合考评打分。 注：总分 = 平时考勤（占20%）+ 理论考评（占40%）+ 实训考评（占40%）		

2. 教师根据各组实训进程、实训记录及成果展示进行综合评价。

① 针对各组的优点进行点评，针对缺点提出改进方法；

② 针对整个实训过程中团队协作的亮点和不足进行点评。

一、实训概述

本单元实训为微信营销实训,学生通过本实训,能够深化对微信营销的认识与相关技能的掌握。

二、实训素材

移动互联网、智能手机、计算机。

三、实训目标

1. 掌握微信公众号选题策划与编辑的方法;
2. 能够独立完成获取微信好友的操作;
3. 能够在微信朋友圈进行营销推广。

四、实训任务

学生分组,并选出各组组长,以小组为单位进行实训操作。在本实训中,教师指导帮助学生完成实训内容。

任务一 微信公众号运营

微信公众号运营包括明确定位、选题策划两部分,学生需要在老师指导下进行操作。

学生以小组形式模拟自己将在××商贸城开设一家店铺,需要展开店铺微信公众号的相关营销工作。店铺类型可以由小组自主决定,也可以由教师指定。

(1)确定店铺定位,针对店铺类型进行选题;

(2)开设店铺微信公众号,进行运营。

任务二 朋友圈营销

任务二衔接了任务一,学生以小组形式分别申请和注册微信号,进行获取粉丝和营销推广的操作。发表内容时,每个小组至少发表三条。(目标群体可以假定为全班学生)

在营销实训期间,老师可根据微信公众号的关注度和店铺运营情况等数据进行考评,考评表详见表7-1。(注:必要数据需截图保存,以便作为考评内容)

表7-1 考评表(一)

类别	数值（百分比）	考评标准（0%～60%为C级、61%～80%为B级、81%～100%为A级）		
		A	B	C
微信公众号关注量				
店铺关注度（粉丝数）				
朋友圈粉丝数				
朋友圈点赞数				
店铺交易额				

注:经过上表数据分析,老师可直观地看到本单元实训结果,以检测学生实训成果。

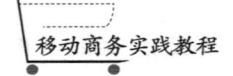

五、实训考评

1. 老师可根据学生本单元实训的完成情况，进行教学考评，详见考评表7-2。

注：平时考勤、作业评定等可在"云班课"App上进行。

表7-2 考评表（二）

评价项目	评价内容	评价标准	评价方式
实训操作	任务一：微信公众号运营	1. 是否明确店铺定位 2. 是否按照店铺选题开设微信公众号	根据实际操作熟练度、微信营销实施的最终成效进行综合考评
	任务二：朋友圈营销	1. 获取好友量是否不少于假设总人数的30% 2. 朋友圈营销内容创建是否合格	
职业素养	1. 责任意识（4分） 2. 学习态度（3分） 3. 团结合作（3分）	结合实训周考勤，综合考评	综合考评
总分			
综合得分	教师根据学生的日常考勤、理论学习和实训表现进行综合考评打分。 注：总分＝平时考勤（占20%）＋理论考评（占40%）＋实训考评（占40%）		

2. 教师根据各组实训进程、实训记录及成果展示进行综合评价。

（1）针对各组的优点进行点评，针对缺点提出改进方法；

（2）针对整个实训过程中团队协作的亮点和不足进行点评。

单元八

手机淘宝营销

学习目标

知识目标
▶1. 了解微淘的内容形式；
▶2. 熟知淘宝头条的准入规则；
▶3. 熟悉短视频营销的内容展现形式；
▶4. 熟悉淘宝直播的开通规则。

技能目标
▶1. 掌握微淘内容编辑的方法；
▶2. 掌握淘宝头条的申请流程与寻找淘宝达人合作的方式；
▶3. 掌握短视频营销内容制作的流程与方法；
▶4. 掌握淘宝直播营销的流程。

本单元包含了四个学习小节，具体为：
8.1 微淘应用
8.2 淘宝头条应用
8.3 短视频营销
8.4 淘宝直播营销

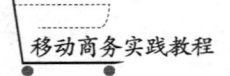

学习引导

随着智能手机的不断迭代和移动互联网的飞速发展，移动网民数量激增，手机、平板电脑等移动端网民数量的增加使得大部分的淘宝买家都习惯了利用移动设备进行购物活动，而淘宝也顺势而为，利用手机淘宝客户端开启了新的移动电商风向。小李是某数码产品公司电商部的一员，随着移动电商的不断升温，小李所在的公司决定针对手机淘宝展开一系列营销活动并指派小李负责。

学习规划

移动端电商行业发展至今，无线流量早已占据了主导地位。小李察觉到移动电商的崛起，他不想错过这个新的风口，于是准备开展手机淘宝营销。经过一番了解，小李发现手机淘宝营销主要有四种营销方式，分别是微淘、淘宝头条、短视频和淘宝直播。因此，小李决定从这四种营销方式入手深入学习，为开展手机淘宝营销打好基础。

相关知识

8.1 微淘应用

8.1.1 认识微淘

1. 微淘的概念

微淘是手机淘宝改形的重要产品之一，定位是基于移动消费领域的入口，在消费者生活细分领域，为其提供方便、快捷、省钱的手机购物服务。微淘是因手机淘宝而生的一种介于微博和微信之间的无线营销工具，内置在淘宝客户端。相对来说，微淘比较重媒体轻社交。微淘在手机淘宝这个"巨人"的肩膀上，一直都是卖家非常重要的移动流量来源。

微淘的核心是回归以用户为中心的淘宝，而不是小二推荐、流量分配，每一个用户有自己关注的账号、感兴趣的领域，通过订阅的方式获取信息和服务，并且运营者、粉丝之间能够围绕账号产生互动。微淘是淘宝卖家与自己淘宝店粉丝交流的一个平台，粉丝可以通过微淘与淘宝卖家进行互动，卖家也可以通过微淘广播发布一些店铺优惠信息等，粉丝可以第一时间了解店铺的动态信息。微淘比较适合粉丝群比较多的卖家，如果运用得当，可以为卖家带来很多流量，而且转化率是比较高的。

2. 微淘的作用

微淘是卖家无线营销的一个利器，卖家可以通过微淘传递品牌文化、维系客户关系、发布促销通知以及加强用户互动等。

对卖家来说，微淘可以带来三方面的作用。

①流量价值：无线大势所趋，很多店铺移动端的成交额已超过 PC 端。微淘位于手机淘宝底部导航的第二位，这个位置可以带来大量移动流量。

②营销价值：通过微淘，卖家可以多一个渠道吸引粉丝了解店铺和产品，同时多一个渠道触达用户，引导转化。

③CRM 价值：通过资讯、活动等，微淘不仅吸引新客户，更能维护老客户，增强客户黏性。

3. 微淘入口

小李在了解微淘的概念和作用后，开始进入淘宝后台了解微淘的入口，通过实践，小李发现淘宝目前有两种方式可以进入微淘页面。

第一种：登录淘宝首页，如图 8-1 所示，在"卖家中心"左侧选项栏中的"店铺管理"中单击"手机淘宝店铺"之后，单击右侧选项框中的"发微淘"进入微淘页面，如图 8-2 所示。

第二种：在浏览器中直接输入淘宝无线端网址（wuxian.taobao.com），进入淘宝无线运营中心页面，如图 8-3 所示。

图 8-1 微淘入口 1

图 8-2　微淘入口 2

图 8-3　微淘入口 3

4. 微淘发布内容

小李进入微淘页面后发现目前微淘可以发布的内容共有四种方式，分别是发广播、发商品、发活动和发互动。其中，发广播是运营微淘时使用最多的方式，主要包括图文广播、自定义链接广播和快速发微淘三种类型，如图 8-4 所示。

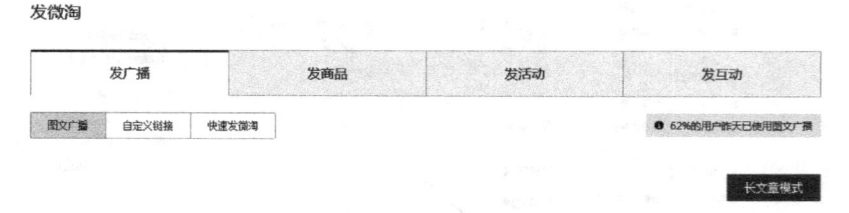

图 8-4　微淘发广播

发商品主要包括发上新、发资讯、发清单和发跨店清单四种类型，如图 8-5 所示。

图 8-5　微淘发商品

发活动目前只支持发送视频，如图 8-6 所示。

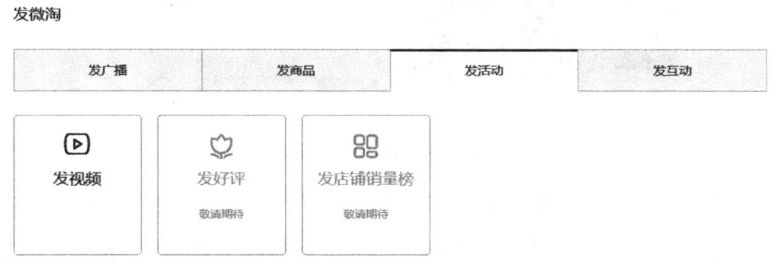

图 8-6　微淘发活动

发互动是微淘目前提供给卖家用来和用户互动的工具，有猜价格、粉丝抢红包、盖楼有礼、投票有礼四种类型，如图 8-7 所示。

至此，小李对微淘的进入方式和后台基本功能有了基本的认知，对于小李来说接下来的重点就是微淘的内容策划与运营。

图 8-7　微淘发互动

8.1.2　微淘内容策划

在对微淘有了一个基础认知之后，小李开始思考如何运营微淘，他决定先分析一些微淘运营比较好的店铺。

MG 小象欧美街拍时尚女装（简称 MG 小象微淘）原名"毛菇小象"，目前其微淘粉丝量达 1474.8 万，如图 8-8 所示。

图 8-8　MG 小象微淘

MG 小象微淘是淘宝女装类目中微淘做得很成功的一家店铺，其每条微淘的阅读量基本都在万级以上，2015 年的"双十一"当天，通过微淘首页直接引导成交额达到 40 万。结合自身的电商运营知识，小李将微淘运营步骤分为自我定位、内容策划、数据分析三步。

1. 自我定位

（1）店铺定位

关于店铺定位，主要是基于卖家层级、品牌发展大小。不一样等级，所掌握的资源、电商团队规模、营销投入是不一样的。市场营销需要资金的支持，也需要好的策划创意。大卖家、大品牌在做微淘的时候，建议保持一定的品牌性，因为要考虑品牌属性和中高消费者心理的品牌诉求。中部卖家则可以采取灵活的策略，在内容选取和创意方面可以根据定位而发挥。而小卖家的主要任务是先积累粉丝、攒足人气，然后再根据自身情况投入内容营销。小李通过观察、翻阅 MG 小象微淘的内容发现，MG 小象微淘的自我定位十分清晰——主打针对年轻女性的欧美系女装。

（2）人群定位

在微淘中，关于人群定位可以重点关注的基本要素包括性别、年龄、地域、职业、兴趣爱好、在线时间和阅读场景等，只有清晰地了解这些信息后才能合理地制定计划、明确微淘受众的喜好、撰写出受欢迎的微淘。

（3）内容定位

微淘的内容围绕文字、图片、声音、动画和视频等这些主要介质，进行主题化营销。同时，围绕微淘现在的五大栏目并结合自身的店铺资源，做出相应的内容选择和定位，撰写擅长的和消费者喜闻乐见的文章、九宫格、视频、话题和发布促销产品及上架新品等。MG 小象微淘的内容方面主要以图文广播、视频为主要方式，发布上新、话题讨论、促销活动、买家秀等。MG 小象微淘所发布的微淘内容，基本都是靠近粉丝、与粉丝有密切关系的。这样，一方面能引起粉丝的关注，另一方面能触发粉丝的兴趣，参与互动讨论。其发布的活动大都规则简单、门槛低，并且符合当时的气氛，互动效果很好。

2. 内容策划

对于电商内容的属性划分，主要有商品类、导购类、互动类以及资讯类，不同的内容有不同的功能。

商品类内容：不单单只是一些文章、图片，商品本身有着非常重要的电商内容的元素。比如某个商品的使用价值、实用功能，以及它的外包设计是否具有美感，平台对这些元素进行一定的处理或者是包装，赋予这些元素特殊的含义和价值，这样的内容被称为商品性内容。

在微淘上，内容是非常突出的，自动上新或者手动上新的都是属于一般性的商品内容；带着强烈的主题性或者话题性，能够引起用户的共鸣，值得去推敲或者说研究的商品型内容称为主题性的内容。

导购类内容：帮助消费者在消费的过程中解决消费痛点的内容，除了刺激新消费需求以外，在整个内容的元素里，一个商品的推荐理由是非常重要的。

目前，对于平台导购类的内容分类有两种：话题型的导购内容、热点型的导购内容。话题型的导购内容，又可以理解为场景型的导购内容，基于用户的兴趣点，能够引起用户的共鸣；热点型的内容，时效性非常强，基本上基于一个节日或者说最近一些网红爆款的商品，以这样的话题去组织内容。

互动类内容：大家在微淘上看到的一些互动话题类的内容，能够引起粉丝、用户进行广泛的讨论；除此之外还有"盖楼"的互动，除了能够引起粉丝的互动以外，还可以对部分粉丝进行一些福利的反馈。

资讯类内容：大家经常看到娱乐圈的八卦，还有情感类的、鸡汤类的内容或者和行业相关的一些资讯，但是这些内容是否适合在店铺微淘出现，需要经过仔细的斟酌。

以上四种内容是运营微淘时常会用到的内容类型，运营微淘时，应该根据自身店铺的定位分析，针对目标客户群体提前规划好微淘的内容。如 MG 小象微淘，其微淘内容规划大致分为以下七种：

①周二买家秀。利用大额优惠券作为奖品，吸引买家在此类微淘广播中晒出照片，一方面与客户形成良好的互动，增加了用户黏性，另一方面也对店铺推广产生推动作用。

②上新。利用九宫格图片或视频将即将上架的新品发布出来，搭配文案，让买家对新

品产生兴趣，推动新品销售。

③话题讨论。自建话题或者结合当下热点话题，引起买家参与热情，达到良好的互动效果。

④榜单。为买家推荐近期销量较高的几种款式，推动销售。

⑤潮流资讯。发布一些时装周或者潮流资讯。

⑥小象晚安。用诙谐幽默的文字、配图与用户交流，保持黏性。

⑦福利活动。店铺的促销活动或者简单的问答活动、投票活动，给买家优惠福利，加强互动，增强黏性。

3. 数据分析

围绕现在的微淘五大栏目，可以撰写出很多内容，最主要的是找到适合自己的内容并长期坚持下去。关于合适的内容，也需要结合店铺数据进行定期分析，查看基本数据情况和内容评论、点赞和互动等情况。关于微淘的数据，除了收集整理相关基本信息外，还需要对这些信息进行加工。在运营微淘时，可以经常下载其中数据，制作 Execl 柱形图、折线图和饼状图等，通过对比整理，知道目前存在的问题和解决方式。以此来不断推进微淘工作的优化，对此前制定的微淘战略方针进行局部的策略调整。

8.1.3 微淘内容发布与维护

图文广播是运营微淘时最常用到的方式，小李在学习微淘以及微淘内容策划的相关知识后，开始以图文广播为主实践微淘的发布。微淘图文广播编辑页面如图 8-9 所示。

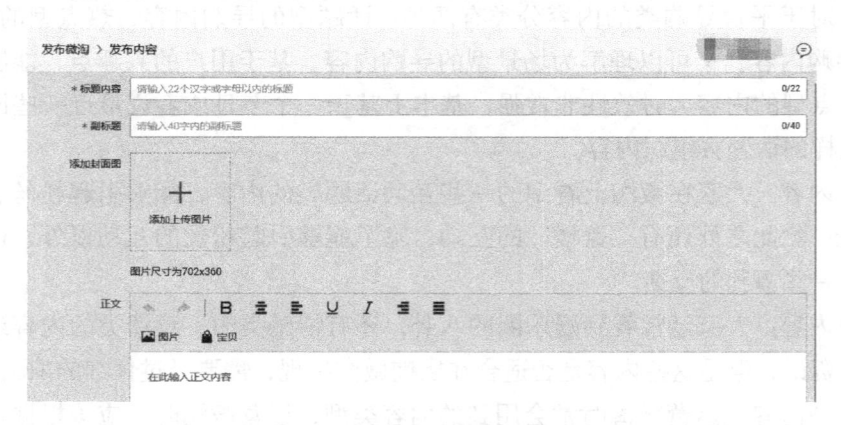

图 8-9 微淘图文广播编辑页面

1. 标题

一个好的标题一定会引起粉丝打开微淘的欲望，所以标题要么简洁，要么有个性，一定要确保意思表达清楚。微淘广播标题可以包含事件、人群、冲突点、场景、商品信息、热点、明星、人群、地域、年龄、性别、赠送、功能、时间季节、风格、品牌、材质、新品等元素。在创作标题时，为了吸引用户可以利用以下几点创作标题：

①观念的冲突点；

②能引发人的好奇、思考的问句；

③引发共鸣点；

④与近期热销品类、热点事件、热门话题等相关。需要注意的是，所创作的标题一定要确保和正文内容相对应，避免成为无吸引力、无相关性的标题。

2. 封面图

封面图是除了标题外的另一个能直接吸引用户打开微淘欲望的点。编写微淘时要确保封面图的颜色鲜明，有视觉冲击力，或者具有一定的趣味性，能够吸引用户。微淘封面图示例如图 8-10 所示。

微淘封面图的尺寸要求为 702px×360px，在选择封面图素材的时候一定要确保使用正确尺寸的图片，以免导致压缩变形或四周留白。选择封面图素材时还要注意保证封面图清晰美观，与文章的标题、内容保持连贯性，不要出现牛皮癣、文字堆砌、中缝空白、割裂等影响用户视觉体验的因素。

图 8-10 微淘封面图示例

3. 微淘正文

微淘正文的内容依据策划好的方案编写即可，在编辑正文内容时需要注意以下几点：

①图片数要多，不要少。丰富的配图能增加内容的趣味性。手机无线端阅读，主要为碎片化阅读，大量文字堆砌容易让人望而却步，并且显得非常枯燥。消费者更愿意单击阅读图文并茂的内容。

②正文字数要多而精，不要过于少和零散。更多有效丰富的信息能让消费者对商家想表达的意思了解得更清楚。但这一点并不绝对，如果是记录个人心情、搞笑段子等，正文字数多与少则视情况而定，而对于清新图片、美图鉴赏或纯图片组成的信息中，字数多少则无关紧要，图片本身包含的信息和美观程度是构成内容质量的重要因素。

③图片质量要好，不要劣质图片。微淘作为粉丝运营的阵地，与日常促销略有不同，吸引粉丝的主要是内容本身，尤其是纯图片的内容，确保图片足够清晰好看，能传达丰富有趣的信息为佳。商品图片尽量干净清爽，图片上不带任何信息，清楚展示商品。

④正文排版要格式整齐，不要乱。该有的空行、分段都要有，排版清爽整洁才有阅读的欲望，多使用图文结合的方式对内容进行排版，避免大量文字的堆砌，影响用户的阅读体验。

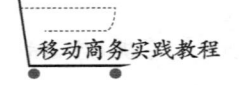

4. 微淘的推广与维护

内容编辑完成后可以选择直接发布或者定时发布，而微淘发布完成后最关键的就是微淘的推广与维护。在微淘的推广上，商家可以在店铺移动端首页设置微淘相关的焦点图，引导用户进入微淘；也可以生成微淘的二维码，利用微博、贴吧、论坛或者印制在商品外包装上进行推广。在日常维护时，确保内容按照策划好的矩阵定时发布，保证微淘更新的连续性和活跃度，并且微淘在精不在多，日常维护时要确保内容的质量，不要盲目追求数量而忽视质量。

5. 数据分析

围绕现在的微淘五大栏目，可以撰写出很多内容，最主要的是找到适合自己的内容并长期坚持下去。不过，再合适的内容，也需要结合店铺数据进行定期分析，查看基本数据情况和内容评论、点赞和互动等情况。关于微淘的数据，除了收集整理相关基本信息外，还需要对这些信息进行加工。在运营微淘时，可以经常下载其中数据，制作 Execl 柱形图、折线图和饼状图等，通过对比整理，知道目前存在的问题和解决方式。以此来不断推进微淘工作的优化，对此前制定的微淘战略方针进行局部的策略调整。

6. 微淘运营的注意事项

（1）微淘取名要慎重

名字决定你是卖内容的（如"时尚潮流"），还是卖货物的（如"XX 淘宝店"）。营销账号通常卖内容，中小淘宝卖家通常卖货物，大卖家是内容与货物都卖，这取决于内容运营团队的实力。一般来说，卖内容的受众会更广，也比较容易被接受。

（2）微淘定位要明确

不是所有店铺都有能力或者说都适合开展微淘运营，盲目跟进只会是白投入。因此应先确认自己经商的产品是否适合。此外，还应知道自己的客户群体是什么，他们最关心什么内容，喜欢什么，否则盲目轰炸，只会让粉丝反感。

（3）店铺装修要跟上

开通微淘后，对手机店铺和微淘进行装修，尽量有特色些。微淘运营的最后目标是转化，如果店铺装修没有跟上，粉丝对你没信心，开展微淘运营也是没有意义的。

（4）注意微淘发送时间

微淘用户的访问高峰时段为 0：00～1：00、8：00～10：00、13：00～14：00、16：00～17：00、18：30～19：30、10：00～11：00。这几个时间段发布微淘广播，转化率最高。运营时要按照粉丝访问习惯发送广播，尽量在粉丝访问高峰时段发出。

（5）学会素材测试与优化

定期监控图文反馈情况，如果发现粉丝对某类话题不感兴趣，应尽快更换角度。同时，对粉丝习惯进行分析归档，以便后期团队交接时保持风格统一。

（6）微淘账号等级划分

目前，微淘不同等级的账号享受的权益也不相同，如图8-11所示，卖家要明确不同等级的划分依据，在运营微淘时有个明确的方向。

账号等级	活跃粉丝数	粉丝数	粉丝7日回访率	日均内容发布数	状态	发布条数
W1	-	-	-	-		1
W2	-	5000	30%	-	差：7日粉丝回访率<25%，或粉丝数<4000 优：7日粉丝回访率≥30%，且粉丝数≥5000 良：除差、优以外的账号	2
W3	5000	-	35%	1	差：7日粉丝回访率<30%，或周内容发布数<0.8或活跃粉丝数<4000 优：7日粉丝回访率≥35%，且活跃粉丝数≥5000且日均内容发布数≥1 良：除差、优以外的账号	3
W4	10W	-	-	-	差：活跃粉丝数<10W或日均内容发布数<0.8，或7日粉丝回访率<30% 优：活跃粉丝数≥20W且日均内容发布数≥1.4，且7日粉丝回访率≥35% 良：除差、优以外的账号	4
H1					不参与评分且无任何功能	

图8-11 微淘账号等级

图8-11中，W1～W4是微淘等级的四个分层，层级越高可享受的权益也就越高，H1是指违反手机淘宝或者微淘平台规范受到处罚的账号，被关入"小黑屋"的账号不进行任何分层指标考核，从"小黑屋"放出后，从W1层级开始进行分层计算。

8.2 淘宝头条应用

8.2.1 认识淘宝头条

了解了微淘的相关内容后，小李开始学习淘宝头条的相关知识，他决定围绕淘宝头条的概念、展示位置以及入驻标准和准入规则等方面进行学习。

1. 淘宝头条的概念

淘宝头条是阿里巴巴集团旗下生活消费资讯媒体聚拢平台，内容化、社区化、本地生活服务是淘宝未来的三大方向，而淘宝头条上线不到一年已经是中国最大的在线消费类媒体平台，每个月有超过8000万消费者通过淘宝头条获取最新、最优质的消费类资讯内容。最新数据显示，淘宝头条月活跃用户已过亿，这对于淘系卖家来说，无疑是一个巨大的流量来源。

媒体、达人及自媒体可以通过淘宝头条这一专业的信息发布平台创建淘宝头条号，借助淘系海量流量和精准算法的个性推送，内容生产者可以高效率地获得更多曝光和关注。

2. 淘宝头条的展现位置

（1）PC端

淘宝网首页展示。进入淘宝网PC端首页，单击"主题市场"分类栏下的"淘宝头条"即可进入，如图8-12所示。

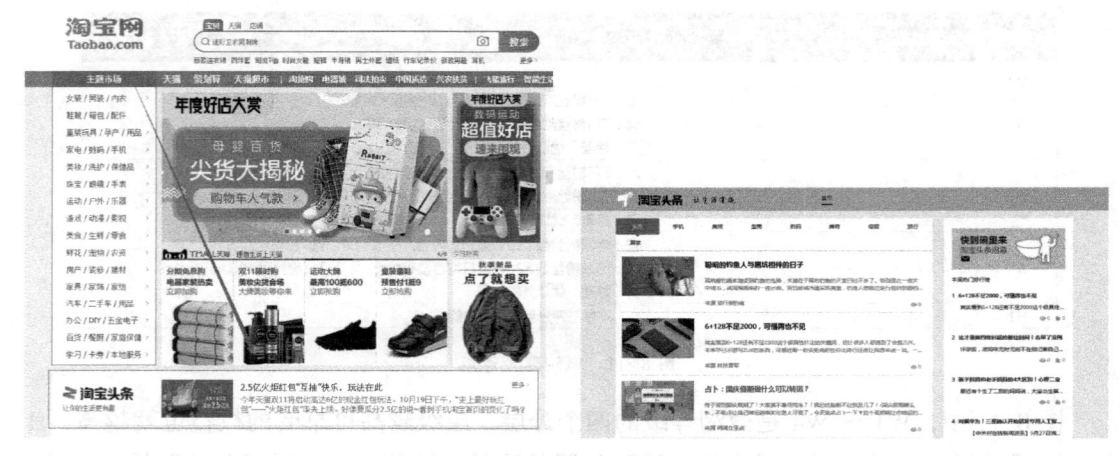

图8-12 淘宝头条PC端展示

（2）无线端

手机淘宝首页展示。打开手机淘宝App，单击首页分类栏下的"淘宝头条"即可进入，如图8-13所示。

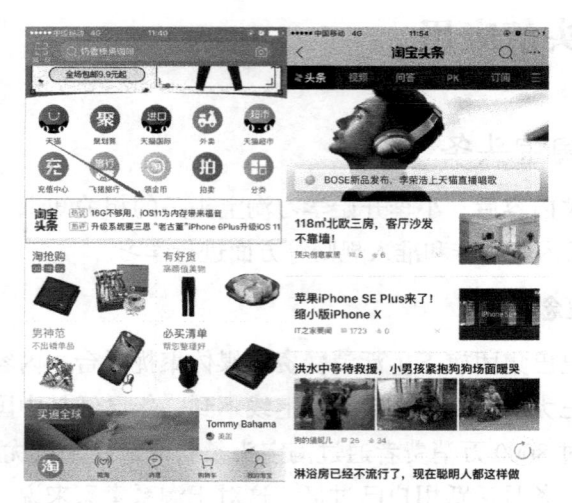

图8-13 淘宝头条无线端展示

3. 淘宝头条入驻标准和准入规则

淘宝头条的准入对象包括机构媒体、内容电商、内容类公司、自媒体等获得相关社会机构资质认证，或在相关领域有一定影响力的内容创作者，并要求非淘宝平台卖家账号、发布的文章内容等符合淘宝头条定位及标准。

由于各个行业的准入规则不同，小李通过查阅淘宝头条的准入规则，将各个行业的准入规则汇总如下。

1）美搭、美容、型男、时尚领域

①领域内专业人士或机构：时尚博主，微博粉丝数达100万及以上，微信粉丝数达30万及以上；美容专家、芳疗师、整形师；造型师；时装设计师；能提供相关工作经历证明的圈内人士。

②自媒体：有原创编辑三个以上且微信公众号粉丝数达30万及以上的自媒体团队。

2）美食领域

①记者或编辑：美食记者，在网站或者杂志工作两年以上的编辑。

②领域内专业人士或机构：垂直网站，美食类自由撰稿人、微博加V美食博主；有营养师、厨师资格证等从业资质证书的专业人士；有品酒师资格证或两年以上专业领域从业经验的红酒及茶领域的相关人士。

③自媒体：外部渠道（微信公众号、各个客户端自媒体号）长期固定产出美食资讯、做法、评测相关内容，粉丝数达2万及以上。

3）视频领域

①领域内专业人士或机构：原创视频PGC制作者、机构或平台。

②自媒体：分享海外视频等模糊版权内容的账号，必须是有一定影响力的大V、Kol。

4）体育运动领域

①记者或编辑：传统媒体的体育记者、工作两年以上的体育运动垂直网站编辑。

②领域内专业人士或机构：网站，自由撰稿人，能提供相关工作经历证明文件的圈内人士。

③自媒体：外部渠道（微信公众号、今日头条等）长期固定产出与体育、运动相关的资讯、装备测评内容，粉丝数达10万及以上。

5）母婴、健康领域

领域内专业人士或机构：其有医生、育儿师从业资质的专业人士。

6）摄影领域

①领域内专业人士或机构：摄影师、摄影杂志等。

②自媒体：外部渠道（微信公众号、今日头条、微博、豆瓣等）长期固定产出摄影内容，粉丝数达5万及以上。

7）数码领域

①记者或编辑：工作两年以上的数码领域的编辑或记者。

②领域内专业人士或机构：垂直网站。

③自媒体：外部渠道（微信公众号、各个客户端自媒体号）长期固定产出数码资讯、评测内容，粉丝数达2万及以上。

8.2.2 淘宝头条应用

小李所在行业属于数码行业，而淘宝头条对数码行业的入驻要求是粉丝数达 2 万及以上，小李发现以公司的条件目前无法达到，暂时不能入驻，所以他选择通过学习同类目的"科技蟹"淘宝头条号成功案例以及其他类目的两个成功案例来了解淘宝头条的应用步骤。

1. 科技蟹

科技蟹原本是微信自媒体中的账号，后来以男性用户为目标群体并于 2017 年 6 月份转战淘宝头条号，4 个月实现变现。科技蟹的文章最高阅读量达 137.35 万，百万以上阅读量的文章有 4 篇，超 10 万阅读量的文章有 30 篇。

淘宝头条以及淘宝达人，与其他自媒体平台不同，完全是按照市场的逆向操作模式，也就是说，先选好市场，想好你想做什么，再确定名字以及操作方式。

科技蟹最初取名"玩物尚志"，是因为团队调研后发现在淘宝平台上女性内容非常多，毕竟淘宝上女装、女包、化妆品是大类，淘宝也是无数女性的最爱。后来，科技蟹团队主攻男性内容，"玩物尚志"试图扩造一个男性生活方式的账号，有钢笔、手机、钓鱼用品、手办、威士忌等内容，甚至还有减肥、旅行、读书的内容。

但做了几个月后，却是不温不火，再后来，团队发现经营的好的账号，要么是淘宝之外有很强的品牌，如虎扑、什么值得买、蜜儿网；要么就是品类特别明确的产品，如元宝妈妈、玩车教授、面膜大叔。于是，很快就改名就"科技蟹"，通过这个名字向消费者传达很明显的品类暗示，数码、3C、手机，都是可以经营的淘宝头条——科技蟹页面如图 8-14 所示。

2. 30 秒会化妆

30 秒会化妆团队一开始运营 UC 号和微信公众号，2016 年 6 月入驻淘宝头条号，经过一年的时间，目前已拥有超过 9 万的粉丝数，团队也由最初"试水"的两人扩增至 50 人。

3. SIZE 传媒

2016 年 4 月下旬，SIZE 受淘宝小二的邀请，入驻成为淘宝达人。SIZE 传媒以杂志起家，目前旗下两本杂志分别是《SIZE 尺码》、《SIZE 潮流生活》。到 2016 年 9 月，短短的 5 个月时间，SIZE 的粉丝数就达到了 10 万量级。SIZE 传媒每天全渠道产出 60 篇左右的内容，日均阅读量 15 万（不含有好货）左右。

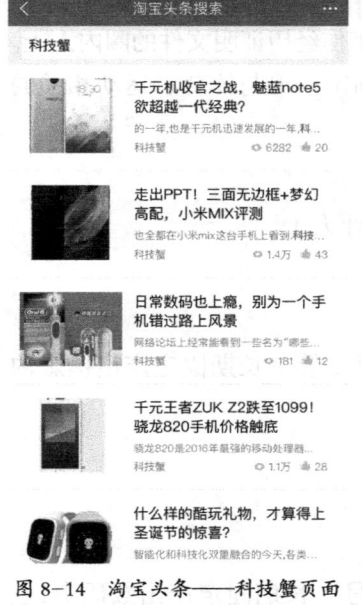

图 8-14　淘宝头条——科技蟹页面

小李对以上三个淘宝头条运营成功的案例进行分析，发现其成功得益于以下六个方面。

（1）账号定位细分

科技蟹中途转战淘宝头条成功是有很多因素的，其中账号内容定位就是很重要的一个方面。内容领域定位应尽量细分和明确，定位宽泛，运营则较困难。

运营内容，尤其是运营淘宝上的内容，要避免一上线就是大而全，而一上线应是一种生活方式。最好的就是切入一个品类，聚焦一处，聚焦在一个细小市场，才能给用户一个明确的感知。聚集一个领域才能给目标用户提供更深层的需求服务，比如科技蟹目前主攻手机、耳机等数码产品。

（2）平台规则把握

科技蟹淘宝头条账号之所以能成功运营并实现盈利，是因为对平台规则把握得较好。其实，不管是在哪个平台运营账号，把握平台规则都是必须要做的事。

相比微信公众号，淘宝的版权意识非常强。此前《人民的名义》电视剧热播的时候，科技蟹发布一篇文章《意外！〈人民的名义〉中出现的手机竟然是它》，但全文中并未出现任何关于该电视剧的图片。这是科技蟹在平台规则方面做得比较好的地方，因为一旦触及版权则很有可能被淘宝处理并封号。因此，无论在哪个平台，遵守平台规则都相当重要。

（3）用户画像精准分析

经过对购买人群的省份、星座、购买层级、年龄、职业等数据进行统计和分析，"30秒会化妆"最终定位其粉丝主体是18岁至25岁的女性，学生偏多。因此其发布的内容也多为"年轻化"，很贴近用户，所以每天平均涨粉300左右，涨粉效果相比其他账号很是明显。

（4）文章数据分析

"30秒会化妆"在文章数据分析方面也做得很出色。为了账号涨粉，他们逐个研究了不同渠道的文章和视频，包括各类文章标题，并建立了一个优质文章的标题库。

每天到各个平台渠道上去搜集好的标题，并标注这个标题带来的阅读量，目前标题库数量已累计达3000个左右。咪蒙曾说过"不能在一秒钟看懂的标题不是好标题"，对于标题的钻研效果则反馈在阅读量上。此前，它们的微信文章单篇阅读量日均1万左右，而在淘宝平台，文章单篇阅读量在30万左右。

单篇头条文章中，阅读量最高的已达440万。文章阅读数据的分析，对于提高文章内容质量和涨粉是很重要的。

（5）多渠道运营账号

在淘宝平台上，除了淘宝头条这个内容渠道，还有其他渠道，比如有好货、必买清单、阿里体育、酷动城等。SIZE传媒不仅入驻了淘宝头条渠道，还入驻了淘宝直播、有好货、必买清单、阿里体育、酷动城等。

内容上也增加了新板块，例如球鞋博物馆、Sneaker Girl 等。多渠道运营内容可以让自己的品牌获得更多的曝光。当然多渠道运营并非是越多越好，这方面应根据品牌自身的实力来决定。如果自身实力太弱，或者公司资金不足，多渠道运营只会增加公司运营成本，拖垮公司。

（6）变现渠道多样化

基于淘宝平台自带的"买买买"属性，优质的内容是很容易变现的。淘宝可以直接匹配垂直商家给达人，达人们不用再烦恼于找客户。

目前，淘宝头条内容创业变现方式主要是 CPS 和 CPC，也就是按照粉丝单击文章底部商品链接并达成的交易额来计算收益。这几个成功运营的账号，自身的变现渠道是很多的。变现就意味着收益，努力增加账号的变现渠道，就能增加团队的收益。

8.2.3　淘宝头条申请流程与合作方式

小李通过案例了解了淘宝头条的应用后认为，虽然目前公司无法申请入驻淘宝头条，但需要先了解下淘宝头条的入驻申请流程，为将来做好准备。小李通过互联网搜索淘宝头条的申请流程开始实践淘宝头条的申请操作。

1. 淘宝头条申请入驻流程

淘宝头条的文章大部分都是由淘宝达人推送的，因此想要入驻淘宝头条，首先要成为淘宝达人，以下是小李通过实践总结的申请流程。

①首先用非卖家账号登录并开通淘宝达人（https://we.taobao.com），如图 8-15 所示。

②信息认证，如图 8-16 所示，这一步骤中主要包括了绑定支付宝、实名认证与身份认证三步。

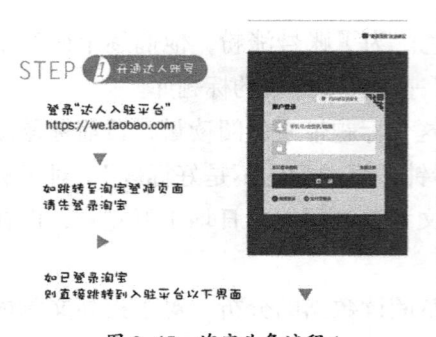

图 8-15　淘宝头条流程 1　　　　图 8-16　淘宝头条流程 2

③填写基本信息，如图 8-17 所示，主要包括淘宝会员名、支付宝账号、支付宝实名、联系人姓名、联系人手机等，填写完成后勾选"同意协议"，单击"下一步"按钮。

④填写账号信息，如图 8-18 所示，包括账号名称与账号头像。

图 8-17 淘宝头条流程 3　　　　　　　　图 8-18 淘宝头条流程 4

⑤单击"确认"按钮，至此，淘宝达人申请的后台操作已基本完成。

⑥提交淘宝头条号申请。

成功完成达人账号注册后，可向淘宝头条官方邮箱（taobaotoutiao@service.taobao.com）提交淘宝头条号申请（邮件命名格式：[XXX账号]申请入驻淘宝头条），申请所需素材包括：

- 账号背景情况说明。注明是机构媒体、内容电商、内容类公司、自媒体或其他身份。
- 账号所属领域。
- 账号在外部平台的表现情况（如微博、微信粉丝，权威榜单排名等，需提供截图）。
- 联系方式。

2. 寻找达人合作的方式

小李发现淘宝头条的准入要求门槛非常非常高，中小卖家一般因为人力、物力、财力和精力的限制，很难在运营店铺的情况下还能运作一个达人账号，而淘宝头条对于手机淘宝来说无疑是一个巨大的流量来源。因此，小李决定采取寻找一些达人进行合作的方式来进行淘宝头条应用，以下是小李搜集的寻找淘宝达人的方式。

①用手机在淘宝头条、有好货、必买清单中寻找一些推荐相关产品的账号，直接单击账号头像，用旺旺就可以联系上。

②通过阿里V任务平台（da.taobao.com，见图 8-19）寻找达人推广。

图 8-19 阿里V任务平台

③通过搜索达人QQ群（见图 8-20）寻找达人合作。

④通过淘宝联盟（http：//pub.alimama.com，见图 8-21）寻找达人合作。

除了以上几种方式，也可以在豆瓣、知乎、百度贴吧等常用软件中寻找合适的达人进行合作。

图 8-20 搜索达人 QQ 群

图 8-21 淘宝联盟

在寻找达人合作时应注意：

- 自身的商品要过硬。如果你的商品符合达人推广的基调，且店铺 DSR 也满足条件，那么淘宝达人可能自己就会上门招商。
- 多了解平台规则。淘宝达人主要专注于手淘推广，而手淘各个卡片的领域是不同的，对商品的要求和类别也会有所限制，所针对的消费人群也不一样，只有了解清楚这些才有助于和达人沟通。
- 淘宝达人都是有专属属性的，选择属性相符的达人很重要。例如，女装卖家就找搭配师合作，母婴卖家就找母婴达人合作，食谱生鲜卖家就找美食达人合作。不要去跨类目寻找达人，那样只会浪费时间。

8.3 短视频营销

当流量、带宽、资费、终端等都不再成为问题，尤其是在视频移动化、资讯视频化和视频社交化的趋势带动下，短视频营销正在成为新的品牌营销风口。2016年，短视频可谓发展得风生水起，短视频在经历了初期的萌芽、发展到如今正式进入快速发展阶段，从"papi酱"迅速蹿红并且获得上千万的融资，今日头条宣布将在一年内拿出10亿补贴短视频创作者，到微博与一下科技（秒拍、小咖秀和一直播母公司）生态完美融合，实现在2016年10月17日逆袭推特，将微博推至全球市值最高的社交媒体的巅峰，再到"双十二"当天，微信新版本推出"10秒短视频"新功能，内容大咖们纷纷圈地短视频，其真正的目的在于短视频背后可能出现的一个全新的营销市场。

8.3.1 认识短视频营销

1. 短视频营销概念

短视频是一种视频长度以秒计数，主要依托于移动智能终端实现快速拍摄与美化编辑，可在社交媒体平台上实时分享和无缝对接的一种新型视频形式，它们有一个共同的特点就是播放时间短，少则几秒几十秒，多则三五分钟，最多不过十分钟。就在这短短的时间内，包含了大量的信息，而且这些信息元素趣味性强，能引发观者的共鸣。短视频的出现既是对社交媒体现有主要内容（文字、图片）的一种有益补充，同时优质的短视频内容亦可借助社交媒体的渠道优势实现病毒式传播。短视频营销可以理解为企业和品牌主借助于短视频这种媒介形式进行社会化营销的一种方式。

2. 短视频营销的优势

①壁垒更高。制作视频相对来说是比较专业的一个工作，需要好的编导、导演、摄像师、剪辑师、音乐师等，少则几人，多则几十人，专业性更强，壁垒更高。

②品牌更强。视频相对其他形态来说，更能够去植入或者传达品牌精神、品牌形象、产品形态等。因为它的维度非常多，有人的维度、画面的维度、场景的维度、情节的维度等，对于用户来说接受程度更高，排斥程度更低。

③互动更多。视频维度非常多，让用户可以互动的场景就多，一条视频一经推出，用户可以投稿，可以自己拍一段视频，也可以模仿。

④渠道更广。一方面，短视频本身的平台形成了一个开放性的内生循环系统，每个用户都可以转发、点评任何一条视频；另一方面，视频还可以分享到微博、微信、QQ空间等外部各个社交平台，而平台多也就意味着流量多。

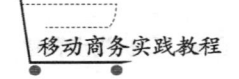

8.3.2 短视频内容策划

小李没有策划过短视频的经验,所以决定通过学习几个成功的短视频营销案例来详细了解短视频内容策划的方式。

[案例1]

美拍达人一条短视频卖掉三万条裤子。HoneyCC 选择通过具体产品以高品质的原创视频内容吸引粉丝。在围观 HoneyCC 的优质短视频时,更多粉丝沉浸在短视频的创造氛围中,拉动观看者的参与感,不同的人对裤子的试穿、甚至夸张搞笑的拉腿、抬腿等内容在令人捧腹的同时也证明了裤子的质量。

[案例2]

拉芳顺发节 66 神曲。拉芳巧妙运用网络上年轻人流行的"666"网络用语,将其与自家产品"柔顺"的特点相结合,并把 6 月 6 日这天定为品牌专属的节日——"66 顺发节"。通过 10 位高能美拍女玩家,多版本、多创意地演绎一首歌曲"66 歌",共同缔造一场有看点、有泪点的神曲全民演绎。

[案例3]

百威科罗娜啤酒短视频《亲爱的,好久不见》。2017 年的新年,"吴安良"又重新相聚,有音乐,有酒,有朋友。这样的聚会,也相信不会因为各自忙碌的生活而减少。酒后意气常在,心中少年不死,世事有常又无常,唯有琴音似海。通过制造老友聚会的场景,巧妙植入科罗娜"就为这一刻"的内容主旨。"叫上你的老朋友,自在聚一聚吧",鼓励大家告别枯燥和重复的老友聚会套路,引发粉丝在微博与微信中激情回应。

无论使用哪种方式、哪种工具进行营销,营销的过程都有相似之处,包括分析策划、内容设计制作、不同渠道推广投放等,短视频营销也是这样。

分析策划在整个短视频营销实施过程中起到引导规划的作用,在策划过程中要确定三方面内容:营销目的的确认,短视频内容策划,短视频投放推广平台的确定。

1. 营销目的的确认

进行营销前要明确营销目的。小李根据案例分析将短视频营销的目的大致分为以下六种。

(1) 拍摄产品短片解答客户疑问

拍摄产品短片为客户解答疑问是短视频营销最基本的应用,很多品牌使用短视频营销就是从这里开始的。有时候,简短的"如何……"视频短片就可以快速并有效地解答客户的疑问,整理出客服部门最常收到的问题,制作相关的视频短片去解答这些问题。例如,可以在一段 15 秒的视频里告诉客户产品的安装方法。这样拍摄一段安装教程并配上语音指导可以提供给用户更有用的信息和帮助。用短视频的方式解答客户疑问能够给受众带来更多的附加价值。这类短视频能够在有限的时间内垂直并直观地展现品牌的专业性和权威性,它旨在为客户提供一种便利的方式来解决问题。

（2）将产品制作过程整合成视觉展示

将产品的制作过程拍摄成一段短视频展现给潜在客户，是一种利用短视频功能的营销方式。咖啡馆可以借机展示它们的咖啡制作工艺、时尚沙龙可以展示客户的变身过程等，这种方式能够给潜在客户提供一个产品的直观展示，很大程度上激起潜在客户的购买欲望。

（3）增强与粉丝之间的互动

邀请粉丝和客户通过上传视频参加有奖活动，或者宣传相关的品牌活动，是一个利用短视频功能拉近和客户距离的方法。例如案例中，拉芳利用10位美拍达人的带动以及奖励机制，在网络上形成的全民演绎拉芳神曲"66歌"的风潮，与用户形成了良好的互动。

（4）展现品牌文化

我们经常听到有人说品牌应该更"人性化"，而社会化媒体用实时实地与客户的互动将该界限变得越来越模糊。短视频营销提供了一个让商家充分展示品牌文化和特点的机会。对于短视频营销来说，需要在很短的时间内抓住商家想要表达的重点，将其表现给粉丝，与此同时也向粉丝们传递商家的品牌文化。

（5）强调特殊优惠活动

短视频是推广优惠活动的绝佳方式，将镜头转向商家的产品，并加入个性化的元素，配合相应的促销信息，绝对能比传统营销方式的转化率更高。

（6）假日视频

圣诞节、情人节、感恩节等假日成了品牌商与消费者互动的关键节点，随着短视频的兴起，假日营销也进入了新的阶段。

小李根据公司营销要求，确定进行短视频营销目的是拍摄产品短片解答客户疑问和增强与粉丝之间的互动，同时在短视频营销中尽可能地展示公司的品牌文化。

2．短视频内容策划

确定了营销的目的，就要针对性地进行短视频营销内容的策划，在内容策划时应该从以下三方面去规划短视频的内容。

（1）策划内容时要注重用户体验感

随着短视频内容号越来越多，观众们对于短视频的要求也越来越高，在策划短视频内容时要重视用户的体验感，不要只把用户的多少当成播放量的一个数据，重视粉丝，播放量自然就会增加。小李所在公司属于数码行业，通过分析数码行业的许多短视频内容号，他发现数码行业的大环境在向两方面发展。一方面，新奇的内容，比如最新版手机的开箱测评。新的东西当然引人注意，本身自带流量，但是不是每天都有新的手机发布，并且拍摄这种内容的成本也是很高的。另一方面，越来越多的数码内容在向简单化发展，如同一些手机的隐藏功能，例如iPhone图标的钟表其实是会动的，对于这样的内容用户是可以通过视频中进行了解并且很容易就可以实践的，而且用户体验也比较好。

（2）策划内容时注重互动性和参与性

短视频最忌讳的就是自说自话，只要自己做好了就会有观众来看。短视频重点不在于短，也不在于视频，关键在于观众，视频应该围绕观众来构架，围绕观众构架视频很重要的一点就是互动性，互动性对于推荐量的影响是很明显的。在策划短视频内容时可以选择互动性强的话题，例如美食类可以选择做快手菜，健身类可以考虑介绍无器械健身或者办公室健身，时尚类可以介绍一些服装穿搭。

（3）尽量保证短视频内容的创意度

创意和有趣第一，短视频囿于时间的限制不适宜承载信息量过大的内容，需要表现出创造力、独特性和原创性。在创作题材方面，可以将产品、功能属性等融入创意，结合流行文化趋势或者当下热点，戏拟一些广为人知的桥段和作品，也可以搜集一些创意进行联想。例如，有一个小妙招是自制便携洗衣机，那么可以结合生活中的痛点延伸一下，制作自制洗水果机或自制洗碗机。

3. 短视频投放推广平台

每个短视频平台都有自身独特的特性，营销人员在制作视频和开展营销时需要将这些特性纳入考虑。目前的短视频投放渠道分为三大类：推荐渠道、媒体渠道和粉丝渠道。

推荐渠道如今日头条，主要由系统进行推荐来获得播放量，人为因素很少。

媒体渠道如优酷视频、搜狐视频，视频的播放量主要来源于用户的搜索和小编的推荐，人为因素对于视频的播放量有很大的影响，如果获得了一个很好的推荐位，视频的播放量将会大幅度提升。

粉丝渠道如秒拍、美拍，粉丝量的多少将直接影响视频的播放量。可以说视频的播放量等数据基本建立在平台粉丝的基础之上。

在挑选视频发布平台时切忌盲目跟风，而是应该结合自身的品牌特性、用户属性和营销目标，选择合适的平台。

8.3.3 短视频营销内容实施

短视频内容确定好了之后就可以开始进行短视频的制作了，短视频的录制一般分为团队制作与个人制作。小李结合目前公司的资源，决定先利用一些短视频录制软件进行简单的个人创作。

1. 短视频录制

小李通过了解目前常用的短视频拍摄 App，最终选择美拍、秒拍两种工具进行详细了解。

（1）美拍

美拍是美图秀秀出品的最潮短视频社区，通过各种 MV 特效对普通视频进行包装，呈现出不同的"大片"效果，凭借清新唯美的画质，迅速成为倍受追捧的短视频应用。

进入美拍 App 界面（见图 8-22）后，单击屏幕中间的"摄像机"图标即可开始进行录制。美拍的功能非常强大，采用了和美国短视频应用 Vine 相同的可停顿拍摄方式，拍摄完成后，用户可以添加滤镜（见图 8-23）或内置 MV 模版。美拍提供了多种 MV 特效，包括情书、摩登时代、樱花、百老汇等，内置了大量背景音乐，用户可为拍摄的短视频配乐（见图 8-24）。

图 8-22　美拍 App 界面

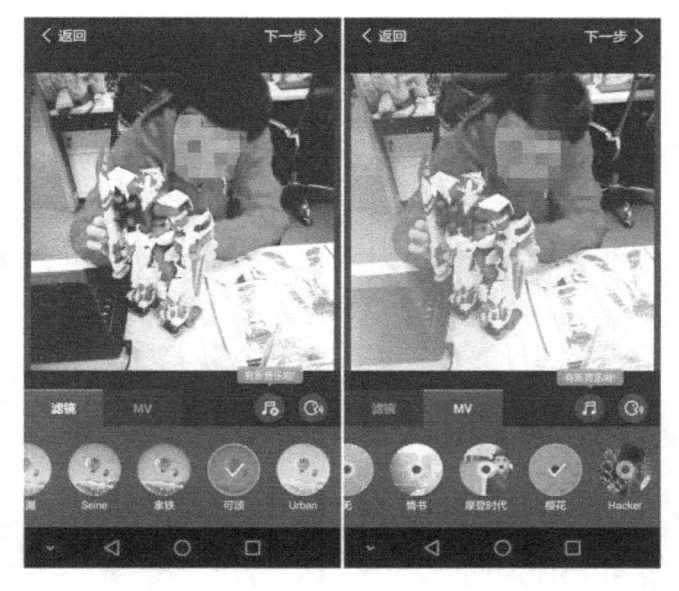

图 8-23　美拍添加滤镜

录制完成之后，如图 8-25 所示，可以选择不同的滤镜以及应用内置的 MV 模版，不同的 MV 模版拥有不同的展示效果，相同的是这些模版会自动将视频分段，配乐并添加滤镜而打包成一个完整的短 MV。

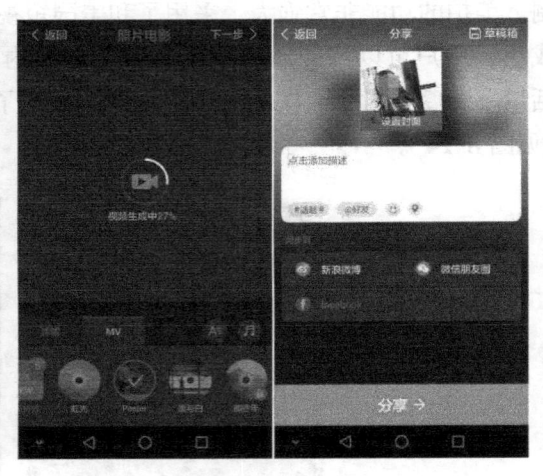

图 8-24　美拍添加背景音乐

图 8-25　录制完成生成视频

（2）秒拍

秒拍是由炫一下推出的 Vitamio 视频播放开放平台，主打口号是"10 秒拍大片"。秒拍的技术优势在于采用了特殊的拍摄、转码、上传同步技术，能够保证视频快速发布至微博和秒拍应用，而且同等长度的视频比其他产品生成的文件都要小。秒拍支持一些常用的社交工具登录，如新浪微博、微信、QQ、手机号四种方式登录，适用于大众人群，秒拍界面如图 8-26 所示。

单击主页下方的摄像图标，就会进入秒拍模式，虽然只有短短的 10 秒钟，但是已经足够了。按住下方的按钮就可以进行摄录，同时支持录音功能，如果不到 10 秒钟，镜头会自动停止，当用户再次单击按钮时可以继续录制，所以 10 秒钟可以录制很多的场景片段。秒拍录制如图 8-27 所示。

图 8-26　秒拍界面

图 8-27　秒拍录制

录制完毕后，还可以为短片添加音效，数十种不同风格的音乐供用户选择，除了音效之外，还有很多滤镜特效，在这里可以为短片任意添加不同的特效风格，不同的用户都可以在这里找到一款适合自己的特效。还可以给短片添加主题，如图 8-28 所示。

制作完成后单击"发布"即可，秒拍的分享途径还支持分享到腾讯微博、微信好友、微信朋友圈、手机 QQ、QQ 空间、新浪微博等社交平台，用户还可以复制链接到其他更多的地方分享给好友，如图 8-29 所示。

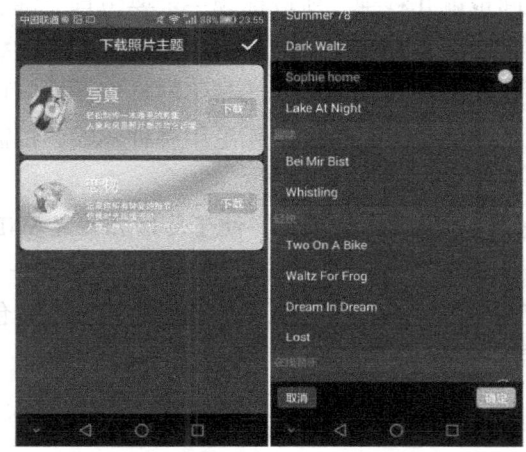

图 8-28　秒拍主题添加　　　　　　　　图 8-29　秒拍视频的发布及分享

2．短视频推送与优化

为确保制作好的短视频能够得到良好的展现，合理的推广方式必不可少，小李通过学习将短视频的推广归纳为以下四种方式。

①通过自媒体平台推广，主动寻找一些自媒体平台商量合作事宜，例如今日头条、优酷以及音频类的蜻蜓 FM 等，这些自媒体平台也同样需要有创作实力的个人和团队的加入。

②必要时寻找一些受众一致的平台，可以通过加入一些联盟之类的群体进行推广。

③多平台分发，在微博、微信、QQ 空间、百度贴吧、豆瓣等众多平台中，选择与受众匹配的多渠道进行推广，保证曝光量。

④有一定资金实力或明星资源的，可以联合一些网络红人等一起捆绑推广。

3．短视频营销注意事项

小李将在短视频营销的过程中遇到的一些问题以及分析案例时的一些思考总结归纳了几点心得。

①短视频营销不等于植入广告，短视频营销的爆发点在于内容的营销。内容营销不是传统的植入广告，而是把产品包装成内容，让内容植入产品。内容即广告这种原生广告形式才是未来的趋势。而且基于短视频的内容营销也不是一蹴而就的，必须是持续的营销，持续的内容输出与消费者影响，否则就成了基于短视频的广告投放。

②利用社交媒体，打通传播渠道。通过关联社交媒体的账号，实现二次传播或多次传播，将视频的影响力不断扩大，保持热度。

③每一波短视频的发布都需要确定主题，具体操作方法上可以固定每周召开一个选题会，让团队进行思想火花的碰撞，对于本周主题和大致风格产生一个较为明确的构思。视频制作人员在此基础上结合时下热点，融入创意，进而产生稳定、常规的内容。

④标题和封面一定要做好。标题和封面直接决定视频的"生死"。因为每天人们都活在各种信息流里面，决定是否单击一个内容的时间也就几秒钟，所以标题一定要短且关键字明显。封面最好能抓住眼球或勾起好奇心。

⑤内容策划一定要结合产品和诉求，形式需要脑洞大开。根据产品不同特性，视频可能是需要走心的、无厘头的、干货有价值的、吐槽的等形式，但是无论用哪种形式，都需要结合产品价值，策划有创意的内容。

⑥视频长度要严格控制，最好是控制在5分钟以内，注意节奏，便于传播和在无WiFi的环境打开。经过调查，超过5分钟的视频，有95%的人不愿意用流量观看，但是2~3分钟的视频有60%的人还是可以接受直接用流量观看。其次，短视频的节奏一定要快，包袱最好密集。时间太长容易让观众分心走神，导致根本看不到最后就关掉了。

8.4 淘宝直播营销

8.4.1 认识淘宝直播

2015年以来，网上最热的新媒体无疑是网络直播。柳岩淘宝视频直播，观看直播人数突破12万，当天转化6万单；Angelababy视频直播，美宝莲口红2小时卖2万只；村淘网红直播，近8万人观看，开播后几秒钟，土鸡蛋销量4万枚；奶爸吴尊直播卖奶粉，一小时成交120万元；网红雪梨店铺上新的一次淘宝直播，吸引6万多人观看，随后上架的直播新品服装，销量每个单品都逾千件。

网络直播是一群人同一时间通过网络在线观察真人互动节目。最早是优酷、土豆等视频网站上传个人小视频，再发展到类似六间房等网页端的"秀场"时代，如今的直播平台已经进入"随走、随看、随播"的移动视频直播时代。

1. 淘宝直播概述

淘宝直播是阿里巴巴公司推出的直播平台，定位于"消费类直播"，用户可"边看边买"，涵盖的范畴包括母婴、美妆、潮搭、美食、运动健身等。淘宝直播自2016年3月份试运营以来，观看直播内容的移动用户超过千万，主播数量超1000人，目前该平台每天直播场次近500场，其中超过一半的观众为90后。

2. 淘宝直播的优势

（1）极强的实时互动性

过去发布产品或服务信息，受众通过海报、广告牌、微博、微信公众号等方式了解信息，产品广告一经发出就不能立即修改，不能实时互动。直播可以摆脱这种困境，在直播过程中，可以根据受众的喜好和建议做出实时的反馈，使广告效应最大化。

（2）获取精准用户

通过设定直播话题让用户集中在某一特定的时间，锁定忠实用户，使广告有特定的价值，减少无效流量投入。

（3）实时产生转化

直播不仅能够看到用户的覆盖面积和粉丝的增长等数据，同时还可以实现用户边看边买，或配合促销活动导流至相应的电商平台购买，从而直接从关注实现转化，即实现产品的直接销售。

（4）网络运营成本低

过去举办一场产品发布会，可能需要其他城市区域人员的配合，沟通协调成本高，而在淘宝直播平台，只要做好宣传推广，不管用户在哪里，都可以在线参与，产生实时互动。

总体来说，直播营销的互动性、实时性、真实性让用户在接收品牌的营销信息时，也能感受到一种平等和尊重，而不是被粗暴地强制观看。同时，通过直播营销，可以使品牌意识深入到受众心中，从而达到更好的销售目标。

3. 淘宝直播入口

打开手机淘宝主页，通过首页下滑，在"潮流酷玩"下方、"生活研究所"上方就可以找到"淘宝直播"，如图 8-30 所示。

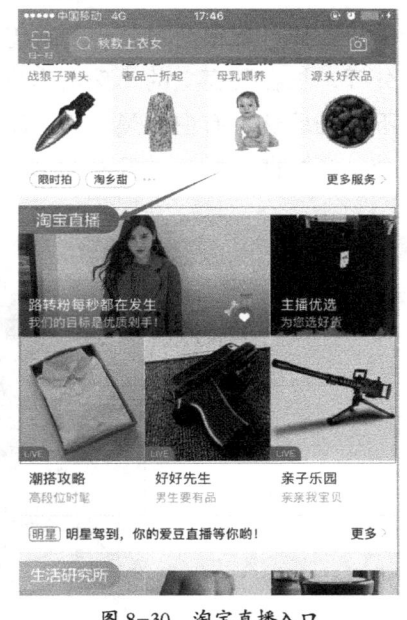

图 8-30　淘宝直播入口

8.4.2　淘宝直播应用

开通淘宝直播时要求有一定的粉丝基数，小李公司目前的状况暂时未达到开通要求，因此小李决定通过学习成功的淘宝直播案例来了解淘宝直播。

［直播案例］

直播开蚌半年卖出 3000 万元，粉丝暴涨至 25 万人。珍珠哥是绍兴一位珍珠产品卖家，绍兴历来是中国的珍珠之乡，每年 10 月至次年 3 月是当地开蚌取珠的时节。开通淘宝直播后，他上线了一款商品——58元的珍珠蚌，消费者下单后获得一个号码，珍珠哥依据号码对"开蚌取珠"过程进行直播，如图8-31所示。

图8-31 "珍珠哥"淘宝直播

开蚌过程很简单，小刀在巴掌大的河蚌中间划两刀，用力一掰，河蚌的两片硬壳自然分开，长在硬壳上的珍珠清晰可见，轻轻一剥就能取下来，每只河蚌大概能产数十颗大小不一的珍珠，有白、黑、紫、淡金等颜色，开蚌过程耗时1分钟左右，节奏紧凑而充满悬念。开蚌直播画面如图8-32所示。

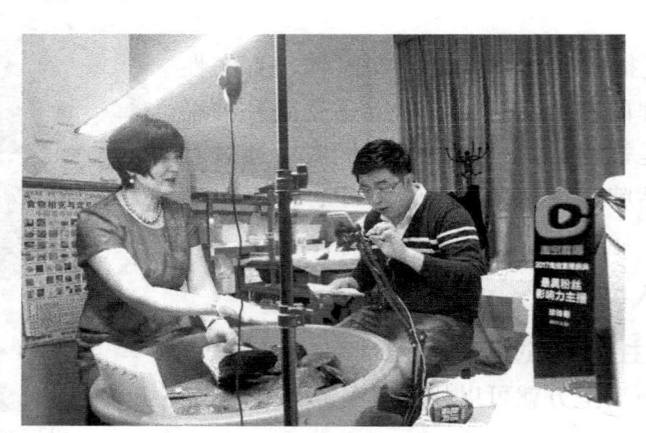

图8-32 开蚌直播画面

小李通过对"珍珠哥"案例进行分析发现其成功可归结为四个因素：

①场景化体验。单纯淘宝上买珍珠是没办法体验到整个过程的，直播开蚌其实是把线下的体验搬到了线上。这种直播方式比较适合农产品，比如取蜂蜜、取燕窝等。

②未知性提升参与感和互动。58元开一次，这就跟玉石里的赌石一样，这种未知会给粉丝制造惊喜，而刺激、有趣的事情才会吸引人。互联网上，普通的场景化体验并不能打动人，找到适合自己"一招鲜"的事物很关键。

③产品是冷冰冰的,直播产生了内容,制造了小IP。淘宝搜索产生的顾客,很难产生较强的忠诚度;直播产生了内容,通过内容吸引来的粉丝忠诚度一般都比较高,就电商而论,内容营销是获取流量的趋势。

④差异化,与众不同。别人在卖珍珠,那我就直播开蚌,直播开蚌吸引了很多人参与,也聚集了很多人气。内容营销,最重要的就是差异化。

通过对"珍珠哥"成功的分析,结合自身的运营经验,小李认为淘宝直播营销的核心还是在于内容营销,好的内容才能激起粉丝的购买欲望,才能增强粉丝的黏性,因此他总结了几点制作淘宝直播内容的技巧。

①抓住店铺的优势。充分了解自己店铺的特性,抓住商品的优点和店铺的优势组织直播内容。

②生活方式推荐。淘宝直播就是要走优质内容路线,作为淘宝主播,可以将商品融入生活,通过生活方式推荐。

③社群价值捆绑。淘宝直播的运营不仅限于在直播平台,还可以将粉丝引流到社群,让粉丝和我们的社群价值进行捆绑。

④增强互动技巧,善于和用户进行互动。引发用户点赞、评论、关注,能吸引用户长时间观看。

⑤多渠道推广自己。充分利用社交媒体推广自己,经过更多的渠道展现,让更多的人看到直播内容,例如开微博、微信、贴吧以及各大论坛推送直播地址的二维码、链接,重视淘宝达人账号抽奖,淘宝直播抽奖活动能够迅速吸粉。

⑥重视直播后的维护,直播后的互动,最大化用户存留,实现再次或多次营销。每次直播后,让直播中好玩风趣的内容和产品在微淘、社区里进行二次沉积,让粉丝们再来重视微淘并进行"盖楼"。

8.4.3 淘宝直播开通规则及合作方式

小李在了解了淘宝直播应用后,认为虽然以公司目前的状况无法开通淘宝直播权限,但需要先了解淘宝直播开通的规则与步骤,为将来开通淘宝直播做好基础准备工作。

1. 淘宝直播开通规则

开通直播步骤:先入驻淘宝达人,搜索到"达人召集令"后单击进入即可,只要开了店铺,基本上直接就能通过。然后发布帖子,寻店铺粉丝,当发布内容超过5条,粉丝数量超过100,内容质量分超过20分以后,即可申请成为大V达人,这样才算是真正的开始。成为大V后,发布一条视频内容,可以是介绍自己的视频,也可以是其他内容的视频,但是必须要符合视频内容规范。发布完视频后,在淘宝达人后台"达人成长"中单击"申请淘宝直播权限"就可以了,审核时间一般为7个工作日,遇到法定节假日顺延,同时无论是否通过权限审核,都能够在申请处看到通知。

根据官方公布的直播招募信息，淘宝商家需要满足以下条件才能开通直播功能：

①有 4 万以上店铺粉丝；

②上传 3～5 个微淘视频广播，提交开通直播报名审核，每月 1 日至 5 日进行开通；

③提交前需确认提交的行业或者特色市场，若不满足或者错填，不予开通直播功能；

④利用"掌柜播"页面进行直播时，商家需严格遵守《淘宝微淘平台管理规范》；

⑤开通后，每月至少进行 1 次 30 分钟以上的直播。

直播的玩法主要包括商品卡片特效、边看边买、发优惠券、发红包、直播间抢购、团购、导购信息穿透等。

2. 淘宝达人合作方式

由于淘宝直播的要求门槛较高，且受到财力、物力、人力的限制，部分中小卖家无法开展淘宝直播营销活动，因此小李决定根据自身需要寻找一些淘宝达人进行合作，开展淘宝直播营销。以下是小李搜集的寻找淘宝达人的方式。

①用手机在淘宝直播各行业频道里寻找一些推荐相关产品的账号，直接单击账号头像就可以建立联系。

②通过阿里 V 任务平台（da.taobao.com）寻找达人推广。直播达人招募帖如图 8-33 所示。

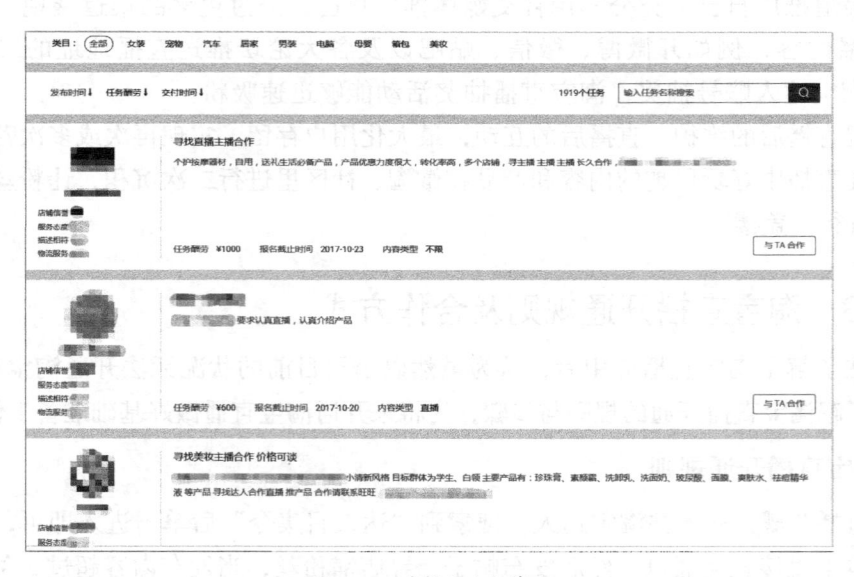

图 8-33　直播达人招募贴

③通过搜索淘宝直播达人 QQ 群（见图 8-34）寻找达人合作。

图 8-34　淘宝直播达人 QQ 群

④通过淘宝联盟寻找达人合作。

在寻找达人合作时应注意：

①自身的商品要过硬。如果你的商品符合达人推广的特性，且店铺 DSR 也满足条件，那么淘宝达人可能自己就会上门招商。

②不看粉丝数只看活跃度。淘宝达人毕竟还属于新鲜事物，行业规则不那么明晰，很可能存在粉丝数全靠刷的"空壳达人"，商家们需要警惕。官方不允许任何达人向商家私下收取任何费用，达人推广只收取既定佣金。

③淘宝达人都是有专属属性的，选择属性相符的达人很重要。例如，女装卖家就寻找搭配师合作，母婴卖家就寻找母婴达人合作，食谱生鲜卖家就寻找美食达人合作，不要去跨类目寻找达人，那样只会浪费时间。

单元拓展

1. 淘宝达人

（1）淘宝达人的概念

淘宝达人是淘宝网上对相关领域有专业认识、乐于购物、乐于分享的一群人，他们可以帮助客户选择更优质的产品。

（2）新版淘宝达人的升级内容

新版淘宝达人的升级内容主要包括以下几个方面：

①对达人的专业度、内容质量和平台数据表现进行数据评估后，可将达人分为普通达

人、创作达人、大咖和红人四个等级,并根据其能力、发展方向和数据表现给予不同的权益工具和资源。

②增加订阅号功能,通过账号可将内容推送给粉丝,形成订阅粉丝的回访通路;同时增加粉丝画像,实现粉丝属性的可视化。

③允许达人申请对外开放的频道,获得后根据需求配置不同的发布工具。

④强化内容数据和粉丝数据分析,包含内容在各渠道的表现及成交情况。

2. 短视频营销策略

(1) 病毒营销策略

短视频营销的最大优势在于传播精准。受众首先必须对视频产生兴趣、关注视频,才能由关注者变为传播分享者,而被传播对象势必是有着和其一样的特征、兴趣的人,这一系列过程就是对目标消费者精准筛选并传播视频的过程。受众看到一些经典的、有趣的、轻松的视频总是愿意主动去传播,通过受众主动自发地传播带有企业品牌信息的视频,可以让企业的信息像病毒一样在互联网上扩散。病毒营销的关键在于制作质量好的、有价值的视频内容,然后寻找到一些易感人群或者意见领袖帮助传播。

(2) 事件营销

事件营销一直是线下活动的热点,国内很多品牌都依靠事件营销取得了成功。其实,策划有影响力的事件,编制一个有意思的故事,将其拍摄成视频,也是一种非常好的营销方式。而且,有事件内容的视频更容易被传播。

(3) 整合传播策略

每一位用户与媒介和互联网接触的行为习惯不同,所以单一的视频传播很难有好的效果。因此,视频营销首先需要在公司的网站或者店铺上开辟专区,吸引目标客户的关注;其次,也应该跟主流的门户、视频网站、短视频App合作,提升视频的影响力。

同步实训

本次实训步骤为:实训概述→实训素材→实训目标→实训任务→实训考评。

一、实训概述

本单元实训为手机淘宝营销实训,学生通过本单元的学习与训练,能够掌握微淘前期规划的基础知识和技能运用,学会微淘广播的策划、制作、发布与维护,利用微淘吸引、沉淀店铺的粉丝,从而能够独立运用手机淘宝进行营销;学会对微淘的数据进行分析,制定微淘的优化方案。

二、实训素材

移动互联网、智能手机、计算机。

三、实训目标

1. 掌握微淘前期规划和营销策划；
2. 掌握手机淘宝营销的基本方式；
3. 整合手淘营销数据。

四、实训任务

学生分组并选出各组组长，以小组为单位进行实训操作。在本实训单元中，教师指导帮助学生完成实训内容。

任务一　微淘的前期规划

自我定位是微淘运营中非常重要的一个环节，自我定位具体分为了店铺定位、人群定位、内容定位三个部分。

在本次任务中，学生将在老师的带领和指导下，在成都国际商贸城中选择合适的目标店铺，完成微淘前期规划的自我定位、内容策划，最终将遇到的问题和最终形成的结果进行总结。微淘内容策划见表8-1。

表8-1　微淘内容策划

微淘内容策划	说明
根据店铺定位选择内容类型	
微淘内容策划方案	

任务二　手淘各类营销方式的应用

1. 淘宝头条的应用

在开设的实训网店中，按照淘宝头条的准入规则和申请流程进行申请注册，以此来开展淘宝头条的营销应用。

2. 短视频营销

在开展短视频营销之前，需先进行营销内容的策划，再利用短视频录制软件进行短视频营销内容的制作。

3. 淘宝直播营销

按照淘宝直播开通规则开通淘宝直播，进行直播营销。

注：营销操作流程需截图保存，作为实训部分考评内容。

任务三　整合手淘营销数据

通过手机淘宝后台的数据统计监控微淘、淘宝头条、短视频、直播的营销数据，并分析数据的变化趋势，从而进一步优化营销方案。营销数据作为实训成果考评内容之一。

在营销实训期间，老师可根据手淘店铺的关注度和店铺运营情况等数据进行考评。考评标准等详见表8-2。

表8-2　考评表（一）

类别	数值 （百分比）	考评标准 （百分比0%～60%为C级、61%～80%为B级、81%～100%为A级）		
		A	B	C
微淘点赞量				
头条浏览量				
短视频播放率				
直播在线粉丝数				
店铺关注度				
店铺交易额				

注：通过数据分析，让老师直观地看到本单元实训结果，可检测学生实训成果。

五、实训考评

1. 老师可根据学生本单元实训的完成情况进行教学考评，详见考评表8-3。

注：平时考勤、收集作业等考评可在"云班课"App上进行。

表8-3　考评表（二）

评价项目	评价内容	评价标准	评价方式
实训操作	任务一：微淘的前期规划	是否顺利完成微淘店铺的前期规划	根据实际操作熟练度、手淘营销实施完成的最终成效进行综合考评
	任务二：手淘各类营销方式的应用	是否熟练应用不同的手淘营销方式	
	任务三：整合手淘营销数据	营销数据整合是否完整、准确	
职业素养	1. 责任意识（4分） 2. 学习态度（3分） 3. 团结合作（3分）	结合实训周考勤，综合考评	综合考评
总分			
综合得分	教师根据学生的日常考勤、理论学习和实训表现进行综合考评打分。 注：总分=平时考勤（占20%）+理论考评（占40%）+实训考评（占40%）		

2. 教师根据各组实训进程、实训记录及成果展示进行综合评价。

（1）针对各组的优点进行点评，针对缺点提出改进方法；

（2）针对整个实训过程中团队协作的亮点和不足进行点评。

单元九

微博营销

学习目标

知识目标
▶ 1. 理解微博营销的概念；
▶ 2. 了解微博营销的价值；
▶ 3. 了解微博营销相关营销工具；
▶ 4. 了解微博营销的策划流程及方法。

技能目标
▶ 1. 掌握微博营销策划流程；
▶ 2. 能够通过数据分析微博营销的效果。

本单元包含了两个学习小节，具体为：
9.1 微博营销基础认知
9.2 微博营销实施

学习引导

随着智能手机的不断迭代和移动互联网的飞速发展，移动网民数量激增，手机、平板电脑等移动端网民数量的增长带来了社交网络的火热，微博作为众多社交网络中的一员，以其便捷性和广泛度赢得了众多用户。微博注册使用人数的不断扩增，使得微博生态圈在某种程度上可以反映现实的社会场景，还可以通过微博的实时数据对用户行为进行预测，

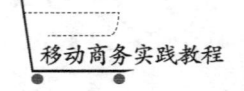

这也让商家利用微博进行营销活动成为可能。

学习规划

小王是某农业公司电商部成员，随着微博的火热发展，公司决定针对微博开展营销活动并指派小王负责公司的微博营销。

如何通过微博进行营销是小王目前需要考虑的事情，小王了解到微博营销绝不是简简单单发个微博那么简单，于是他决定从微博营销的基础认知以及微博营销的实施两部分入手，详细了解微博营销的相关知识。

相关知识

9.1 微博营销基础认知

要开展微博营销，首先要对微博营销有一个基本的认知，小王决定从什么是微博、微博营销的概念、微博营销的价值以及微博的注册与认证流程四个方面对微博营销相关知识展开学习。

9.1.1 微博营销概述

1. 微博及常见微博平台

微博，即微型博客（MicroBlog）的简称，也是博客的一种，是一种通过关注机制分享简短实时信息的广播式的社交网络平台。微博具有书写快、传播快、即时交流等特点，给人们带来一种全新的生活体验，越来越多的人通过微博获取信息、与人交流。微博是一个基于用户关系进行信息分享、传播以及获取的平台。

常见的微博平台包括国外的 Twitter，在国内没有特别说明，微博一般指新浪微博，如图 9-1 所示。

图 9-1 常见微博平台

2. 微博营销认知

微博营销（Microblog Marketing）是指通过微博平台为商家、个人创造价值而开展的一种营销方式，也是指商家或个人通过微博平台发现并满足用户的各类需求的商业行为方式。

微博营销的本质是社交化媒体（SNS）营销，兴起于美国，在美国的代表平台是 Twitter，在中国的代表平台是新浪微博。微博营销注重价值的传递、内容的互动、系统的布局、准确的定位，微博的火热发展也使得其营销效果尤为显著。微博营销涉及的范围包括认证、有效粉丝、朋友、话题、名博、开放平台、整体运营等。

3. 微博营销的价值

企业进行营销的核心诉求是汇聚人气、培育潜在的和忠诚的消费者以及刺激销量，在营销过程中构筑品牌形象。微博具备媒体性、扩散性和社会性三大属性。企业可利用微博的媒体性和扩散性为媒体端的各类营销活动导流、造势，从而汇聚人气；利用微博的媒体性和社会性全方位展示品牌气质、产品优势，并且通过和粉丝深度互动，从而培育潜在的和忠诚的消费者；通过微博的扩散性、社会性、与阿里巴巴的战略合作，实现品牌、产品口碑的广泛传播，并且向消费者提供快捷的购买通道，从而刺激销量。可以理解为，微博营销是企业营销的"发动机"。

（1）深入了解目标消费者

在微博平台上，用户可以自由地参与信息的传播，微博上记录了他们的爱好、需求、愿望等具有商业价值的信息，企业可以通过微博互动来获取更多的消费者反馈信息，更有效地了解消费者行为，从而为制定企业的产品策略和营销策略提供有价值的信息。

（2）节约营销成本

企业通过微博发布各种信息都是免费的，通过策划用户感兴趣的网络话题，吸引大量的用户参与互动交流。企业可以通过微博平台将新产品、促销等信息传递给消费者，同时也可以倾听他们的声音，拉近与消费者之间的距离。企业可以降低信息传播以及维系客户关系的成本，同时实现理想的营销传播效果。

（3）提高客户满意度

微博使企业更贴近客户，与客户之间建立起更紧密、更直接的关系。企业可以通过微博倾听消费者最真实的意见和想法，及时地调整相关策略，提高客户满意度。微博是企业与客户"面对面"沟通的最佳方式，这种沟通方式更加柔性，更能调动消费者的积极性，它通过微博潜移默化地传播了自己的企业文化和品牌理念，通过软性的话题植入，让用户在发表了个人观点后，不知不觉地加深了对企业品牌的认知。

（4）应对危机公关

当微博成为企业发布信息的官方平台后，其快速、开放、透明的沟通方式也为企业预防和处理危机提供了一种新工具。在日常与用户的交流中，企业可以通过微博进行监控，及早发现危机的苗头，主动采取措施将危机扼杀在摇篮中。当危机事件发生后，企业可以通过微博了解公众对危机事件的态度，从而迅速采取适当的处理措施，针对其中的误解和问题进行主动、透明、公开的回应，控制事态扩大。

4. 微博申请、设置与认证

（1）微博申请

步骤一：通过互联网搜索微博或者直接输入新浪微博官网（www.weibo.com，其主页见

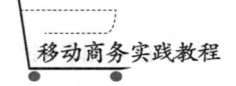

图9-2）进行访问。

图9-2 微博主页

步骤二：单击右上角"注册"按钮，或者单击登录框下方的"立即注册"按钮（见图9-3）进入注册页面，可以使用手机号或者邮箱注册新浪微博。

图9-3 微博注册页面

步骤三：按照系统提示要求，用注册时使用的手机号发送短信认证即可。短信认证页面如图9-4所示。

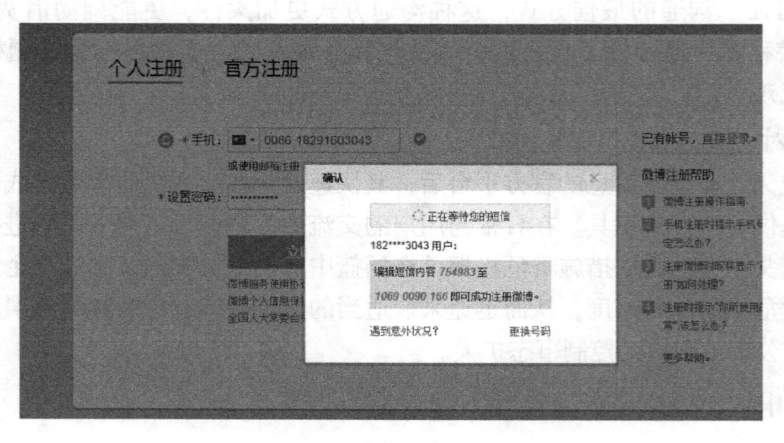

图9-4 短信认证页面

（2）微博设置

微博注册好之后会跳转至设置页面（见图9-5），在设置页面可对个人信息、隐私、偏好等进行设置。

在微博设置中需要强调的是微博名称（昵称）、个性域名和个人标签的设置，对于企业微博来说，在填写昵称时可以注明企业名称或者需要推广的产品品牌，这样在最大程度上增加了品牌的传播和产品的推广。个性域名可以选择品牌名称的全拼，这样操作一方面从用户角度考虑，可以让来访者一目了然地看到品牌名称；另一方面，从搜索引擎角度考虑，对搜索引擎友好，搜索品牌关键字靠前。设置个人标签时，可以选择描述自己的职业、兴趣爱好等方面的词语，如音乐、互联网、电子商务等，在贴上标签的同时，微博会为企业推荐贴同样标签的用户，以此增加个人的社交圈。企业标签在设置上最好靠近品牌产品或者展示企业的服务项目和产品属性，这样不仅提升了品牌影响力，而且能推动网友的关注度。

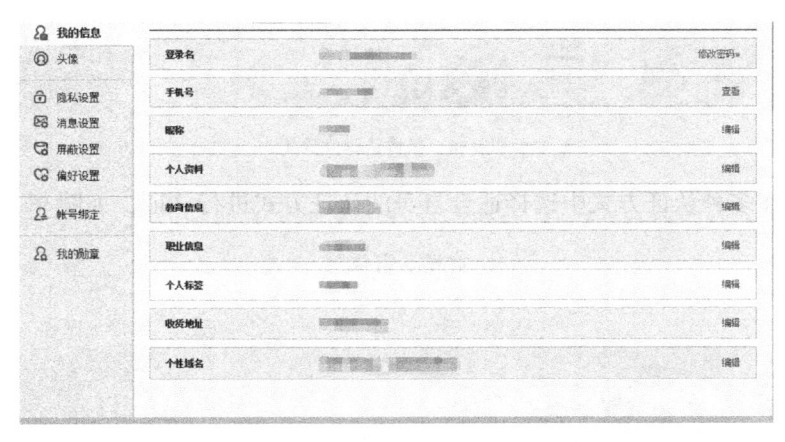

图9-5　微博设置页面

（3）微博认证

通过新浪微博认证可以带来以下好处：

①新浪微博个人加V认证，说明此微博的资料是真实的，这样在微博发起的话题会更容易被人相信，诚信度相对比普通用户高。

②认证后，新浪微博展示和普通用户的模板也不一样，并且还能设置一些个性化模式，在内容发布和展示上也占据优势，更容易获得大量粉丝。

③认证的用户还可以申请入驻新浪微博的名人堂，这是没有认证的用户不能比及的，而一旦通过名人堂的申请，那么在微博上的影响力会迅速提升，会得到更多展示的机会，同时也会吸引更多的粉丝关注。

④认证用户可以享受微博会员、粉丝头条专属折扣和搜索优先推荐等特殊服务。

微博认证主要分为个人认证与官方认证两种，其中个人认证包括兴趣认证（垂直领域知名博主认证)、自媒体认证(优质内容作者)、身份认证(个人认证)。官方认证包括企业认证、政府认证、媒体认证、机构认证、校园认证、公益认证等。

申请认证步骤:第一步,登录微博,单击首页右上角处的"齿轮"按钮,在下拉菜单中选中"V认证",如图9-6所示。

图9-6 微博认证步骤1

第二步,在多种认证方式中选择适合自身的认证方式进行认证,如图9-7所示。

图9-7 微博认证步骤2

第三步，按照所选认证类型要求完成认证。如个人认证需满足设置清晰头像、绑定手机、微博关注数大于等于 50 个、粉丝数大于等于 50 个、互相关注的好友中橙 V 数大于等于 2 个，如图 9-8 所示；企业认证需准备营业执照副本原件的拍照或扫描件，以及加盖企业彩色印章的认证公函，之后提交认证材料、等待审核即可，如图 9-9 所示。

图 9-8　身份认证要求

图 9-9　企业认证

9.1.2　微博营销常用理论

1. 微博营销中 4C 理论的应用

4C 即指消费者（Consumer）、成本（Cost）、便利（Convenience）、沟通（Communication）四个方面。在微博营销中 4C 理论的应用如下。

（1）以消费者为导向，让粉丝成为忠实的顾客

4C 理论首先强调要满足消费者的需求，只有深刻领会消费者的真正需求和欲望，才能获得成功。对于一个企业而言，首先要确定的是自己的消费者在哪里，哪些群体是自己的消费者，这样才能知道其需求。所以，微博营销为企业如何赢得消费者提供了一个途径，当企业开通了官方微博后，消费过的老顾客自然就会关注这个企业，从而成为它的粉丝；

而对于潜在的消费者，企业可以通过在微博上发布有诱惑的内容去引起注意，进而获得更多的粉丝；最后企业将产品信息发布在微博上，并与粉丝进行探讨，征求大家的意见，这样就有利于新产品的开发和推出。

（2）降低产品宣传成本，让消费者真正受益

4C理论中提到的消费者成本，是指消费者愿望在获得满足时愿意支付的费用。如何让消费者获得一个满意的成本，微博营销可以帮助企业实现。微博营销大大降低了网络营销的成本。企业只需要开通一个微博就可以在网上进行营销推广。相比较传统的媒体，微博营销只需要创新的广告主题就能达到宣传的目的，这样不仅降低了广告成本，也间接地降低了产品的成本，进而消费者能够以比较满意的价格获得产品。企业可以在微博上进行有奖调查，不仅能吸引新的消费者，而且可以就调查的问题与访问者做直接的交流，提高调查的效果，还降低了调查研究费用。这些途径可以有效降低企业的宣传成本，进而让消费者真正受益。

（3）建立微博话题，与消费者互动，拉近与消费者的距离

微博搭建了一座企业与消费者之间沟通的桥梁，当企业人员愿意与消费者进行直接沟通时，不仅能让消费者更直接地了解产品及企业文化，还能吸引更多的粉丝关注，进而关注产品。微博话题能够吸引粉丝的关注和讨论，在话题讨论的过程中推出有奖互动环节就更能吸引粉丝的关注，并有助于让粉丝变成消费者。

总之，企业利用微博进行营销要结合微博的多样性、即时性、便捷性、广泛性的特点，在微博营销的过程中要站在消费者的角度设计营销方案，以获得消费者的认可和关注为出发点，以消费者能接受的价格去设计开发产品，在微博营销的过程中多多与消费者展开互动，获得最直接的信息以帮助企业赢得长期忠实顾客，巩固其市场地位。

2. 微博营销PRAC法则

微博这一平台已经成为企业、个人及自媒体猎取品牌形象与产品销售的重要通道。经过不断的摸索和实践，业界提出了微博营销理论——PRAC法则。PRAC法则涵盖了微博运营体系中的四个核心板块，分别是Platform（平台管理）、Relationship（关系管理）、Action（行为管理）和Crisis（风险管理）。

（1）Platform（平台管理）

平台管理的核心问题是应针对多样化的用户需求，采用多身份、多域名的微博以分担不同的功能。PRAC法则倡导"2+N微博矩阵模式"，即以品牌微博、客户微博为主平台，补充添加员工微博、粉丝团微博、产品微博及活动微博等。

开展微博营销要有其明确的定位，清楚各个微博的功能，其主要类型有微媒体、微传播、微服务、微营销等。微媒体，即是企业的官方微博，以企业或品牌的名称注册，发布企业或品牌的官方信息。官方微博上的消息发布较为正式，主要是对外第一时间播报企业动态，成为一个低成本的企业官方媒体平台。微传播，是以企业高层的个人名义注册的微博账号，利用企业高层的个人知名度和社会影响力进行企业品牌宣传。微传播上需要有个

性化的言论和敏锐的思维以吸引潜在的消费者和品牌的拥护者。微服务，即企业注册一个客服微博，专门派员工与企业的客户进行实时沟通，需着重关注客户的评论以及评论态度的变化等。微营销，专门用于企业产品市场推广的微博，可用于企业发布商品优惠信息、新产品广告，或与微博运营商合作开展的营销活动等。这些不同的微博账号既各有侧重，又紧密联系，最终形成统一的营销力量。

（2）Relationship（关系管理）

所谓关系管理，即需要秉承坦率沟通的原则，整合意见领袖、媒体记者、编辑和媒体本身的多种力量，建立好企业微博与媒体微博、意见领袖微博及粉丝团的紧密且直接的互动关系。

微博不是一个索取的工具，而是一个给予的平台。只有那些能对用户创造价值的微博才有价值，微博对目标群体越有价值，微博主对其的掌控力也就越强。微博要给用户感觉像一个人，有感情、有思考、有回应、有自己的特点与个性，切忌成为一个官方发布消息的窗口的冰冷模式，只有这样才能赢取用户信任。另外，关系的开展需要互动，互动是使微博关系持续发展的关键。微博主应主动出击，如关注、转发和评论媒体圈、意见领袖和粉丝团的微博，在目标用户集中的微群积极互动等，与之展开双向交流。这些都会帮助微博主唤起媒体圈、意见领袖以及粉丝团的情感认同，提高彼此的互动，在此基础上建立起来的关系也会更加持久和坚固。

（3）Action（行为管理）

在行为管理上，需要采用引起注意、品牌推介、产品销售和活动推广等营销方式，分阶段进行营销传播。从受众的利益、兴趣、互动、个性等方面来考虑各种信息，使微博处于活跃状态。首先，微博应重视内部的宣传，这样可以在短时间内增加企业微博的粉丝量进而在微博平台的首页曝光，从而吸引更多的用户订阅跟随；其次，可以选择一些门户类网站或百度推广等平台发布企业微博的广告，增加普通网民的关注度；再次，可以在微博上开展抢沙发、有奖问答、原创征文以及关注有奖等营销活动，利用微博平台中私信、微博秀、签名档、微直播等重要实用工具进行宣传推广，目的是以最低的成本达到最大的关注度和影响面。

（4）Crisis（风险管理）

风险管理由 Social CRM 监测管理系统和 Call Center 微博在线客服中心组成。

微博信息的传播具有裂变式、爆炸式的效果，针对这一信息传播可控性管理的难题，如果是企业微博，应组织团队在微博平台上搜索自己的企业微博、企业部门微博、企业员工微博等。目的是了解跟随者的负面感受，弱化负面信息流对产品和网络新闻给企业带来的反向冲击，克服微博营销中负面信息的病毒式传播，及时为消费者解释负面消息的原因，将对企业的负面影响降到最低。建立企业在线客服中心是解决问题的关键，企业可安排专业人员担任监管，对负面情绪进行积极良性的引导，有助于危机的化解。

9.2 微博营销实施

小王在对微博营销的基础知识有了一定了解后，决定开始进行微博营销，通过观察微博成功案例以及结合自身电商知识，他将微博营销实施步骤分解为前期分析、内容规划、活动策划与效果监控四个部分。

9.2.1 微博营销实施步骤

在进行任何营销活动的时候，前期分析都是必不可少的一个重要环节，通过前期分析可以了解平台环境、目标用户需求、竞争对手信息和自身优势，更好地完成营销实施，达到预期的目标。所以，小王将微博营销前期策划分为平台分析、目标用户分析、竞争对手分析和自身分析四个部分。

1. 前期分析

1）平台分析

以新浪微博企业版为例，相比于新浪微博个人版，新浪微博企业版提供了更丰富的个性化页面展示功能、更精准的数据分析服务，以及更高效的沟通管理后台、特有的蓝色"V"字认证，更能使粉丝和消费者产生信赖。在微博中企业能够更便捷地与目标用户进行互动沟通，提升营销效果转化，挖掘更多商业机会。并且微博也在不断推出新的功能，如微直播、微访谈、大屏幕等，对这些功能的了解，必然有助于发现对企业有价值的机遇和营销方式。同时，量化公开的业界报告对于给公司提供重要数据和信息也非常有效。

2）目标用户分析

对目标用户在微博上的心理及行为特点进行全面分析，了解其喜好，从而投其所好，满足其需求，实现精准营销传播。通过微博用户发微博、评论和转发，按周和24小时的具体时间分布，有助于了解企业应该在什么时间发布微博或与用户进行互动。建立用户的兴趣图谱可以帮助微博营销快速识别目标用户并开展适当的宣传活动，所谓兴趣图谱就是粉丝的性别、年龄、地域和主要关注对象等一系列信息的集合。建立用户兴趣图谱最简单的方式就是对具有同样目标客户群的企业微博粉丝进行分析。

3）竞争对手分析

了解竞争对手的微博运营情况也是非常重要的，可以按照行业情况，竞争对手的粉丝数、关注数、微博总数、首次发博时间、话题分布等基本指标进行考察，也可以据此制定活动相关指标的度量。

4）自身分析

如果企业自身已经拥有官方微博，那么对企业自身的微博现状进行分析必然是一个重要环节。比如，通过本企业最近1个月内发布微博的24小时分布情况，和目标用户24小时的转发和评论情况做一个对比，就可以判断出企业的发布微博时间是否合理，是否是在用户最活跃的时间段发布微博等。

小王通过平台分析更好地了解了新浪微博目前的发展状况以及新的功能，通过目标用户分析了解了公司的目标用户的性别、年龄、地域的分布结构，为即将进行的内容规划提供了数据支持。

进行完前期的分析工作，接下来应该做的就是微博营销的内容规划。微博本身不是一个索取的平台，而是一个给予的平台。只有让用户感受到微博内容的价值，才能更好地进行后续的营销工作。小王将微博营销的内容规划分为微博定位与内容分类两个部分。

2. 内容规划

1）微博定位

（1）内容定位

要实现微博的长远商业价值，一个独立领域定位的微博肯定比一个大杂烩的微博走得更远，更易实现商业价值，而且在推广的时候更容易抓住核心的粉丝用户。例如，"日食记"微博是定位于美食领域的、"小米手机"微博是定位于手机领域的、"回忆专用小马甲"微博是定位于宠物领域的。小王认为在进行微博定位时应该结合自身产品属性，定位于合适的领域进行微博营销。小王所在公司属于农产品行业，因此他将微博营销定位于美食与农产品领域。

（2）特性定位

特性定位就是运营者通过微博内容传递给用户的一种看法或者一种感觉，如"故宫淘宝"官方微博的特性就是卖萌，"人民日报"官方微博的特性就比较正规严肃。特性并不显现化，常常匿形于微博内容中，但特性对受众的影响是非常大的，特性是微博人格化的一种外在表现，确定好微博的特性有助于用户形成记忆点，也便于微博的推广互动。

2）内容分类

一个优秀的内容策略对微博活动的成功具有显著推动效果，其中有两点非常重要：内容主题和内容来源。

根据企业微博运营的目的，进行品牌推广、产品介绍、增加粉丝、增加行业影响力、活跃粉丝等一系列的内容规划。

品牌推广类：将品牌故事、企业活动、企业新闻、经营理念以及其他形式的品牌语调用以宣传公司品牌，树立形象。

产品介绍类：包括产品归类、产品盘点、产品功能、产品上线等一切以产品为中心的内容，以及引导和教育市场的内容，还有店面环境、顾客反馈、良好体验等以宣传产品为主的内容。

行业类：对行业规则、行业法律或者行业重大事件等信息的及时更新，有助于扩大微博账号在本行业内的影响力。

活动类：微博话题、转发有奖等与产品、增粉、活跃粉有关的内容。这一类一般都是规定话题规则、转发规则，用奖品刺激用户参与，不断产生内容，增加互动量，进而提高活动的影响，达到目的。

内容来源则主要包括三大类型：原创、转发、互动（与网友评论交流等）。发布时间取决于业务需要，可以制定年度、季度、月度、一周内容日程，并根据上文提到的内容主题提前准备好相关内容，从而指导日常的内容发布和更新。准备并保持一个发布时间规划（类似于媒体刊登计划），并且提前准备好相关内容用于指导每日发布与更新。规划好每个类别栏目的比例，发送的时间、内容展现的形式，内容的来源和维护更新方式。

根据公司资源限制，小王决定将微博内容确定为产品介绍类和活动互动类，并以此规划微博内容。如图 9-10 所示是小王根据微博定位与内容规划所发出的一条微博。

图 9-10 微博内容

3. 活动策划

微博活动是个人或者企业在微博营销中非常重要的一种手段和方法，主要是通过现金、虚拟货币或者实物的奖励来吸引用户参与活动，从而达到账号推广、增加粉丝、同时引导消费的目的。目前微博上可以发起的活动包括有奖转发、有奖征集、幸运转盘、限时抢、预约报名、免费试用、预约抢购七种活动，只有经过认证的用户才可发起活动，其中个人认证用户（橙V）可以发起有奖转发、幸运转盘和限时抢三种活动，官方认证用户（蓝V）则可以发起所有活动。

经过一段时间的努力学习，小王对微博内容建设有了深入的理解，但是他经营了一段时间公司微博之后，效果甚微。他发现微博上有一些企业在做微博活动，参与的人数达到了上万人次，小王于是也想尝试策划一场微博活动，想通过转发抽奖的活动来进行账号的初步推广和吸引粉丝。

登录微博，单击"管理中心"，如图9-11所示在左侧的栏目里面有"营销推广"一栏，单击"抽奖中心"即可进入"转发抽奖"设置页面。

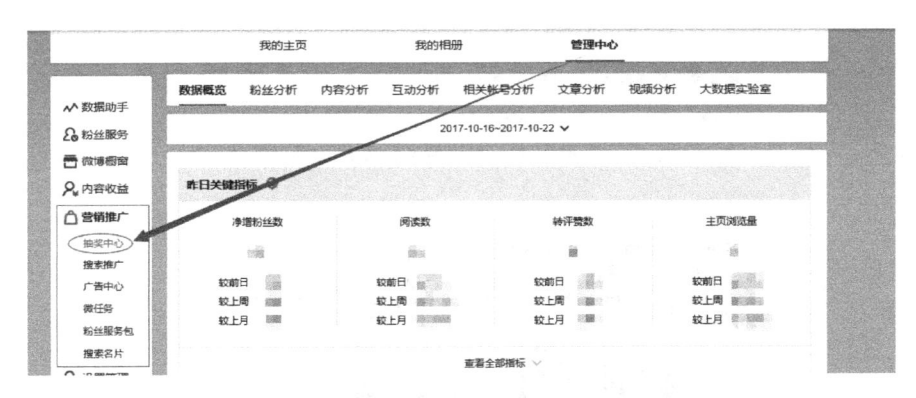

图9-11 微博转发抽奖1

在"转发抽奖"设置页面选择要进行活动的微博（见图9-12），设置好奖品名称、奖品类型与中奖人数（见图9-13），在设置好中奖的基本规则后即可开始转发抽奖活动。活动开始后所有满足条件的用户都可参与活动，并且活动结束后，微博官方会自动抽取获奖人员并进行公示，活动发起方联系中奖人员并发放奖品即可。微博抽奖效果图如图9-14所示。

图9-12 微博转发抽奖2

图 9-13 微博转发抽奖 3

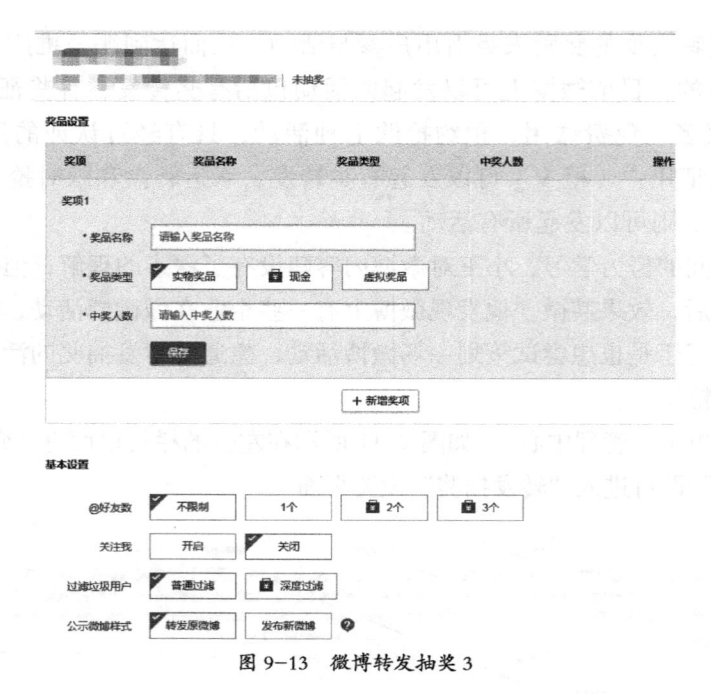

图 9-14 微博抽奖效果图

小王通过本次活动为微博账户涨了几百粉丝，并且大大增加了账户的影响力，并且小王把进行本次活动中遇到的一些问题和心得总结三点如下：

①微博活动设置时的规则应该简单明了，不宜过度复杂，过度复杂的规则会影响用户的参与度，影响活动的传播力度。

②进行活动时所发出的奖品应该与微博本身推广的产品或内容相关，相关性不强的奖品所吸引来的参与人群也与目标用户不符，容易造成浪费。

③活动期间保证活跃度，包括活动结束后的名单公布，可以私信中奖者并晒单，从而形成二次、三次传播。

4．效果监控

在采取行动的过程中，为了保证绩效的不断优化，持续地监测和控制是必不可少的。为了保证绩效的不断优化，需要工具的支持来收集必要的数据。

1）数据监测——微博的主要数据

①关注数：当前博主关注其他微博ID的总量，反映博主的主动参与度，一般在开始阶段迅速增长，之后可能不增长或负增长。

②粉丝数：当前博主被多少微博ID关注的数量，反映博主的言论影响范围和覆盖范围，对微博信息的传播有重要意义。

③微博数：当前博主在一段时间内所发布的微博的数量，反映博主的在线率和活跃程度。总微博数是指自博主开通微博以来发布的微博的总数。

④转发量：指某条微博被转发的次数总和，反映微博信息的传播力度和效率。

⑤评论数：指某条微博被评论的次数总和。

⑥总话题量：针对某一感兴趣的话题，在微博搜索栏中输入关键字后，搜索出关于该话题的结果数。

2）数据收集

企业可以通过微博管理中心收集数据。数据中心的四个模块——粉丝分析、内容分析、互动分析和行业趋势，其中粉丝分析是免费的，其他是付费的。如果数据中心功能还不能满足需求，也可以使用商业数据共析获得微博官方数据或者其他的数据功能。

3）数据分析

（1）粉丝数量和活跃度

目标粉丝的数量和活跃度是第一类指标，它比单纯的粉丝数量要有意义得多。因为目标粉丝是企业的客户，是真正会消费企业产品的人。此外，活跃的目标粉丝才是最有价值的粉丝。活跃度可以由目标粉丝的日均发微博数量、企业微博平均每条微博的转发和评论人数占总的目标粉丝人数的比例等指标组成，通常在一个时间段内进行分析，以反映目标粉丝活跃度的变化趋势。

（2）传播力

传播力是第二类指标，它反映了企业微博的内容与用户兴趣的匹配程度。用户对企业微博的转发、评论和收藏等活动都说明用户对于微博的内容有兴趣，将这些活动进行量化可以组成传播力的基本模型。另外，企业微博被非粉丝用户转发也是传播力的重要体现，它表明企业微博借助粉丝的影响力传播到了更多的用户。

（3）好感度

好感度是第三类指标，它反映了用户对于企业微博内容的情绪反应。目前，成熟的数据分析工具可以通过对用户评论的分词和语义分析，大致量化用户的情绪，比如计算"好"、"恶"类词语的比例来反映用户的态度。

（4）粉丝特质

粉丝特质分析包括该粉丝的粉丝数、关注数、发微博次数、转发次数等基本内容，这些特质只能分析得到最基本的粉丝信息。

4）优化控制

当发现企业所制作的营销内容未达到预期效果时，可从以下几点考虑并对内容做评估优化：

①内容没有和用户的状态挂钩，引不起兴趣；
②内容展现的形式平铺冰冷，无创意，无人情味；
③内容附图排版和色彩太差，无美感，无贴合感；
④活动内容发布后，没有进行渠道的传播，酒香在深巷人不知；
⑤内容发布的时间不恰当，根据粉丝群刷微博的习惯时间来发布内容。

9.2.2 微博营销常用工具

1. 皮皮时光机

皮皮时光机是皮皮精灵针对新浪微博开发的第三方微博管理应用工具，可以提供定时发布微博、定时转发新浪微博、微博互动、多人协同管理微博、个性化设置、发送记录等功能，同时还提供了强大的微博内容库资源供使用，可以通过互联网搜索"皮皮时光机"或直接登录官方网址（http：//t.pp.cc/）进行访问。

（1）设置功能

①多微博平台。可以轻松绑定新浪微博、腾讯微博、搜狐微博、网易微博四大平台微博，一个账户管理四大微博；同时，微博发布也可以实现四大平台同步发送，轻松绑定，一键同步。

②自定义来源。可以通过向新浪官方申请自定义来源的 App Key 和 App Secret，然后在皮皮时光机自定义来源上设置相关信息，即可实现微博自定义来源功能。

③个性化设置。

自定义添加水印：可以自助添加个性化水印，使用你的微博图片加上自己独特的水印标识，加强网友对你的印象。

内容重复设置：已发布的微博内容，在设定的天数内不能再次发送。

原创、转发时间重叠提醒设置：开启此功能之后，设置时间，便可在设定时间内发送微博内容重叠时给予提醒。

④多人协同功能。可以通过"添加成员"，邀请你的皮皮精灵好友进行协同管理微博；

同时，操作日志会清晰地记录下协同操作的数据统计。

（2）发送记录

微博记录：可以清晰地统计自己发送微博的数据，也提供了批量删除、批量修改相关微博的功能。

转发记录：统计转发他人微博的数据信息，同时皮皮定时器也提供了批量删除、批量修改相关微博的功能。

（3）内容库

①皮皮定时器内容库功能，提供了一个庞大的内容库资源供使用，省去网上频繁寻找微博内容的烦恼，节省时间和精力。内容库分类众多，分为了若干的版块，如焦点新闻、经典语录、幽默搞笑、亲子乐园、美食工厂、时尚女性、心理测试、职场人生、内涵漫画、移动终端、精彩视频、我的内容库等。其中，各个板块中又可以分为若干小板块，内容丰富。

②提供"定时发送""立即发送"和"多账户发送"。可以实现微博的即刻发送，按照定时需求发送和多个账户发送。

③微博配图功能，皮皮时光机提供了庞大的图片数据库资源，可以自由选择自己心仪的图片作为微博配图，也可实现自定义上传图片。

（4）定时转发

①单条转发，可以粘贴所要传播的微博地址，获取转发的内容，填写转发评语，可进行及时转发、定时转发或者多账户转发。

②可视转发，可以通过查找好友微博地址或者昵称，轻松添加微博好友为可视转发微友，添加成功后，微友将会出现在可视转发好友列表，轻松实现微博互推。

③发送记录，不管是单条转发还是可视转发，发送记录功能会记录这些数据，可以轻松了解微博转发情况。

（5）定时微博

定时微博功能主要有发布微博、批量发布、发布记录等功能。

①发布微博功能，除了提供基本的微博文字内容以外，还提供了高级功能设置，如话题、图片、视频、音乐、表情、短网址和推荐。其中，图片可以是单张、多张、链接图片上传，还支持图文模式；视频功能支持搜狐、优酷、土豆、56、爆米花、酷6等视频。

②如果需要发布多条微博，可以使用批量发布功能，多条微博设定好以后，一键定时微博发布内容，省时省力。

③发布记录，清晰地列出发布的内容。

需要说明的是发布微博上同样提供了强大的时间设置、立即发送、多账户发送和定时发送等功能。

2. 孔明社交管理

孔明社交管理平台是一款跨平台的社交媒体营销管理工具，可以帮助客户在微博和

SNS社区营销推广中提高效率，提升效果，主要包含以下功能。

（1）消息整合分类管理

信息整合，清晰明确，便于用户跨平台的多账号管理。

（2）定时发布预制内容

定时任务的管理和互动素材的提供使用户能够轻松组织自己的消息发布，实现与潜在客户互动，完成产品的推广。

（3）智能挖掘潜在客户

通过高级的搜索定制功能，凭借专业的搜索技术和有效的信息分析，针对性地提供潜在的目标价值客户，有效帮助最大化客户群。

（4）竞争对手智能分析

通过社交网络中收集到公共信息，分析后可知竞争对手的社交网络运营状态，整理和挖掘对手的网络关系，准确掌握对手的运营状态。

（5）微博运营状态监控

整理所有和用户品牌有关的信息，监控微博消息在网络中的传播状态，自动整合递交给用户，使用户了解品牌的运营效果

（6）便捷的关系管理

对社交网络中的客户关系进行多维度的分析和整理，可由用户自主筛选相应客户进行关系操作和互动，更好地把握消息的传播方向。

单元拓展

1. 微博关注策略

微博关注策略有两层含义，一层是如何吸引粉丝的关注，另一层是企业品牌微博如何通过主动地关注别人来实现自己的目标。

（1）吸引粉丝关注，做法大致可以分为以下几种。

自有媒体推广：在企业自主拥有的媒体上进行推广；

付费媒体推广：传统意义上的媒体购买和推广；

赢得免费媒体（Earned Media）报道推广：通过社交媒体转发推广，如通过高质量的内容吸引微博粉丝主动转发和关注。

制定巧妙的微博用户主动关注策略是增加粉丝数量的重要手段。

（2）作为一个企业账号和媒体账号，一般会关注以下几个方面。

①同行业的优秀企业账号（合作或竞争关系）。关注行业动态，学习微博运营经验。

②行业媒体和大众传媒。获取资讯，并尝试互动。

③微博上的热点人物和意见领袖。微博的热点往往出现在这两类账号上，做到及时互

动或者借势营销；关注大 V 们在谈什么话题，适当地进行评论、私信互动有时就会博得他们的关注。

④热心用户（常常评论、转发和提建议）和幸运用户（如第 1 万粉之类），还有经常投稿的用户，经常提意见建议的问题用户。这些用户都会帮企业产生优质有趣的内容，但也会带来投诉，投诉一定要处理得当，处理好了是口碑，处理不好就成了危机。

⑤媒体账号（记者）。媒体账号当然要关注记者和编辑，应该关注经常提供线索的爆料用户、对品牌忠实度高的热心读者。

⑥关注企业领导、骨干员工和认证员工。关注企业员工，让他们有归属感，同时监测员工的言论，防止他们犯错，与他们互动，通过私信等方式引导他们的舆论。

2. 互动策略

微博是社交媒体，更多的也是企业与粉丝互动的平台，相信没有一个粉丝会永远守着不会说话的报纸。所以，必要的互动，不仅可以提高品牌知名度，同时也是了解粉丝动向的法宝。

（1）和谁互动

要互动，首先需要找到要互动的人，即要与哪些人进行互动。微博营销的目标是扩大传播范围、增强影响力，因此互动群体可定位为名人、行业达人等在某些领域具有强影响力的一类人，他们往往拥有大量的忠实粉丝，对他们讲话也会积极转发。

（2）互动什么内容

互动内容直接影响到互动群体能否跟自己形成互动，并且对之后的传播也产生重要的影响，因此在设计互动内容时要特别注意。

可以通过以下几种方式寻找互动内容：①职业方向。例如很多有影响力的人都会在微博上进行认证，可以准确了解他们的职业背景，另外通过观察他们的微博标签和所关注的人可以大致了解他们的关注点在哪里。

②微博内容。观察他们在微博中经常发布哪些内容，也能大概了解他们的爱好和对某些事情的观点。

③相关博客或专栏。一般的名人或专家都会有自己的博客或专栏，通过阅读他们撰写的内容，可以从中看出他们的关注点和研究方向。

（3）怎么互动

确立了互动内容，就要计划互动的形式应该是怎样的。一般情况下，可以通过以下几种方式进行互动：①引用原话，并 @TA。

②转发 TA 的微博并加入自己的观点以期形成互动讨论。

③发布相关微博，并 @TA，这对内容要求比较高，需要和 TA 的核心价值观保持高度一致。

④转发他人微博，加入自己的观点，并 @TA，同样这对内容要求也比较高，并且转发的微博最好也是出自有影响力的人群。

同步实训

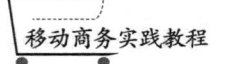

本次实训步骤为：实训概述→实训素材→实训目标→实训任务→实训考评。

一、实训概述

本单元实训为微博营销实训，学生通过本实训的学习与训练，能够掌握微博营销的基础知识与微博营销实施的步骤和方法。

二、实训素材

互联网、智能手机、计算机。

三、实训目标

1. 了解微博营销的策划流程及方法；
2. 能够通过数据分析微博营销的效果。

四、实训任务

在本次实训之前，需要学生进行分组，并选出各组组长，以小组为单位进行本次实训操作。在本实训中，教师将指导、帮助学生完成实训内容。

任务一　微博注册与认证

微博的注册和认证是开始微博营销的基础，在该环节学生在教师的指导下完成新浪微博的注册与认证，将遇到的问题和最终形成的结果进行总结，并完成表9-1。

表9-1　微博注册与认证分析

微博注册与认证	说明	具体分析
微博注册	按流程完成微博的注册	
微博认证	按流程完成微博的认证	

任务二　微博营销实施

1. 完成微博的注册与认证后开始微博营销实施，按照前期分析、内容规划、活动策划和效果监控的步骤完成微博营销的实施。

2. 根据实施微博营销后，对微博关注量、粉丝数、浏览量等进行数据分析得出营销效果。填写微博营销实施分析表（见表9-2）。

表9-2　微博营销实施分析表

微博营销实施	说明	分析
前期分析	根据营销目标完成前期分析	
内容规划	根据营销目标完成微博营销内容及特性的规划	
活动策划	根据营销目标进行活动方案的策划	
效果分析	统计并分析微博内容的评论、转发、点赞等	

在营销实训期间,老师可根据微博的关注度等数据进行考评,考评标准等详见表9-3。(注:必要数据需截图保存,以便作为考评内容)

表9-3 考评表(一)

类别	数值	考评标准(百分比0%~60%为C级、61%~80%为B级、81%~100%为A级)		
		A	B	C
微博关注量				
微博点赞数				
微博评论数				
微博转发量				
微博热搜数				

五、实训考评

1. 教师可根据本单元实训的完成情况,进行教学考评,填写表9-4所列考评表。

注:平时考勤、收集作业等考评老师可在"云班课"App上进行。

表9-4 考评表(二)

评价项目	评价内容	评价标准	评价方式
实训操作	任务一:微博的注册与认证	是否顺利完成微博注册与认证	根据实际操作熟练度、微博营销实施完成的最终成效进行综合考评
	任务二:微博营销的实施	是否顺利完成微博营销前期分析 是否顺利进行微博营销 是否完成营销数据分析	
职业素养	1. 责任意识(4分) 2. 学习态度(3分) 3. 团结合作(3分)	综合考评	综合考评
总分			
综合得分	教师根据学生的日常考勤、理论学习和实训表现进行综合考评打分。 注:总分=平时考勤(占20%)+理论考评(占40%)+实训考评(占40%)		

2. 教师根据各组实训进程及实训记录进行综合评价
(1)针对各组的优点进行点评,针对缺点提出改进方法;
(2)针对整个实训过程中团队协作的亮点和不足进行点评。

单元十

移动支付

学习目标

知识目标

▶1. 了解移动支付的概念;
▶2. 熟知移动支付的类型和常见的支付方式;
▶了解移动支付的技术优势以及其常见的支付应用平台。

技能目标

▶1. 掌握移动支付的常见支付方式;
▶2. 掌握移动支付的应用方法;
▶3. 了解移动支付的安全隐患,并掌握其预防措施。

本单元包含了两个学习小节,具体为:
10.1 移动支付认知
10.2 移动电商常见支付方式

学习引导

近几年,微信支付、支付宝支付等第三方支付行业飞速发展,便利、快捷的移动支付不断加快覆盖用户生活的各个方面。"逛商场买衣服扫一扫,请朋友吃饭扫一扫,……出门不用装钱包,只要带上手机就够了。"这是现在的消费者最普遍的情况。小王作为一个电子商务专业的学生，他觉得有必要深入系统地学习包括移动支付的类型及其应用、移动支付的技术优势以及安全隐患等相关知识。

学习规划

自从互联网可以进行交易，网络支付也就应运而生；支付，也是电子商务活动的最后一环。智能手机的普及带动了移动互联网的发展，移动互联网的发展催生与推动了移动商务的由来和发展进程，而移动电子商务高速发展则需要移动支付来为其作支撑。因此，小王对伴随互联网买卖而生的支付功能产生了浓厚的兴趣，尤其是移动支付的相关知识，他认真学习这方面的知识。

相关知识

10.1 移动支付认知

10.1.1 移动支付的概念

移动支付（Mobile Payment），是指交易双方为了某种货物或者服务，使用移动终端设备为载体，通过移动通信网络实现的商业交易。移动支付所使用的移动终端可以是手机、PDA、移动 PC 等。

通过移动支付，用户可以使用其移动终端（通常是手机）对所消费的商品或服务进行账务支付，单位或个人还可以通过移动设备、互联网或者近距离传感直接或间接向金融机构发送支付指令，产生货币支付与资金转移行为。移动支付将终端设备、互联网、移动互联网、应用提供商以及金融机构相融合，为用户提供货币支付、缴费等金融业务，实现了移动电商最终的交易环节，如图 10-1 所示。

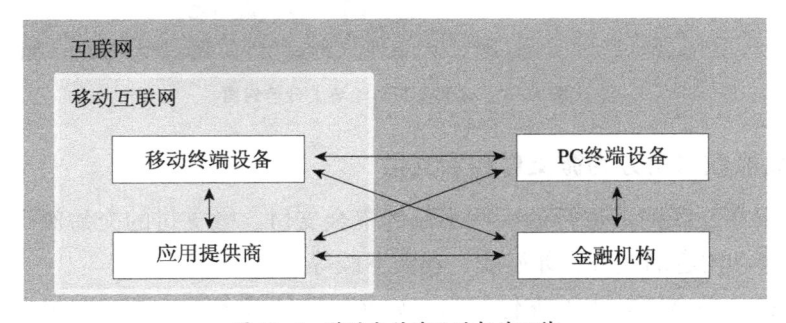

图 10-1 移动支付涉及的相关环节

随着智能手机和4G网络的发展，以支付宝、微信为代表的移动支付开始兴起，并且在短时间内迅速普及到线下，大到传统零售百货，小到街边小铺。

移动支付作为电商的一种交易模式，手机和移动PC都只是承载电商消费的介质，比起传统PC端，智能手机的携带更为方便。然而，最靠谱的"移动钱包"则是消费者的智能手机本身；智能手机可进行各种支付、积分等现实钱包应用。

10.1.2 移动支付类型

智能手机的兴起带动了移动互联网的发展，而众多的电商企业也从中发现了新的商机，O2O、F2C等创新电商模式应运而生。企业要生存，电子商务要发展，则需要更好的技术支持，这一现状在很大程度上催生了移动支付标准化的出现，促进了支付领域多元化的进程。

小王通过了解分析，发现依据不同的分类标准，移动支付分为以下几个类别。

1. 按距离可分为远程支付和近场支付

远程支付指通过发送支付指令（网银、手机支付等）或借助支付工具（邮寄、汇款等）实现转账、付款的支付方式，其示例图如图10-2所示。

近场支付指消费者借助手机通过自动售货机或POS机在现场向商家所进行的支付行为。

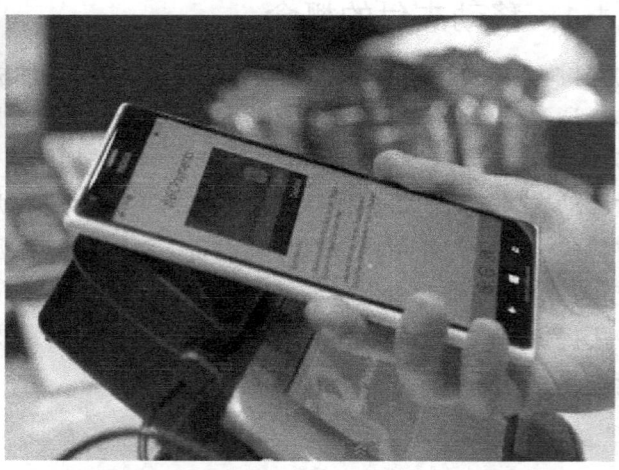

图10-2 远程支付与近场支付示例图

2. 按交易额数量可分为微支付和宏支付

微支付是指在互联网上进行的一些小额的资金支付。微支付的交易额少于100元，通常指一些购买移动内容的业务，如游戏、视频下载等。

宏支付是指交易金额较大的支付行为，如在线购物或多数近距离支付。需注意的是少数近距离支付同样属于微支付，如交停车费等。

3. 按资金来源可分为银行账户支付、通信话费支付和第三方支付

银行账户支付指直接从消费者指定银行卡账户（借记卡、贷记卡）扣除费用进行支付。

通信话费支付指消费者通过操作手机话费账户进行的支付，支付产生的费用计入手机话费中。

第三方支付指消费者预先开通一个第三方支付账户并存入一定金额，消费时，费用直接从第三方账户的余额中扣除。例如，支付宝就属于典型的第三方支付应用。

4. 按用户账户的存放模式可分为在线支付和离线支付

在线支付指消费者账户存放在支付提供商的支付平台，进行消费时，消费金额直接从支付平台的用户账户中扣除。

离线支付指消费者账户存放在智能卡中，在进行消费时，直接通过 POS 机在用户智能卡的账户中扣款。

5. 按支付的结算模式可分为即时支付和担保支付

即时支付指支付服务提供商将交易资金从买家的账户即时划拨到卖家账户，一般应用于"一手交钱一手交货"的业务场景，如商场购物。

担保支付指支付服务提供商先接收买家的货款，但并未立刻支付给卖家，而是通知卖家货款已冻结，卖家发货，买家确认收货后，支付服务提供商将货款划拨到卖家账户。同时为不信任的买卖双方提供信用担保，如支付宝的交易与担保业务。

10.1.3 移动支付技术的优势

移动支付属于电子支付方式的一种，因而具有电子支付的特征，但因其与移动通信技术、无线射频技术、互联网技术相互融合，所以相较于其他电子支付技术又具有自己的优势。

1. 及时性

移动支付不受任何时间和地点的限制，且信息获取及时，用户可以在任何时间、任意地点对账户进行查询、转账及购物消费等活动。

2. 集成性

以手机为载体，运营商可以将移动通信卡、公交卡、银行卡等各类信息整合到手机平台中进行集成管理，并通过搭建与之配套的网络体系，为用户提供十分方便的支付以及身份认证渠道。

3. 移动性

移动支付消除了距离和地域的限制，结合先进的移动通信技术，可随时随地获取所需信息、购买服务及进行消费支付等。

4. 定制化

移动支付的优势还在于，用户可以根据自己的实际情况和个人喜好来定制适合自己的消费方式和个性化服务，使得账户交易更加简单便捷。

综上，小王认为，移动支付贴合现代都市人群快节奏的消费生活模式，它让人们的支付变得更加简单和便利，所以，移动支付的前景将会非常广阔。

10.2 移动电商常见支付方式

10.2.1 移动支付常见支付方式

以手机为载体，通过与终端读写器近距离识别进行信息交互，运营商可以将移动通信卡、公交卡、地铁卡、银行卡等各类信息整合到以手机为平台的载体中进行集成管理，并搭建与之配套的网络体系，从而为用户提供十分方便的支付以及身份认证渠道。小王了解到目前主要有以下几种主流的移动支付手段。

1. 短信支付

手机短信支付将用户手机 SIM 卡与用户本人的银行卡账号建立一一对应的联系，用户通过发送短信的方式在系统短信指令的引导下完成交易支付请求，其特点是操作简单，可随时随地进行交易。

2. 扫码支付

扫码支付是新一代无线支付方式。在该支付方式下，商家可将账号、商品价格等交易信息汇编成二维码，并印刷在各种载体上发布。用户通过扫描二维码，可实现与商家之间的账务结算。商家根据支付交易信息中的用户收货、联系资料等，进行商品配送，完成交易。

移动支付的核心特点是便捷，而扫码支付可以只在用户、商户和第三方支付之间进行，是多种移动支付方式中最为方便和容易推广的方式，是移动支付的首选，其发展前景十分广阔。

3. NFC 支付

NFC 支付是一种新兴的移动支付方式，全称近距离无线通信技术。NFC 最早是由飞利浦公司和索尼公司共同开发的一种非接触式识别和互联技术，可以在移动设备、消费类电子产品、PC 和智能控件工具间进行近距离无线通信。NFC 提供了一种简单、触控式的解决方案，可以让消费者简单直观地交换信息、访问内容与服务。

NFC 支付不需要移动网络，而是使用 NFC 射频通道实现与 POS 收款机或自动售货机等设备的本地通信，从而完成支付。NFC 支付示意图如图 10-3 所示。

图 10-3　NFC 支付示意图

4. 指纹支付

指纹支付即指纹消费，是采用目前已成熟的指纹系统进行消费认证，顾客使用指纹注册成为指纹消费折扣联盟平台的会员后，通过指纹识别即可完成消费支付。

目前，指纹识别技术广泛出现在手机支付的操作中。由于指纹识别具有唯一性，因此指纹支付是解决移动支付安全性的有效方式之一，它能够代替密码进行个人身份识别，对个人财产安全起到很好的保护作用。指纹支付示意图如图 10-4 所示。

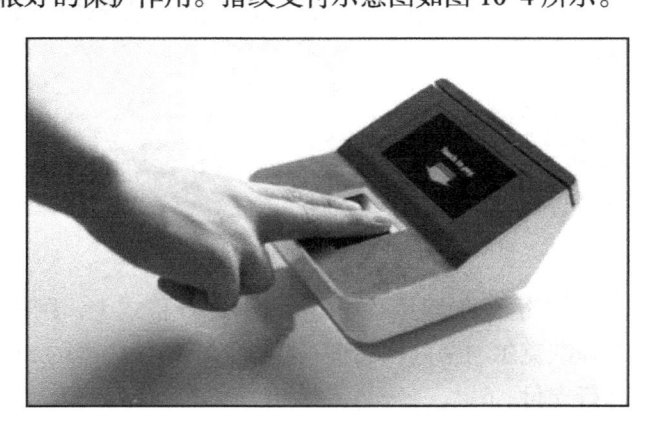

图 10-4　指纹支付示意图

比起其他移动支付方式，指纹支付更加方便简单，只需轻轻一按即可完成支付，免去输入密码的麻烦。当然，因为不必担心输入密码泄密的情况发生，使得支付的安全性更高。不过指纹支付对生物识别技术的高要求，也导致指纹支付的推广还有很长的路要走。

5. 声波支付

声波支付是利用声波的传输，完成两个设备的近场识别。声波支付操作示意图如图 10-5 所示。

声波支付具体过程是：在第三方支付产品的手机客户端中内置有"声波支付"功能，用户打开此功能后，用手机麦克风对准收款方的麦克风，手机会播放一段"咻咻咻"的声音；然后售货机听到这段声波之后就会自动处理，用户在自己手机上输入密码，售货机就会"吐出"商品。

6. 人脸识别支付

人脸识别支付系统是一款基于脸部识别系统的支付平台，它于 2013 年 7 月由芬兰创业公司 Uniqul 推出。人脸识别支付系统不需要钱包、信用卡或手机，支付时只需要面对 POS 机屏幕上的摄像头，系统会自动地将消费者面部信息与个人账户相关联，整个交易过程十分便捷，如图 10-6 所示。

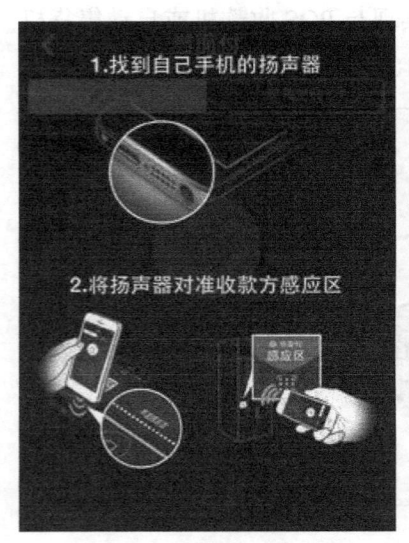

图 10-5　声波支付操作示意图

图 10-6　人脸识别支付

继 2015 年 3 月 15 日汉诺威 IT 博览会（CeBIT）的开幕式上，阿里巴巴创始人马云在发表演讲后，为德国总理默克尔与中国副总理马凯演示了蚂蚁金服的 Smile to Pay 扫脸技术（人脸识别），并当场进行支付。

2017 年 9 月 1 日，支付宝宣布在肯德基的 KPRO 餐厅上线刷脸支付，不用手机，通过刷脸即可支付，这也是刷脸支付在全球范围内的首次商用试点。

2017 年 9 月 14 日，支付宝和菜鸟今天在上海举办物流开放大会，宣布面向中小物流企业开放从最基础的支付到营销、信用、金融等服务。同时，蚂蚁金服的人脸识别技术也将向物流行业开放，自提柜可实现"刷脸取件"，5 秒可完成，如图 10-7 所示。

图 10-7　刷脸取件

可见，科学技术不断的发展推动了人脸识别支付系统的不断完善，在移动支付和互联网金融领域，一个"靠脸吃饭"的时代正在向我们走来。

7. RFID-SIM 支付

RFID-SIM 移动支付（又称手机支付），该支付方式已被业内广泛认可并得到了中国移动、中国联通、中国电信三家运营商的积极推广。同时，国际相关机构组织也已经开始关注此项近场通信技术。

RFID-SIM 卡的用户能够通过空中下载的方式实时更新手机中的应用程序或者给账户充值，从而使手机真正成为随用随充的智能化电子钱包。RFID-SIM 既有 SIM 卡的功能，又可实现近距离非接触式消费、门禁、考勤等应用。

RFID 支付方式由于具备很高的安全性和便利性，被认为是未来移动支付发展的主流。

10.2.2　移动支付常见支付应用平台

作为移动互联网与互联网金融的基础产业，移动支付将会是"掌上生活＋金融"的未来战场，而下一场争夺战则将在支付宝、微信支付、百度钱包等巨头之间展开。

1. 支付宝

支付宝（中国）网络技术有限公司（简称支付宝）是国内领先的第三方支付平台，致力于提供简单、安全、快速的支付解决方案。支付宝从 2004 年建立开始，始终以"信任"作为产品和服务的核心，旗下有"支付宝"与"支付宝钱包"两个独立品牌，自 2014 年第二季度开始成为当前全球最大的移动支付厂商。

得益于淘宝、天猫的交易渠道，支付宝钱包已于 2013 年成为独立品牌。现如今，淘宝、支付宝等阿里巴巴系应用已经全面进军移动平台。2017 年 2 月 28 日，支付宝首次上线

"收钱码"功能，用户可以借此方便地发起面对面收款（即转账）。"收钱码"推出后，以前许多只能使用现金的小角落，也能被移动支付覆盖了。支付宝的负责人倪行军表示，支付宝希望用 5 年时间推动中国率先进入无现金社会，收钱码是支付宝推动无现金社会的第一步，之后还将推出一系列举措。支付宝界面如图 10-8 所示。

图 10-8　支付宝界面

2. 微信支付

微信支付是由腾讯公司即时通信服务聊天软件微信（Wechat）及腾讯旗下第三方支付平台财付通（Tenpay）联合推出的互联网创新支付产品。微信支付是集成在微信客户端的支付功能，用户可以通过手机完成快速的支付流程。

2014 年 9 月 26 日，腾讯公司发布的腾讯手机管家 5.1 版本为微信支付打造了"手机管家软件锁"，在安全入口上独创了"微信支付加密"功能，大大提高微信支付的安全性。2015 年 6 月，微信正式推出"指纹支付"。用户开通该功能，下单后进入支付流程，根据界面提示将手指置于手机指纹识别区，即可实现"秒付"。支付流程中，无须输入密码。2016 年 3 月 1 日起，微信支付调整手续费收费政策，转账交易恢复免费，对超额提现交易收取手续费。2017 年 5 月 4 日，微信支付携手 CITCON 正式进军美国。微信支付以绑定银行卡的快捷支付为基础，向用户提供安全、快捷、高效的支付服务。微信钱包界面如图 10-9 所示。

图 10-9　微信钱包界面

3. 百度钱包

百度钱包于 2014 年 4 月 15 日正式发布，其致力于将百度旗下的产品及海量商户与广大用户直接"连接"，提供超级转账、付款、缴费、充值等支付服务，并全面打通 O2O 生活消费领域，同时提供"百度金融中心"业务，包括提供行业领先的个人理财、消费金融等多样化创新金融服务，让用户在移动时代轻松享受"一站式"的支付生活。百度钱包界面如图 10-10 所示。

图 10-10 百度钱包界面

10.2.3 移动支付安全隐患与预防

在了解移动支付的过程中，小王发现移动支付也存在一些安全隐患。目前，已经出现的移动支付类风险分为四类，具体介绍如下。

1. 补卡攻击

短信验证付款的方式让不法分子找到了犯罪入口，通过使用假的身份证件或冒充客户本人，在通信营业厅补办客户的手机卡，之后通过猜测密码、重置密码、转移绑定手机等方式，盗划客户资金。

2. 钓鱼 WiFi

钓鱼 WiFi 是通过在有无线网络的公共场所搭建经过改造的钓鱼无线路由器，设置与公共场所真正 WiFi 名称相似的假 WiFi，并且不设密码。一旦客户接入钓鱼网络，只要通过用户名和密码访问网站，黑客便可窃取其隐私信息，导致客户资金损失。

3. 移动终端恶意程序攻击

恶意程序通常有两种形式，一种是篡改官方客户端应用，植入恶意代码；另一种是仿冒正常应用的图标及名称。犯罪分子制作出这些恶意程序后，会编织一个诈骗陷阱，如冒充购物卖家或银行系统升级等，通过短信、微博、微信等渠道发送假链接，当客户受骗单击链接或下载恶意应用后，移动设备便被病毒感染，客户的账号、密码等私密信息也就直接泄露给了黑客。

4. 恶意二维码和伪基站

伪基站即假基站，不法分子利用短信群发器、短信发信机等相关设备搜取以其为中心、一定半径范围内的手机卡信息，再通过伪装成运营商的基站，冒用他人手机号码强行向用

207

户手机发送诈骗、广告推销等短信息。而二维码则是加入恶意链接，用户扫描后，会遭受到恶意链接的攻击。

面对种类各异的风险，消费者应提高自己的防风险意识，在使用公共 WiFi、扫描二维码、收到陌生短信息等时，要多加确认，以期将风险降到最小。

10.2.4　移动支付应用

1. 第三方移动支付市场交易规模

（1）移动支付用户规模稳定，增速减缓

根据 iiMedia Research（艾媒咨询）数据显示，2017 年中国移动支付用户规模达 5.62 亿人，较 2016 年增长 21.6%，如图 10-11 所示。目前来看，2018 年移动支付用户规模增长减缓，这是因为再经历发展初期用户规模迅猛发展后，中国移动支付市场已趋于成熟，用户规模将保持低速稳定增长。

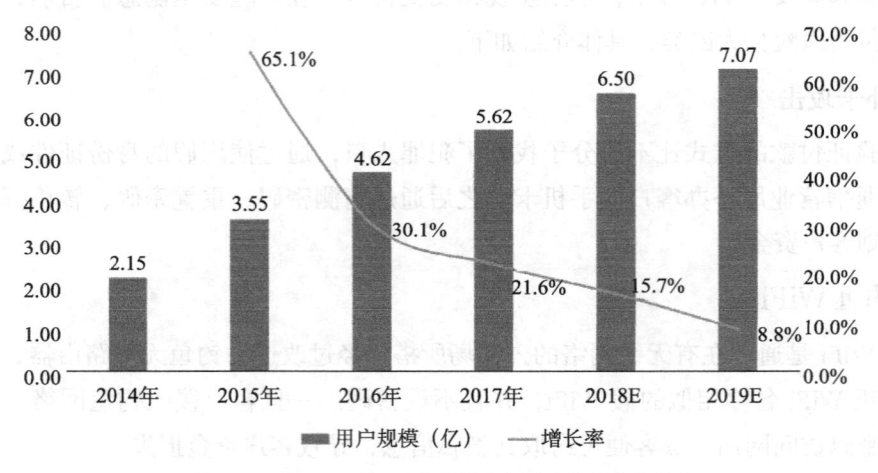

图 10-11　2014～2019 中国移动支付用户规模及预测

（2）移动支付交易规模稳定增长

iiMedia Research（艾媒咨询）数据显示，2017 年网上支付交易规模达 2075.1 万亿元，较 2016 年小幅下降 0.5%，2017 年移动支付规模达 202.9 万亿元，较 2016 年增长 28.8%，如图 10-12。近年来网上支付交易规模趋于稳定，移动支付增长速度有所下滑但保持增长，随着我国第三方移动支付产品的完善以及消费者支付观念的转变，移动支付将会进一步普及，短期内移动支付交易规模将保持稳定增长。

单元十 移动支付

(a) 2011～2017年中国网上支付交易规模统计

(b) 2011～2017年中国移动支付交易规模统计

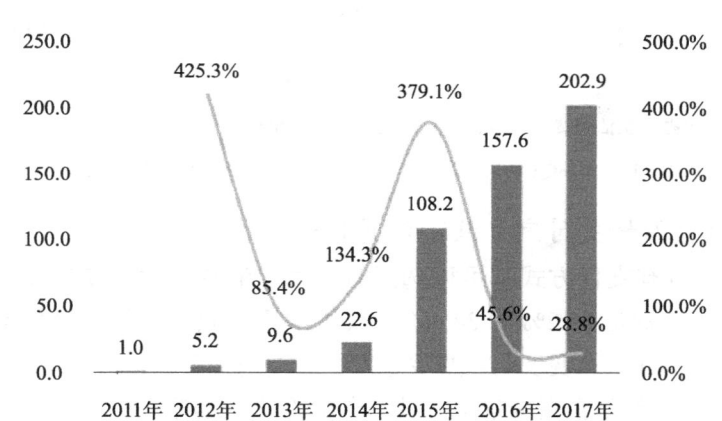

图 10-12　2011～2017 中国网上支付及移动支付交易规模

（3）支付宝、财付通双寡头格局形成

2018 年第一季度支付宝与财付通两大巨头占据中国第三方移动支付交易规模市场份额的 90.6%，市场集中度高，支付宝和财付通双寡头市场格局已经形成，如图 10-13 所示。虽然财付通发展晚于支付宝，但微信支付凭借其社交属性获得更多用户青睐，整体市场交易规模占比紧跟支付宝。随着国家对互联网金融安全日益重视，银联推出云闪付 App，其制度优势会对财付通和微信支付造成一定冲击。

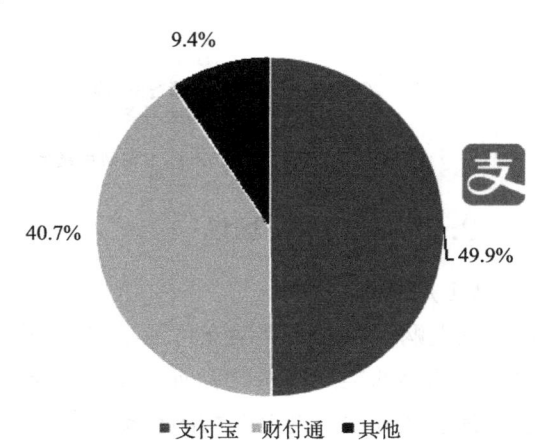

图 10-13　2018Q1 中国第三方移动支付交易规模市场占比

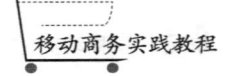

（4）移动支付各线下场景普及深化

据数据显示，2018年第一季度，消费者移动支付偏好的使用线下场景中，购物和生活缴费分别以54.1%和51.4%的比例占据第一和第二位，消费者在餐饮、充值服务、出行、给他人转账等场景使用第三方移动支付偏好也均高于三层；另外，消费者在餐饮和线下购物场景偏好使用现金支付的占比较高，分别为43.5%和40.8%，如图10-14所示。

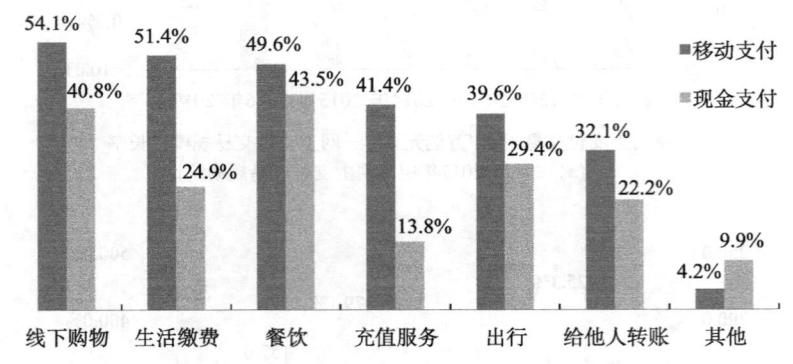

图10-14　2018Q1 中国网民移动支付和现金支付偏好使用线下场景调查

（5）线上消费偏好支付宝，线下消费偏好微信

数据显示，当所有支付方式都可以选择时，线上消费中倾向使用支付宝支付和微信支付的消费者占比分别是59.2%和34.4%；线下消费中倾向于使用微信支付的消费者占59.5%，如图10-15所示。可见支付宝更受消费者线上消费青睐，这也是阿里巴巴公司线上电商优势明显所致；而线下消费场景中，微信支付的优势逐渐显现。

(a) 2018Q1中国网民线上消费使用第三方移动支付产品倾向度调查　　(b) 2018Q1中国网民线下消费使用第三方移动支付产品倾向度调查

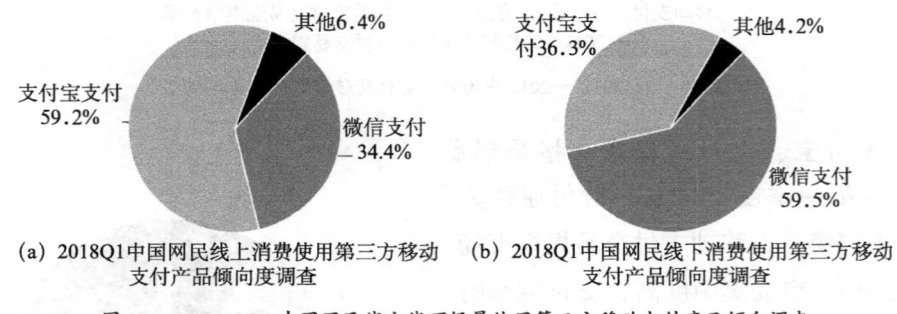

图10-15　2018Q1 中国网民线上线下场景使用第三方移动支付产品倾向调查

2．移动支付应用场景

（1）网上购物

网上购物可谓是移动支付最早"入侵"的领域，而众多的第三方支付企业也是最早通过网上购物的渠道让消费者所认知。如今以支付宝、财付通、快钱等为代表的移动支付企业，都已经开通了网上购物的移动支付渠道。以大家最常用的淘宝和天猫购物为例，利用

手机支付宝就可以轻松实现随时随地的移动支付。

（2）交水电煤费

日常生活的水电煤费用应该是消费者最频繁需要解决的支付问题，而第三方支付企业也正用移动支付的手段来让消费者的生活更加便利。拉卡拉对于许多使用移动支付的消费者而言应该不算陌生，而拉卡拉在移动支付上对水电煤之类的生活类支付提供了很好的支持。拉卡拉为用户提供的自助刷卡缴纳水、电、煤气、通信、宽带等费用的服务，通过拉卡拉使用任意一张带有银联标记的借记卡刷卡完成缴费，免除到缴费点排队之苦，而且没有手续费，并在大多数地区支持实时到账。拉卡拉缴费示意图如图 10-16 所示。

图 10-16 拉卡拉缴费示意图

（3）信用卡还款

使用信用卡消费已经成为如今最常见的支付方式，但是在现实生活中，很多信用卡"卡奴"都会因为一时的粗心或在外地出差而未能按时还款，一不小心还会造成个人不良信用记录。而第三方支付企业则及时地推出移动支付手段来解决信用卡还款的问题。第三方支付 App 信用卡还款页面如图 10-17 所示。

据财付通负责人介绍，财付通已实现支持全国 23 家银行的信用卡网上还款，包括兴业银行、中信银行、平安银行以及农业银行都已经与财付通达成合作，用户可以通过财付通平台实现信用卡还款实时到账。在服务的多样性上，第三方支付平台又走在了市场前面，目前财付通用户可以通过 QQ 钱包或者财付通手机客户端随时随地轻松还

图 10-17 第三方支付 App 信用卡还款页面

款，从发起到成功还款只需 3 秒。这样，信用卡持卡者便再也不用担心因为异地还款、跨行转账或者资金延时到账等问题所造成的逾期偿还问责。此外，财付通还为持卡者提供了各种形式的还款提醒，包括弹窗提醒、邮件提醒等。

（4）购买飞机票、火车票

出门在外经常会遇到临时需要购买飞机票和火车票的情形，而习惯了在线预订和支付的消费者可能一时间又很难找到合适的上网地点来进行操作，而移动支付无疑是这种场景下最好的帮手。携程旅行、去哪儿旅行、途牛旅游等 App 为移动场景中的旅行者提供最便捷的服务体验。用户可随时随地在智能手机端购买火车票、飞机票、景点门票，预订酒店等。

移动支付的应用场景远远不止上述介绍的几种，还包括超市购物、购买基金、付费看电子书、做公益在线捐款、城市公交卡充值、代办交通违章缴款、看收费在线视频等场景。

同步实训

本次实训步骤为：实训概述→实训素材→实训目标→实训任务→实训考评。

一、实训概述

本单元实训为移动支付，通过本次实训，使学生了解当前移动支付方式、内容的基本概况，掌握常见移动支付的具体运用。

二、实训素材

移动互联网、智能手机。

三、实训目标

1. 熟悉当前各类移动支付的方式及方法；
2. 对当前常用的移动支付进行支付应用。（操作截图作为考评的内容之一）

四、实训任务

在本次实训之前，需要学生进行分组，并选出各组组长，以小组为单位进行本次实训操作。在本实训中，教师将指导、帮助学生完成实训内容。

任务一　熟悉移动支付的各种方式

结合本单元的内容，熟悉并掌握各类移动支付的不同支付方式及运用原理，分析生活中常用的移动支付。

任务二　常见移动支付的应用

1. 下载常用的移动支付平台 App（如支付宝、微信等）；
2. 以成都商贸城作为移动支付交易环境，小组成员相互模拟购物消费，进行移动支付的体验性操作。（注：移动支付操作需截图保存，作为考评参考）

五、实训考评

1. 老师可根据本单元实训的完成情况，进行教学考评，详见考评表 10-1。

注：平时考勤、作业考评等可在"云班课"App 上进行。

表10-1 考评表

评价项目	评价内容	评价标准	评价方式
实训操作	任务一：熟悉移动支付方式	是否熟悉各类移动支付的方式	根据实际操作的熟练度、移动支付应用完成的最终效果进行综合考评
	任务二：常见移动支付的应用	是否顺利进行常见移动支付的操作应用	
职业素养	1. 责任意识（4分） 2. 学习态度（3分） 3. 团结合作（3分）	综合考评	综合考评
总分				
综合得分	教师根据学生的日常考勤、理论学习和实训表现进行综合考评打分。 注：总分 = 平时考勤（占20%）+ 理论考评（占40%）+ 实训考评（占40%）		

2. 教师根据各组实训进程及实训记录进行综合评价
（1）针对各组的优点进行点评，针对缺点提出改进方法；
（2）针对整个实训过程中团队协作的亮点和不足进行点评。

单元十一

LBS应用

学习目标

知识目标
- 1. 理解 LBS 的概念；
- 2. 了解 LBS 的作用；
- 3. 了解 LBS 在生活中的应用；
- 4. 了解 LBS 应用的本质。

技能目标
- 1. 能够认识生活中的 LBS；
- 2. 能够利用 LBS 进行产品的营销推广。

本单元包含了两个学习小节，具体为：
11.1 LBS 认知
11.2 LBS 应用案例

学习引导

随着共享单车的普及，在成都国际商贸城实习的小陈注意到了共享单车 App 中车辆定位的功能，小陈对此非常感兴趣，她试想如果定位功能可以应用到店铺的推广中，那一定能够为店铺带来很多的流量。可是小陈并不是很了解定位功能背后的知识，这让她非常苦恼。于是小陈决定对定位功能进行一番系统的学习，进而掌握定位功能在营销推广方面的应用。

学习规划

通过定位功能实现店铺品牌的推广，在当下已经非常普遍，但是由于定位功能应用范围较小，且大多涉及技术方面的知识，因此并不被大众普遍认知。小陈为了能够更充分地了解定位功能在营销推广方面的应用，需要从定位功能的本质出发，学习定位功能的应用案例，进而帮助她理解定位功能在推广中的应用。

相关知识

11.1 LBS认知

11.1.1 LBS的概念及作用

1. LBS的概念

LBS是英文Location Based Service的缩写，是指基于位置的服务。所谓的基于位置的服务，就是通过移动网络、GPS等技术手段获取用户的地理位置信息，并依据用户的位置信息给用户提供服务。LBS技术随着近些年移动电子商务的发展被广泛地应用到了App应用当中，如地图导航服务、共享单车的定位服务、附近商家推荐服务等，这些服务都属于基于位置的服务，也就是LBS技术的应用。LBS常见的App如图11-1所示。

图11-1 LBS常见的App

2. LBS 的作用

LBS 是移动互联网时代下定位技术的一种应用方式，LBS 的作用分别体现在技术和推广两个方面。

技术方面，LBS 是一种定位技术，其作用是为用户提供地理位置信息，即通过移动网络、服务器、GPS 等技术手段来获取用户的地理坐标，以提供给需要地理坐标的用户。例如，在共享单车 App 应用中，用户可以看到车辆的具体位置，如图 11-2 所示。该功能就是开发人员利用 LBS 所提供的车辆位置信息实现的一种定位功能。

推广方面，LBS 则是一种定位服务，其作用是为用户提供与地理位置相关的各类服务。例如，生活中服务类 App "大众点评"所提供的"附近"搜索推荐功能，就是依据用户地理位置所提供的服务，如图 11-3 所示。

图 11-2 共享单车 App

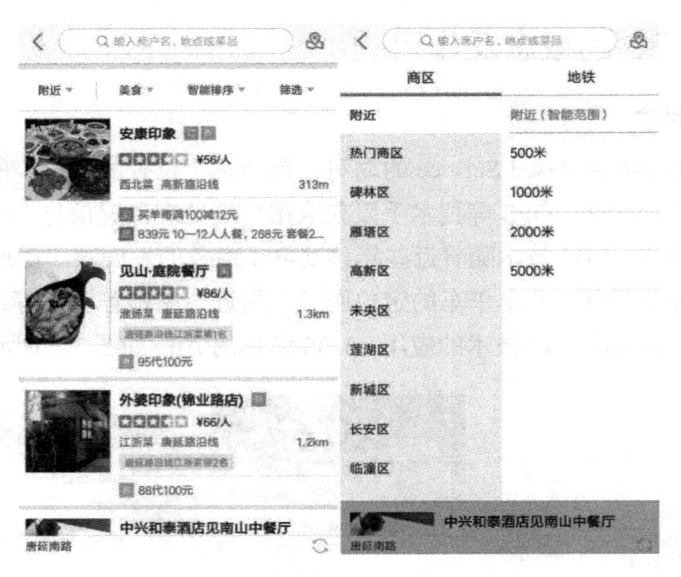

图 11-3 大众点评 App "附近"功能

11.1.2 LBS 的发展现状及趋势

1. LBS 的发展现状

LBS 作为一种定位技术，出现的很早但兴起的很晚。LBS 是伴随着移动互联网发展、智能移动设备的普及而逐步兴起的，因此 LBS 的发展现状主要体现在个人应用方面。在个人应用方面 LBS 的应用范围很广，主要涉及的领域包括了商务推广、生活服务、社交娱乐三个方面。

在商务推广和生活服务方面，LBS 给用户带来的定位服务，在帮助用户实现依据地理位置精准推广的同时，也能够方便用户了解周边的商城、医院、银行等服务信息，进而给用户的生活带来方便。百度地图、大众点评、摩拜单车等 App 在为用户提供方便的同时，也是帮助商家实现精准推广的投放平台。百度地图是一款地图类 App（见图 11-4），用户通过百度地图，可搜索附近的商家及服务，商家通过与百度地图合作可以将店铺信息在地图中显示，当用户在使用它进行地理位置查找的同时，还能够看到所输入地点周边的酒店、商铺、饭店、加油站，以达到精准推广的目的，如图 11-4 所示。

在社交娱乐方面，LBS 的出现提高了社交娱乐类 App 的趣味性和互动性，用户可以通过 App 提供的"附近"功能与附近的用户一同聊天或一同游戏，进而给用户带来更加良

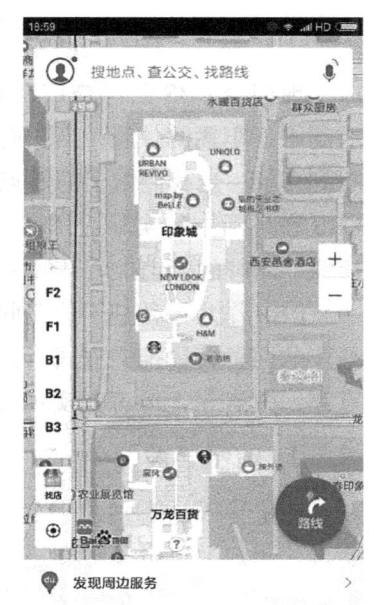

图 11-4　百度地图

好的使用感受，因此有一大批社交游戏类 App 将"附近"的功能加入其中，常见的微信、QQ、阴阳师、王者荣耀等 App 中都有搜索附近用户的功能。

2. LBS 的发展趋势

个性化、智能化服务是未来 LBS 应用的发展方向。LBS 应用的最大发展空间不是创造出新的需求，而是通过技术的分析深度剖析用户的需求，并通过商业要素的重组和技术手段满足用户的需求。LBS 未来应用的两个促进要素是技术进步和创造性的商业智慧。

在技术进步方面，地理围栏、移动支付、大数据处理等相关领域新的技术发展拓展了 LBS 的应用场景。地理围栏是用一个虚拟的栅栏围出一个虚拟地理边界，当终端设备进入、离开某个特定地理区域或在该区域内活动时，可以接收自动通知。这项技术解决了定位技术在室内不能完全覆盖的问题，因此基于地理围栏可以实现基于场所的个人事务管理和智能的广告推送，并不需要用户事先进行复杂的设置。在创造性商业智慧方面，LBS 可以将线上线下更好地集合起来，同时结合大数据、AR、VR 等技术为用户创造出更好服务方式。

11.2　LBS 应用案例

小陈在学习了 LBS 的概念及作用后，想将 LBS 应用到实习的店铺中，以提升店铺的销量。可是想要将 LBS 成功地应用到运营推广中谈何容易，为此小陈在进行 LBS 推广前，还需要通过 LBS 应用案例的学习更进一步地了解和掌握 LBS 的推广应用。

11.2.1 LBS 在生活中的应用

现如今 LBS 已经被广泛地应用到人们的生活当中，当我们在使用打车 App 时，可以看到附近车辆的位置；当我们使用共享单车 App 时，可以依据地图中单车的位置，轻松地找到车辆；当我们饿了需要点餐时，通过点餐 App 可以搜索到附近的餐厅，以上这些都是 LBS 在生活中的实际应用。可以说 LBS 的出现给人们生活带来了方便，同时它也为商品、店铺、品牌的营销推广开辟了一条新的途径。

LBS 作为一种基于位置服务的技术，流量导入和精准营销是 LBS 在营销推广方面应用最广的两种营销推广方式，其主要是通过 App 应用实现的，生活中常见的百度地图、大众点评、微信等 App 都是实现 LBS 推广的平台。

1. 流量导入

流量导入是 LBS 在营销推广方面最为重要的一种应用，其主要是通过电子地图类 App 实现。用户通过电子地图进行定位的同时，给用户推送沿途及终点附近的商铺，提高用户进店的可能性，进而实现流量的导入。

百度地图是百度公司提供的一项网络地图搜索服务。百度地图的功能非常丰富，除了定位、导航、位置查询等基础功能外，百度地图还通过 LBS 实现了商家推荐、叫车服务、周边搜索服务等功能。近些年随着百度地图使用人数的增长，百度地图渐渐地成了商家导流的利器。

万达集团作为线下商业的巨头，为了更进一步扩大市场份额，在 2015 年宣布与百度地图合作，推出"万达广场就是城市中心"的活动。在本次活动中用户只要通过百度地图搜索"万达广场"，并按照开启的导航前往万达广场，百度地图便会推送给一个宝箱或特定的链接，用户单击进入完成信息填写即可抽取由万达广场提供的礼品、优惠券、电影票等，如图 11-5 所示。

图 11-5 万达 LBS 活动

万达此次借助百度地图进行的宣传活动，成功地将百度地图近 3 亿的活跃用户纳为己有，如此成功的战果主要得益于此次活动线上与线下的完美融合。在以往的运营推广中，线上活动与线下活动缺乏关联，线上用户群通过线上渠道获取活动信息，而后在线上参与活动；而线下用户群则通过多种渠道获取活动信息，而后在线下参与活动，因此线上与线下形成了两个独立的群体，很难彼此互通。而本次万达与百度地图合作，借助 LBS 将线下与线上通过 LBS 相连接，打通了线上用户与线下用户之间的壁垒，线上用户通过百度地图可以参与到线下万达的活动中去，而线下的用户则通过万达活动了解了百度地图，这样一来 LBS 起到双向引流的作用。

2. 精准营销

精准营销是指能够依据目标用户的特点进行有针对性的营销行为，随着 LBS 技术的普及，基于地理位置所进行的精准营销悄然走进人们的生活。

摩拜单车是共享单车中的领头羊，其凭借着 LBS 实现了单车定位，用户通过摩拜 App 就可轻松地寻找、预订街道上的摩拜单车，这大大方便了用户的使用。随着摩拜单车的大规模普及，摩拜单车中 LBS 所带来的营销推广作用越来越大。在 2017 年 6 月摩拜单车推出了"摩拜宝箱车"，即利用摩拜 LBS 的推广平台，商家通过与摩拜单车合作，以"宝箱"的方式进行精确的地域商品推广，用户通过应用寻找带有"宝箱"图标的宝箱车并扫描，即可获得由推广企业所送出的礼券。

京东是第一个与摩拜单车合作的企业，在"618"期间，京东将提供超过 7000 万张、累积金额近 20 亿元的京东商城优惠券，以及由京东金融提供的总额达到 2 亿元的京东小金库现金红包和京东金融优惠券。任何一位在活动期间使用了摩拜"宝箱车"的用户，都将有机会获得京东"618"福利。京东"618"与摩拜单车活动如图 11-6 所示。具体说来，此次活动是 6 月 12 日至 18 日期间，用户通过摩拜 App 选择带有京东"618"图标的"宝箱车"完成有效骑行，即骑行 2 分钟以上，就有机会获得包括京东小金库现金红包、京东优惠券、京东金融优惠券等礼品，可以直接在接下来的京东"618"全民年中购物节中使用。值得一提的是，在活动期间，除了通过"宝箱车"送小金库现金红包和优惠券之外，京东金融还与摩拜合作推出"集贴纸"活动。摩拜单车用户通过骑行"宝箱车"集齐"京""东""6""1""8"五张贴纸，即可兑换"618"元的现金红包，直接存入用户的京东小金库，可用于理财和消费。

京东通过摩拜单车的 LBS 功能所开展的推广活动，在为京东"618"活动宣传的同时，也促进了摩拜单车自身的品牌传播。此次推广活动的成功，一方面是依据京东平台大数据分析，得出"618"活动潜在的人群用户；而另一方面则是依据摩拜单车 LBS 所汇总出的潜在人群位置信息所进行的精准投放。以往京东的"618"活动推广只是通过平面广告、网络视频等

图 11-6 京东"618"与摩拜单车活动

方式进行,虽然京东可以依靠自身的大数据分析,缩小推广活动的宣传范围,但是京东平台无法得到潜在人群的地理位置信息,因此无法做到真正意义上的精确投放,而此次京东与摩拜单车合作,借助摩拜单车由 LBS 所提供的地理位置信息,达到了基于地理位置的精确投放。

11.2.2 LBS 营销推广的实施

通过 LBS 可以帮助商家实现基于地理位置的精准营销,进而促进商家"流量"的增长,因此 LBS 对于商家而言是一种重要的营销推广方式。对于一般商家而言,LBS 营销推广的实施是通过百度地图、大众点评、微信等提供 LBS 服务的 App 实现的,因此商家在进行 LBS 营销推广前,需要完成自身分析和平台选择两项基础工作。

1. 自身分析

所谓自身分析就是对自己经营店铺的目标和现状的分析,目标分析主要是经营目标的分析,而现状的分析则包括了所售商品的分析和运营现状的分析。

用户在进行自身分析前首先需要了解店铺的整体运营状况及所售商品的销售情况。运营状况的分析,对于线上商家而言可以借助生意参谋、阿里指数、百度指数等数据分析工具进行分析;而对于线下用户而言,则是需要商家整理店铺销售账目,并通过走访、观察的方式了解竞争对手及其他商家的运营情况,以方便对比分析。通过运营状况的分析,商家可以了解到自身店铺销量现状、运营推广情况以及竞争对手的运营推广现状,进而帮助商家进一步明确运营的方向和目标。在售商品的分析无论线上、线下商家均可借助生意参谋、阿里指数这些数据分析工具对其商品进行市场宏观状况的了解、除此之外,商家还需要对每一件商品不同时期的销量进行统计,了解每件商品的销售情况,进而帮助商家明确店铺营销推广的重点。

目标的分析也是营销目的的制定,商家通过对店铺的分析了解当下店铺的运营状况,并制定出适合其发展的营销目标,进而帮助商家进行推广平台的选择。

2. LBS 推广方案的制定

LBS 推广方案的制定即是 LBS 推广方式的选择，当下较为常见的 LBS 推广方式主要包含进店签到、地图推广两种。进店签到是一种通过签到送礼的方式来提升店铺流量，该种推广方式的特点是见效快，只要签到活动开启，店铺的流量就能得到快速的提升。不过这种流量的提升也会随着活动的结束而结束，因此该种推广方式并不适合店铺长期进行，而且进店签到需要专业的程序人员编写开发相应的签到程序，因此推广成本也会大大地增加。地图推广则是通过在地图中标注店铺信息的方式进行较为被动的店铺宣传，即只有在使用地图的用户搜索店铺或经过店铺附近时，店铺的信息才可以被用户看到，因此通过地图进行店铺的推广方式见效慢，但是成本很低。

小陈实习所在的成都国际商贸城位于成都市金牛区与新都区交界处，距市中心较远，因此为了能够促进店铺流量的增长，她可以将进店签到与地图推广相结合，一方面通过电子地图将店铺的位置推广给用户，另一方面通过签到送礼的方式，吸引用户走进店铺，以提升店铺的流量。

3. LBS 推广方案的实施

推广平台的选择，是落实 LBS 推广的重要环节，现有能够提供 LBS 服务的平台主要有百度开发平台、高德开放平台和腾讯位置服务，其中腾讯位置服务凭借着微信、QQ 等主流社交工具的支持，拥有大量的用户，而这对于店铺推广非常有利，因此腾讯位置服务是店铺推广的不二之选。腾讯位置服务可以为用户提供综合的 LBS 服务方案，用户只需完成注册、接入等相关的操作即可获得腾讯位置服务，从而为用户所提供的定位、地图、路线规划、地理位置数据分析等服务，如图 11-7 所示。

图 11-7 腾讯位置服务

小陈为实习店铺制定的 LBS 推广方案包含了进店签到和地图推广两个部分，在进店签到方面，她通过微信"小程序"实现签到功能，而店铺地理位置的标注则需要通过腾讯位置服务——"地主认领"实现。"地主认领"是腾讯位置服务地理信息录入的一种方式，通过地理信息的录入，一方面可以使店铺信息出现在腾讯旗下所有产品的位置信息当中；另一方面则可以帮助"签到"功能的开发。因此小陈在进行 LBS 推广方案的实施前需要完成"地主认领"的操作，其具体操作步骤如下。

步骤1：关注"腾讯位置服务"。登录微信，搜索"腾讯位置服务"，单击并关注，进入"腾讯位置服务"公众号，如图11-8所示。

图11-8 "腾讯位置服务"公众号

步骤2：进入"地主认领"。单击页面右下方"平台服务"，如图11-9所示，选择"地主认领"，进入到地点标注页面。

步骤3：新增标注。单击"新增标注"，首先选择"输入地理位置"，查询地理位置信息是否存在，如果存在单击"认领"即可；如果不存在单击"马上创建"，如图11-10所示。

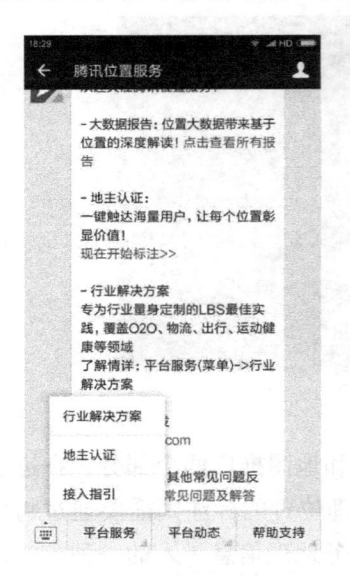

图11-9 "认领地主"选择页面　　　　图11-10 创建信息页面

步骤 4：创建新标注。进入"创建新标注"页面，按照页面信息提示完成信息的填写，填写完成后，单击"提交"，如图 11-11 所示。

步骤 5：提交审核。在完成所有信息的填写后，提交信息，等待审核，如图 11-12 所示。

在完成了腾讯位置服务的地主认领后，为了保障 LBS 推广的效果，还需要将店铺的位置信息录入至百度地图、高德地图中以方便客户的搜索。

LBS 作为一种基于位置服务的技术，虽然在生活中得到了广泛的应用，但是对于一般商家而言 LBS 使用仍存在一些技术壁垒，进而导致使用成本的增加，因此在选择 LBS 推广时，用户需要充分地考虑自身店铺的情况，进行合理的选择。

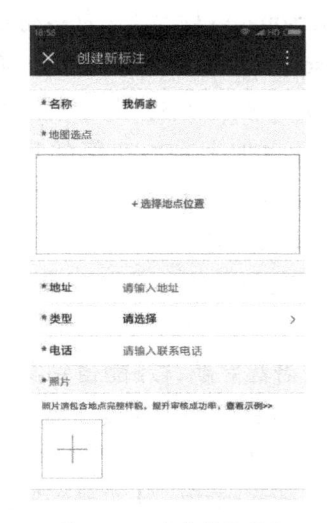

图 11-11　信息填写页面　　　图 11-12　信息提交完成页面

单元拓展

1. LBS 的发展历程

LBS 的概念虽然提出的时间不长，但其发展已经有相当长的一段历史。LBS 首先从美国发展起来，起源于以军事应用为目的所部署的全球定位系统（Global Positioning System，GPS），随后在测绘和车辆跟踪定位等领域开始应用。当 GPS 民用化以后，产生了以定位为核心功能的大量应用，直到 20 世纪 90 年代后期，LBS 及其所涉及的技术才得到广泛的重视和应用。从另外一个角度来看，LBS 起源于紧急呼叫服务。在 20 世纪 70 年代，美国颁布了 911 服务规范。基本的 911 业务（Basic 911）要求美国联邦通信委员会（FCC）定义的移动和固定运营商实现一种关系国家和生命安全的紧急处理业务。和我国的 110/120 等紧急号码一样，该服务规范要求电信运营商在紧急情况下，可以跟踪到呼叫 911 号码的电话的所在地。在有线时代，这一要求实现起来相对来说容易一些。随着无线通信技术的发展，美国联邦通信委员会于 1996 年公布了 E911（Emergency-911）的定位需求，要求在 2001 年

10月1日前，各种无线蜂窝网络系统必须能提供精度在125 m内的定位服务，而且满足此定位精度的概率不能低于67%，并且在2001年以后，提供更高的定位精度和三维位置信息，这实际就是位置服务的雏形。随后，在定位技术和通信技术发展的双重推动下，西欧以及东亚等国家相继推出了各具特色的商用位置服务。美国的Sprint和Verizon Wireless、加拿大的Bell Mobility、日本的NTT DoCoMo和KDDI、韩国的SKT和KTF相继推出了各自的LBS服务。世界许多国家都以法律的形式颁布了对移动位置服务的要求。时至2009年3月，基于用户地理位置信息的手机社交服务网站Foursquare在美国上线，短时间内Foursquare注册用户规模便超过100万，到2011年3月则达到了750万。其用户规模发展态势超过了当年的微博服务网站Twitter，Foursquare已跃然成为移动互联网业界、媒体、投资者重点关注的焦点，并掀起了一股Foursquare模式的模仿热潮。美国本土涌现出了Loopt、Bright Kite、Yelp、Where、Gowalla和Booyah等LBS社交网络服务商。Google、Apple、Facebook、Twitter等更具竞争力的领先企业也加入LBS市场的角逐之中。可以说Foursquare掀起了LBS市场的新一轮竞争，这种全新的基于位置的社交服务体验给LBS市场带来了新的商机，也影响和改变了用户的工作和生活方式。

我国的LBS商业应用始于2001年中国移动首次开通的移动梦网品牌下的位置服务。2003年，中国联通又推出了"定位之星"业务。用户在使用这项服务时，只要在手机上输入出发地和目的地，就可以查到开车路线；如果用语音导航，还能得到实时提示，该项业务还能够实现5～50 m的连续、精确定位，用户可以在较快的速度下体验下载地图和导航类的复杂服务。2006年初，中国移动在北京、天津、辽宁、湖北4个省市进行了"手机地图"业务的试点运行，为广大手机用户提供显示、动态缩放、动态漫游跳转、全图、索引图、比例尺、城市切换以及各种查询等位置服务。

2. LBS的定位精度

手机定位应该根据用户服务需求的不同提供不同的精度服务，并可以提供给用户选择精度的权利。例如美国FCC推出的定位精度在50m以内的概率为67%，定位精度在150m以内的概率为95%。定位精度一方面与采用的定位技术有关，另外还取决于提供业务的外部环境，包括无线电传播环境、基站的密度和地理位置，以及定位所用设备等。

移动位置服务被认为是继短信之后的杀手级业务之一，有着巨大的市场规模和良好的盈利前景，但实际进展比较缓慢。不过，随着产业链的完善，移动位置和位置服务市场有望日益壮大。自2008年开始，全球LBS运营市场开始加速成长，但是在开展业务的同时也要注意业务和网络性能的平衡点，应该在保障网络性能的同时最大可能地保证业务的开展。

基于LBS的服务业务也得到了蓬勃的发展，各种开放式API得到了广泛的使用。如西桥科技的Cobub服务，就为用户提供了开放式的API服务。注册用户可以根据不同的需要来使用对应的服务,如通过 IP 查寻经纬度、通过 WiFi MAC 地址查寻、通过手机基站信息查寻地址、通过经纬度查寻地址、通过地址查寻经纬度等服务。

同步实训

本次实训步骤为:实训概述→实训素材→实训目标→实训任务→实训考评。

一、实训概述

本单元实训为 LBS 应用实训,学生通过本实训的学习与训练,能够加深对 LBS 的理解和认知。

二、实训素材

移动互联网、智能手机、计算机。

三、实训目标

1. 熟悉 LBS 应用的常见 App,并进行体验;
2. 掌握 LBS 营销推广的实施。

四、实训任务

学生分组,并选出各组组长,以小组为单位进行实训操作。在本实训中,老师将指导学生完成实训内容。

任务一　认知并体验 LBS 应用的 App

随着移动电子商务的发展 LBS 在生活中应用越来越广泛,因此有很多植入了 LBS 的 App 应用。在该环节学生在教师的指导下,完成对 LBS 应用的 App 操作体验,同时完成表 11-1。

表11-1　LBS应用App总结

App名称	LBS在App中的功能
如:百度地图	导航功能、搜索周边功能

任务二　掌握 LBS 营销推广的实施

1. 选择 LBS 营销推广的平台(如百度地图、大众点评、微信定位等);
2. 运用 LBS 进行营销推广,方法如下:

添加商品信息到百度地图,以成都商贸城中的商铺为对象,将其店铺信息录入百度地图;录入完成后,回到百度地图尝试搜索商品信息,进行检测。

五、实训考评

1. 老师可根据学生本单元实训的完成情况,进行教学考评,详见考评表 11-2。

注:平时考勤、作业考评等可在"云班课" App 上进行。

表11-2　考评表

评价项目	评价内容	评价标准	评价方式
实训操作	任务一：认知并体验LBS应用的App	是否完成对LBS应用App体验操作	根据实际操作体验、LBS营销推广完成的最终效果进行综合考评
	任务二：掌握LBS营销推广的实施	1. 是否完成对当前店铺位置的查询定位 2. 店铺商品信息是否录入成功 3. 是否能检索到商品信息	
职业素养	1. 责任意识（4分） 2. 学习态度（3分） 3. 团结合作（3分）	结合实训周考勤，综合考评	综合考评
总分			
综合得分	教师根据学生的日常考勤、理论学习和实训表现进行综合考评打分。 注：总分＝平时考勤（占20%）＋理论考评（占40%）＋实训考评（占40%）		

2. 教师根据各组实训进程、实训记录及成果展示进行综合评价。

（1）针对各组的优点进行点评，针对缺点提出改进方法；

（2）针对整个实训过程中团队协作的亮点和不足进行点评。

单元十二

移动商务创新认识

学习目标

知识目标
- ▶1. 了解移动商务的创新模式,包括共享模式、IP模式和"社群+"模式;
- ▶2. 了解移动商务支付技术创新的类型;
- ▶3. 熟悉移动商务创新案例。

技能目标
- ▶1. 初步具备移动商务的创新思维;
- ▶2. 能够分析身边移动商务创新案例及商业模式。

本单元包含了两个学习小节,具体为:
12.1 移动商务创新形式认知
12.2 移动商务创新应用案例

学习引导

电子商务专业的学生陆昊,毕业后选择借势移动商务的春风自主创业。然而,自主创业需要了解移动商务最新的发展趋势和创新性运用,否则容易导致出现创业失败的风险。因此,对移动商务创新的认识,成为陆昊创业前必须掌握的内容。陆昊通过咨询业内专家、自主了解等方式,展开了对移动商务创新形式的认知。

移动商务实践教程

学习规划

陆昊将移动商务创新认知的学习分为两个部分，其一是移动商务创新形式认知，包括移动商务模式创新、移动商务技术创新、移动商务内容创新，通过这三部分的学习，了解移动商务形式的相关知识和表现特点；其二是移动商务创新应用案例的分析，通过案例了解移动商务创新的运用情况，同时培养自己的移动商务创新思维。

相关知识

12.1 移动商务创新形式认知

12.1.1 移动商务模式创新

通过互联网上查找并结合自己对电子商务的了解，陆昊发现，随着智能终端和移动互联网的普及，移动端网民数量曾一度飞速增长，但近两年，人数增长渐趋饱和，导致增速渐小。在移动商务绝对用户数量增长空间已经不那么明显的背景下，企业竞争的重点开始调转方向，这使得包括共享模式、IP 模式、"社群+"模式在内的一些新的商务模式产生和发展。

为了更深入地了解这些新的移动商务模式，陆昊通过自查和向专业人士请教，了解到以下内容。

1. 共享模式

1）共享模式概念

共享模式是共享经济态势下产生的新的商务模式，用户公平、有偿地共享社会资源，彼此以不同的方式付出和受益，共同享受经济红利。移动互联网成为传递共享的媒介，为共享模式的发展和壮大提供了巨大的推动力。共享经济的模式已经深深影响着人们的观念和生活。

目前，全球已经有超过数万的各类共享经济企业，它们在各个行业影响着人们的生活和消费方式。比如，共享出行的代表滴滴出行（其海报见图 12-1）是将社会富余车辆拿来共享；共享空间的代表 Airbnb 是将空闲的房间

图 12-1 滴滴出行海报

拿来共享，实现用户与提供者的双赢。

2）共享资源新模式

2016年，一如滴滴、Airbnb的火爆，共享单车、闲置物品交易平台、知识共享平台等成为新兴共享经济业态，成为社会新的共享资源。

（1）共享单车——OFO、摩拜

区别于滴滴出行，同样是城市出行问题，共享单车解决了出行最后一公里的问题。

作为共享模式资源的又一创新，共享单车（见图12-2）突然风靡各大城市，随处可见OFO"小黄车"和摩拜单车停靠于路边，"随借随还"的便捷性吸引了大批用户。

图12-2 共享单车

（2）闲置物品共享——转转

转转是58同城二手频道升级后的闲置物品共享平台（见图12-3），平台自营质检服务是其核心竞争力。在这个平台上，甲方的闲置物品可以在乙方获得"新生"，实现甲乙双方的共赢。

图12-3 转转平台

（3）知识共享——分答

知识共享平台（分答见图12-4）召集行业专家输出知识内容，同时其可以得到来自订阅者的费用补偿。分答的付费语音模式是，提问者付出一定费用邀请行业专家解答，再赚取听过答案用户的费用。此外，借助大数据，知识共享平台可以实现自动邀请合适的用户回答他可能感兴趣的问题。在该平台上，每个人都可以贡献自己的经验、知识和

图 12-4 分答

观点，实现知识共享。

此外，共享经济发展初期，供给方提供的产品和服务呈现的非标准化，成为共享经济发展过程中不得不面对的棘手问题。比如，"回家吃饭" App 是一款致力于在社区里发掘有时间、愿分享的民间厨艺达人，通过配送、上门自取等方式，给需求方提供饭菜的共享模式。但其愿景虽然美好，却由于家厨提供的非标准化、饭菜的卫生问题备受质疑，导致"回家吃饭"这样的共享餐饮模式发展受阻。可见，要做好共享模式，还需要先实施标准化才行。

2. IP 模式

1）IP 模式概念

能够仅凭自身的吸引力，挣脱单一平台的束缚，在多个平台上获得流量，进行分发的内容就是 IP，IP 本身的身份可以大到企业，也可以小到个人，IP 模式是以 IP 为基础的新型商务模式，通过 IP 带动企业运行。

如图 12-5 所示，以星座吐槽建立品牌形象的"同道大叔"，就是 IP 的代表。同道大叔在 2014 年推出"大叔吐槽星座"系列漫画，用诙谐幽默的文字及配图，以吐槽 12 星座在恋爱中的不同缺点为主，吸引了大量"星座控"网友的关注。2015 年，同道大叔开通微信公众号发布星座吐槽文章，并长期引爆朋友圈，同时，创立了自己的企业，"同道大叔"成为企业 IP。

图 12-5 "同道大叔"部分截图

2）IP 模式的关键点

（1）IP 形象要有优秀的原创能力

内容泛滥时代，只有优秀的内容才可能吸引用户关注。但仅仅是内容优秀还不够，还需要具备个人或企业魅力。比如做星座解说的有很多，但大多没有做成品牌和企业，"同道大叔"（见图 12-6）却做成了，这得益于其将魅力特征定位成了"吐槽式"的大叔形象，用户因为喜欢这个形象，再加上喜欢其产出的内容，品牌和企业就可以做成功。当然，除此之外，还需要源源不断地提供新内容，保持用户的阅读习惯，形成持续的 IP 影响力。

图 12-6　"同道大叔"品牌形象

（2）IP 要具备跨平台能力

IP 产出的内容需要投放在平台上，对应平台上的用户才能阅读到。移动商务时代可用的平台有许多，如微博、微信、App 等。IP 要做的就是选择合适的平台进行内容投放。"同道大叔"（其头条、微博、微信端见图 12-7）起步于微博，微博使其拥有了一定影响力，随后又在微信公众平台投放内容，扩大其知名度，之后，还在今日头条等平台上投放了内容。IP 不受平台的局限，使其能够为平台带来流量红利的同时，为自身企业和品牌带来更大的利益和影响力。

图 12-7　"同道大叔"头条、微博、微信端

3. "社群+"模式

（1）认识"社群+"模式

移动互联网改变着人们获取信息和社交的方式，使大众时代的消费力量在萎缩分散，

小众和社群的力量在崛起，随着渠道、团队、产品纷纷碎片化，使得流量集中的难度越来越高。在移动商务时代，面对这些碎片化的渠道、个性化的需求，打造独具特色的社群，成为企业的首选。

"社群+"模式由此产生，企业为了满足用户多元化的需求，建立社群，并以社群为基础添加一定内容，形成"社群+"模式，以此来精准地实现按需定制。"社群+"模式能够给企业指出一种定位用户的"捷径"，实现供给和需求两端的增加与平衡。如"社群+品牌+社交媒体"，是以社群为基础，将品牌理念灌入社群，通过社群聚集粉丝，让粉丝认可品牌的同时，成为品牌的用户和推介者。此外，社群所处的平台不局限于单一地方，可以选择社交媒体中的微博、微信等多个端口。社群象征图如图12-8所示。

图12-8 社群象征图

（2）"社群+"模式的根本价值

通过进一步学习，陆昊了解到随着商业重心由物向人的转移，服务层面和产品层面的加强只能分出高低，分不出胜负。因为人与物只可能产生弱关系，人和人才可能建立强关系。而社群就是用来强化这种强关系的载体，基于"社群+"建立的移动商务模式，能够真正地向用户展现企业和品牌，这就是其价值所在。

同时，在移动商务发展渐趋成熟的现在，社群以连接一切为目的，不仅仅是人的聚合，更是连接信息、产品、服务、内容、商业等的载体。所以，出现了"社群+信息""社群+内容+商业""社群+内容"等多种类型的"社群+"形式。企业结合实际情况选择合适的形式，以社群为基点，带动自身发展。

总体来看，通过"社群+"模式，企业在互动上，可以用社群来形成关注点；在传播上，可以用社群形成引爆点；在效果上，可以用社群形成制高点。但前提是，在模式选择时，不能局限于"社群"自身，而应该"加"更多元素，因为"连接"才是社群的核心价值。

12.1.2 移动商务技术创新

陆昊在生活中发现，伴随移动商务而来的，除了模式上的创新，还有技术上的创新，鉴于密码支付的不安全性，出现了一些新的支付手段，如指纹支付、人脸识别支付、虹膜识别支付等，这些生物特征与生俱来，每一个人都不一样，它们的唯一性和不易被复制性，为其为支付手段带来了优势。此外，还有利用声波进行的近距离支付。

1. 声波支付

声波支付的原理参见单元十的内容。

那么，如果别人录下了自己的声波，会不会盗用这段声波，导致资金不安全？针对这个疑问，陆昊进一步了解后知道：声波代表的并不是资金，也不是账号，而是一串交易号，例如 45892485963。同时，声波只有很短的实效期（几分钟），过期后这段声波即作废。因此，即使声音被人录制了而被识别出来，得到的也是一串代码，而不是资金。

2. 指纹支付

指纹支付的原理和相关应用参见单元十的内容。

3. 人脸识别支付

人脸识别支付的原理及相关应用参见单元十的内容。

4. 虹膜识别支付

虹膜（见图 12-9）识别支付是利用眼睛虹膜的唯一性而产生的支付技术。虹膜具有唯一性、稳定性、非侵犯性、防伪性，这种特性使虹膜比钥匙、数字密码的安全系数更高。用户只需要将眼睛放在扫描端口，即可完成支付。

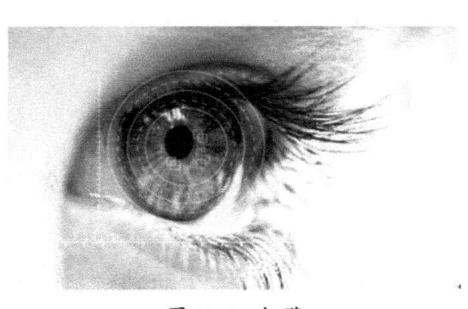

图 12-9 虹膜

在包括指纹在内的所有生物识别技术中，虹膜识别是当前应用最为方便和精确的一种。虹膜识别技术被广泛认为是 21 世纪最具有发展前途的生物认证技术，可见，未来移动商务支付会将刷眼支付作为一种趋势，其市场应用前景非常广阔。

5. 光子支付

光子支付实质上是应用手机的方式替代磁卡交易，用户只需刷一下手机就能支付，不受手机型号的限制，也可以在无卡、无网络的情况下进行无额度限制的支付。这是平安银行推出的一种新型的支付方式，如图 12-10 所示。

同传统支付手段相比，光子支付具备以下优势：第一，更便利。通过光子支付，客户不用带卡就能进行交易，省去了随身带卡的麻烦。第二，更安全。现在移动支付的支付方式，比如二维码支付等，但光子支付的安全性更高。第三，在无网的环境下也可以完成支付。传统的移动支付，在地铁等网络环境不太好的地方就会遇到问题，光子支付则不受这种限制。

图 12-10 光子支付

另外，光子支付的推广成本相较其他新型支付技术而言要低很多。对消费者和交易用户来说也不需要像其他移动支付技术那样升级手机或硬件，只需要一款普通的智能型手机安装一个新的 App 即可完成。

12.2 移动商务创新应用案例

移动商务形式的不断创新，带动了商务新形态的产生与发展，为了深入了解这些创新形式的运用情况，陆昊决定搜集一些实际运用案例来进行学习，包括"小红书"的"社群+购物"新模式运用和星巴克的移动支付运用。

12.2.1 "小红书"的"社群+购物"模式

小红书是一个以移动社群为基础建立起来的电商平台，其注册的个人商户在应用上展示各类海外产品，与用户进行沟通、交易和结算。作为一款跨境产品平台，其在两周内实现百度指数飙升 20 倍，App Store 排名三天内攀升到总榜第 4、生活类第 2，甚至一度超越了京东、唯品会等电商巨头。它的成功得益于其所采纳的模式——"社群+购物"。

2014 年 12 月开始，小红书进行了战略升级，从海外购物社群升级为社群购物电商。

首先，建立购物分享社群，聚拢用户。小红书分享 1 如图 12-11 所示。

随着消费升级和生活方式的改变，海外购物逐渐成为人们购物的渠道之一。但因为信息不对称，用户在海外购物时并不能完全获悉购物资讯，不知道该买什么。小红书以此为切入点，以购物分享群起步，鼓励用户分享和交流自己的境外购物心得，并且借鉴游记分享的结构化方式给每个产品都配有相应的名字、照片、用户心得、价格和购买地点等说明。同时，根据社群定位，小红书主要选择85后和90后的个性化消费群体作为主攻对象，因为这一年龄段的人是新一代的消费主力。凭借这种社群咨询分享的方式，小红书聚揽了大批用户。

其次，社交网络口口相传，强化购物欲望。小红书分享2如图12-12所示。

通过社群咨询分享打破跨境消费产品信息不对称，使"国外的好东西"在社交网络中口耳相传，并与潜在用户之间建立起强纽带，加之小红书本身打破地域，能够让用户随手可及跨境产品的特质，固有用户和新增用户的信赖度得到了良好的提升和保持。

此外，小红书主导的新型"社群+购物"的移动商务模式以信息为驱动，让用户生产内容。通过真正的社交信息流方式，将线下闺蜜逛商场时的冲动消费场景搬到了线上。告别了传统模式的比价场景，代之是口碑新模式，这是其在"购物"这一环节成功的关键所在。

图12-11 小红书分享1

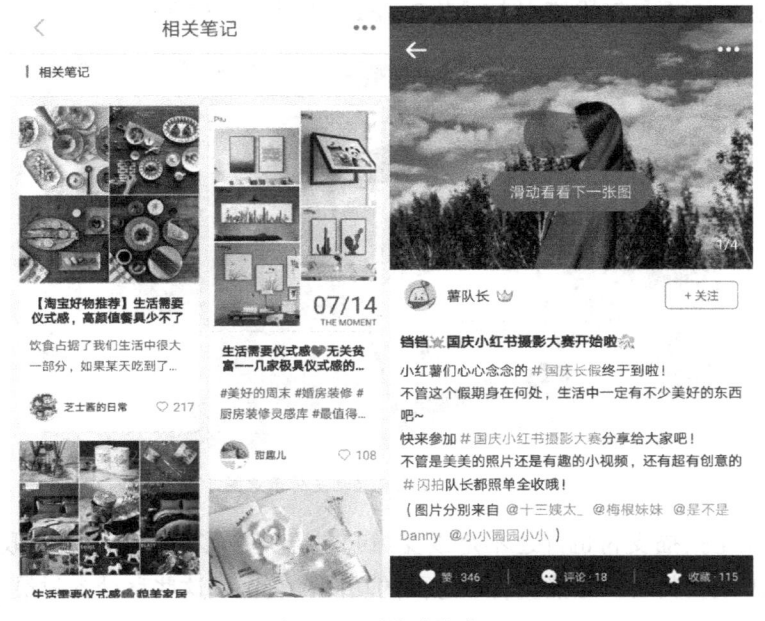

图12-12 小红书分享2

再次，注重优质内容积累。

对于社群来说，优质内容的不断产出是保证社群用户活跃度、忠诚度和激发购物兴趣的主要途径。因此，小红书格外注重内容的创作。不管是用户分享的内容还是产品内容，均追求优质。拿用户分享来说，由于分享用户主体为具有中高端消费能力和海外购物经验丰富的女性，其发帖质量远高于其他同类型产品的评论晒物版块，使得其社区的用户黏性极高，高质量的内容带动的是极高的转化率。

可见，小红书的"社群+购物"模式，以社群为核心，具有极高的用户黏度，和传统商务模式相比，"社群+购物"的模式更像是一群"陌生的熟人"之间的交换行为，这种具有社群属性的强关系，是小红书能够在短时间内获得用户认可的关键所在。

12.2.2 星巴克的移动支付战略

"许多人出门时不会带钱包，但鲜少有人不带手机。"星巴克全球首席数字官 Adam Brotman 在谈到移动战略对星巴克的重要性时如是说。在这个理念的支持下，星巴克如今在美国市场平均每周有接近 900 万笔交易通过手机完成，占其交易总数的 20% 左右。星巴克取得如此巨大的成就，与它推行的销售方式有很大关系。

首先，星巴克整合了移动支付功能。美国的主流移动支付方式有两种，一种是 NFC，如 Apple Pay 和 Android Pay；另一种就是我们很熟悉的二维码扫码支付。星巴克的支付过程大体与支付宝和微信的扫码支付相似。用户需要事先将移动支付应用中的虚拟会员卡和 PayPal 或者信用卡绑定，然后直接把金额充进虚拟会员卡。支付时，通过扫描二维码直接从会员卡中扣款，而不是使用信用卡或者 PayPal，如图 12-13 所示。

图 12-13 星巴克移动支付示意图

其次，仅仅是扫描支付也许还不足以支撑起星巴克在移动支付领域所取得的成就。获得各大品牌的忠诚度奖励，是消费者最想要的功能，它也是这些移动支付最大的缺陷之一。因此星巴克和移动支付挂钩的忠诚度奖励计划是 My Starbucks Rewards，比如每买够 12 杯咖啡，第 13 杯免费。

再次，星巴克在移动支付领域一直不断前行和创新着，它推行的一个重大举措是移动下单与支付（Mobile Order and Pay），也就是我们常说的 O2O。Mobile Order and Pay 能让消费者先下单并根据 GPRS 定位计算达到指定门店的时间，当消费者到了门店的时候，咖啡和食物刚好做好，拿起就能走。

当然，星巴克显然不满足于自己在移动支付领域的优势只用于"卖咖啡"，在移动支付不断发展壮大的今天，它希望其数字储蓄卡或许可以成为流通更广的货币，在其他零售商那里也可以使用。

单元拓展

下面介绍中国移动支付技术创新面临的难题与趋势。

①支付技术创新严重依赖于"黑科技"的普及程度。由于"黑科技"的前沿性、独特性等特征，当前支付技术创新也存在市场普及率低、推广难度大等难题，如光子支付、声波支付等。可以说，一定程度上，支付技术创新依赖于手机等科技的进步与普及，尤其是在当前移动支付时代，支付的场景化趋势愈加明显，手机技术的普及和推广与支付技术呈现"同频共振"的效应。

②新型支付技术创新需要摆脱对硬件的依赖。当前 5 大支付技术中，光子支付和声波支付虽然在支付安全性上更有优势，但对硬件的依赖较高，因此推广难度较大，这也注定了他们只能寻求在一些特定场景登场，并且很难实现大规模推广与普及。因此，逐渐摆脱对硬件的依赖，是支付技术创新长期探索的难题。

8 月 6 日，美国 Visa 作为第 31 届里约奥运会的唯一官方指定银行卡，推出了移动 NFC 支付戒指，内置金雅拓安全芯片和嵌入式天线。它用 Token 记录银行卡的机密信息，采用 Gemalto 芯片，内置 NFC，可执行非接触式付款；并且，不使用电池，无须充电，游泳运动员从泳池中起身就能直接去购物。

③推广到深度的、广泛的支付场景之中，是支付技术创新成败的关键。无论是线上还是线下，由于支付过程的重度场景化特性，支付技术创新必然只有推广、应用到丰富的终端设备和应用场景之中才能得到价值体现。然而，在很大程度上，相较于技术研发，新技术创造之后的推广与接入更是难点所在。

④生物识别等独特支付方式正在逐渐取代传统密码支付，并成为必然趋势。支付环节对安全性要求严苛，因此支付技术追求的是支付交易的独一无二性，而传统的密码支付会逐渐退出市场。未来，支付技术的终极状态也是交易数据的绝对安全和交易时间忽略不计，即安全与效率的绝对完善。

单元十三

移动商务威客任务实践

学习目标

知识目标
▶1. 熟悉各类移动商务企业服务威客平台；
▶2. 熟悉移动商务企业服务威客平台任务领取流程。

技能目标
▶1. 掌握移动商务企业服务平台任务查找方法；
▶2. 掌握移动商务企业服务平台任务领取及实施方法。

本单元包含了三个学习小节，具体为：

13.1　威客服务平台认知
13.2　威客服务任务查找
13.3　威客服务领取与实施

学习引导

刘敏是电子商务专业的一名学生，她想利用课余时间用自己所学赚取收入。请教老师后，老师告知刘敏可以在威客服务平台通过做任务的方式领取报酬。刘敏之前很少接触威客的知识，为了尽快掌握威客的相关内容，她通过请教老师、自主网上查找和查看书籍等方式，展开了学习。

学习规划

对威客的认识,是刘敏首先需要了解的内容。通过网上查找,她了解到:威客是指利用互联网出售自己闲暇工作时间和劳动成果而获得报酬的工作者群体。了解了什么是威客之后,刘敏开始从威客服务平台认知、威客服务任务查找及威客服务领取与实施三部分展开学习。

相关知识

13.1 威客服务平台认知

13.1.1 猪八戒威客服务平台

1. 猪八戒网概述

猪八戒网是中国领先的在线威客服务平台,作为中国早期专业技能的分享平台,猪八戒网聚集了超过千万数量的专业技能人才和机构(威客)。同时,超过六百万家企业通过猪八戒网寻找专业人才做专业事,如购买标识设计、编程、知识产权、财税等服务。

与传统电商标准产品售卖不同,猪八戒网(其理念标语见图13-1)通过大数据应用将专业技能人才与全世界的复杂服务需求方匹配在一起,使威客们足不出户即可服务众多企业。

除了是一个线上商场之外,猪八戒网还是一个超级孵化器(其众创空间企业孵化厅见图13-2),个人和专业机构可以在猪八戒网上开店创业。2016年以后,猪八戒网进一步在全国各地开启实体孵化空间,帮助企业的建立和发展。

图 13-1 猪八戒网理念标语

图 13-2 猪八戒网众创空间企业孵化厅

2. 猪八戒网服务内容

猪八戒威客服务平台涵盖的行业广泛，主要包括三大类：自营服务类、按行业找人才类和按专业找人才类。其中自营服务包括：知识产权、财税服务、八戒金融、科技服务；按行业找人才服务包括：餐饮行业、休闲娱乐、食品饮料、全域旅游；按专业找人才类服务包括：品牌设计、营销推广、网站建设、电商服务、游戏开发、软件开发、动漫影视、装修服务、工业智造、工程设计，如图13-3所示。这些服务类型共同搭建起了猪八戒网的威客服务体系。

图13-3 猪八戒网服务类型

13.1.2 时间财富威客服务平台

1. 时间财富网概述

图13-4 时间财富网标志

时间财富网（其标志见图13-4）是一个通过互联网解决科学、技术、生活、学习问题的交流平台，在该平台上，威客们可以将自己的智慧、知识、能力、经验转换成实际收益。

聚集在时间财富网上的威客，年龄一般在18—35岁之间，以80后居多，主要群体为在校大学生和在职人员，工作方式多为兼职。平台上的威客不必受"朝九晚五"的约束,能够将闲暇时间有效地转化为价值。同时,对企业而言,也相当于将项目外包,能够节省成本。

2. 时间财富网服务内容

时间财富网服务类型(见图 13-5)包括五大类,分别是企业服务、创意设计、开发服务、装修设计、工业/产品、营销/文案。其中,企业服务类包括商标注册、版权登记、企业文案、品牌建设与宣传等;创意设计类包括 LOGO 设计、宣传册、包装设计、动漫等;开发服务类包括软件开发、移动 App、UI 设计等;装修设计类包括新房装修、软件设计、建筑设计等;工业/产品类包括工业设计、电路设计、工艺品等;营销/文案类包括文案撰写、SEO 优化、微信营销等。

在时间财富网,威客如果拥有创意能力,还可以前往网站的悬赏大厅,寻找自己感兴趣的项目,在项目期结束前递交自己的方案,如果方案被雇佣者选中,对应威客将获得该项目的赏金。时间财富网悬赏任务如图 13-6 所示。

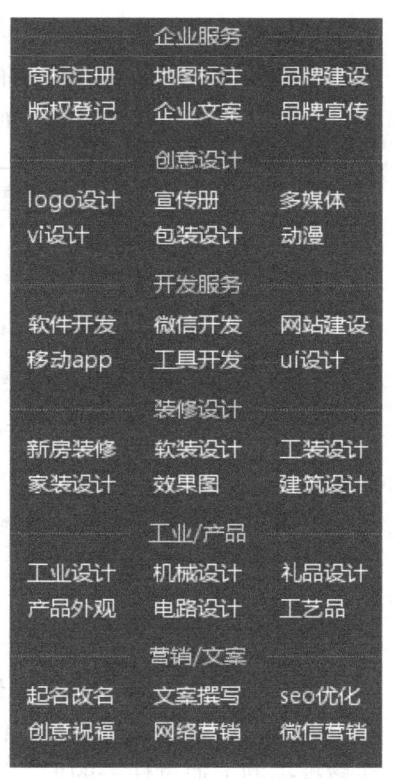

图 13-5　时间财富网服务类型

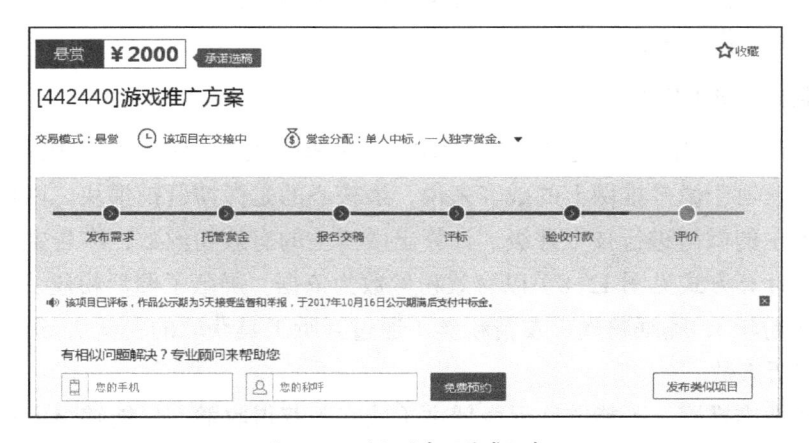

图 13-6　时间财富网悬赏任务

13.1.3　微推推威客服务平台

1. 微推推网概述

与猪八戒网和时间财富网不同,微推推网是以个人为媒介的微博威客平台。有需求推广和宣传的企事业单位或者个人在微推推上发布推广需求信息，拥有微博且有一定优质粉丝基数的微博主（威客）可以有选择性地领取这些任务，在自己的个人微博发布任务要求的推广信息，从而获得报酬，如图13-7所示。微博主可以是新浪或腾讯微博主。

任务赏金	任务标题	稿件数量	剩余金额	任务进度	剩余时间
¥100	[181799]时时采推广	32	¥85.55	进行中	1天21时
¥100	[181787]简单任务 欢迎查看	69	¥38.82	进行中	2天1时
¥700	[181669]看图说话——pdd的老板	89	¥700.00	进行中	0天21时
¥100	[181785]评论+点赞+转发@看相法师	83	¥100.00	评标中	
¥379	[181780]转发带评论即可,佣金高	74	¥323.34	评标中	
¥100	[181754]评论+点赞+转发@潮流美妆	73	¥100.00	评标中	
¥110	[181749]评论+点赞+转发@私人小券	77	¥49.16	已结束	

图13-7 推广任务

微推推网上汇聚了数百万拥有一定粉丝基数的微博博主，他们在微推推上，为企业、单位或个人的推广提供服务。作为真实可靠的实名制威客服务平台，广告主与微博主之间在微推推网上通过任务的形式进行交易，广告主可以自主审核微博主完成传播任务，任务赏金可以通过"微推推"的第三方存管功能得到100%保障，待微博主按预期完成任务时，再将赏金支付给该微博主。

2. 微推推网服务内容

微推推网的服务内容主要包括四个模块，分别是：网络营销、网店服务、微博营销、搜索引擎优化。对于微推推网上的威客来说，最核心的是微博营销模块。微推推网通过技术手段对微博主的微博进行技术评级，计算出微博主的有效粉丝数，广告主与微博主的赏金结算（赏金计算方式见图13-8）以有效粉丝数为依据，屏蔽了僵尸粉丝、广告粉丝（被官方屏蔽了的粉丝）、睡眠粉丝、友情粉丝（通过互听工具获取的粉丝），最大程度核准了广告的有效接听人数。

因此，在微推推网，既能够确保微博主（威客）获得收益，也能够最大程度地保证雇佣者的利益，形成良性互动。

赏金计算方式：超额累计粉丝计价，1000以下粉丝数赏金在下表中标记为红色

(10-49)粉丝/听众	0.1元/条	(50-99)粉丝/听众	0.2元/条
(100-499)粉丝/听众	0.3元/条	(500-999)粉丝/听众	0.5元/条
(1000-1万)粉丝/听众	0.5-2元/条	(1万-5万)粉丝/听众	2-8元/条
(5万-20万)粉丝/听众	8-23元/条	(20万-50万)粉丝/听众	23-38元/条
(50万-100万)粉丝/听众	38-53元/条	(100万上)粉丝/听众	53以上元/条

图13-8 微推推网赏金计算方式

13.2 威客服务任务查找

刘敏在了解了以上几个主要的威客服务平台后,开始着手威客服务任务查找操作方法的学习。她以猪八戒威客服务平台为例,归纳出以下威客服务任务查找的步骤。

步骤1:打开猪八戒网首页,单击上方导航栏中的"交易大厅"按钮,如图13-9所示。

图15-9 "交易大厅"按钮

步骤2:威客按照个人的爱好与专长来单击相应标签查找任务,比如单击"文案策划",进入文案策划类任务的界面,如图13-10所示。

图13-10 单击"文案策划"

步骤3:进入文案策划类任务界面后,可以在搜索框中直接输入任务名称,并单击右侧放大镜按钮进行搜索;也可以对分类、交易模式、赏金、需求时间、投标情况及会员订单进行选择后,进行针对性搜索,如图13-11所示。

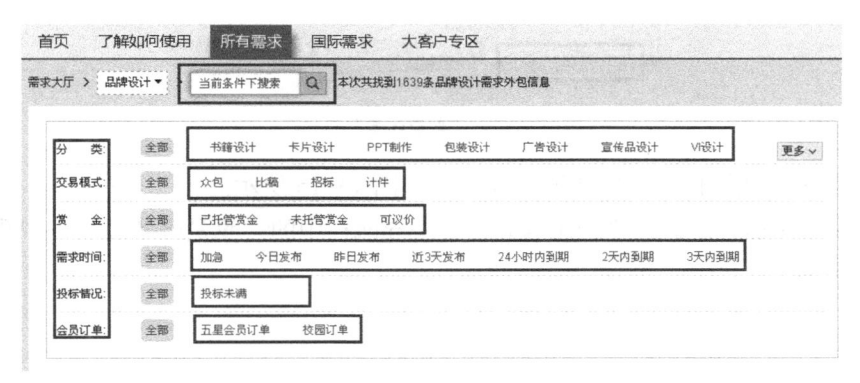

图13-11 文案策划类任务界面选项

步骤4：此外，也可以在交易大厅页面上方正中间的搜索栏单击"找服务"按钮，并在搜索框中输入意向关键词后直接单击"搜索"，如图13-12所示。

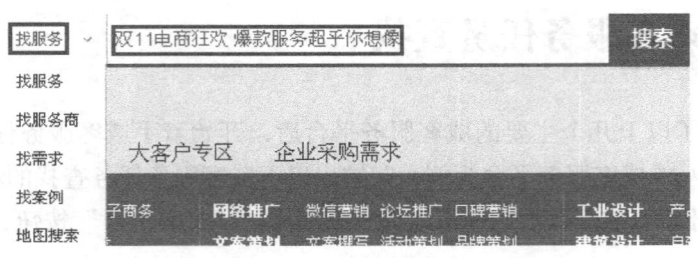

图13-12 "找服务"按钮

步骤5：在交易大厅页面的导航栏中，可以有针对性地选择"所有需求""国际需求"等模块，进入对应模块挑选任务，如图13-13所示。

图13-13 导航栏类型

通过步骤1到步骤5，刘敏完成了威客服务任务查找。猪八戒网的威客服务任务很多，威客们需要针对个人特长有针对性的查找，以此来提高成功率。

13.3 威客服务领取与实施

明确了威客服务任务查找的步骤后，刘敏开始着手学习威客服务领取与实施的方法。她发现，在猪八戒平台，领取服务前需要先注册账号，再进行服务的领取与实施。具体步骤如下：

步骤1：单击猪八戒网首页右上角的"免费注册"按钮，如图13-14所示。

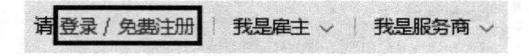

图13-14 "免费注册"按钮

步骤2：填写注册信息，完成账号注册，如图13-15所示。

步骤3：完成实名认证。注册账号后，单击导航栏中的"我是服务商"→"我的账户"，如图13-16所示。

单元十三　移动商务威客任务实践

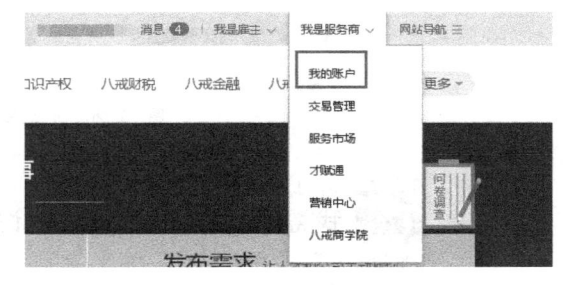

图 13-15　注册页面

图 13-16　单击"我的账户"

单击"个人开户"按钮，根据提示完成个人账户的实名认证，如图 13-17 至图 13-19 所示。

图 13-17　"个人开户"按钮

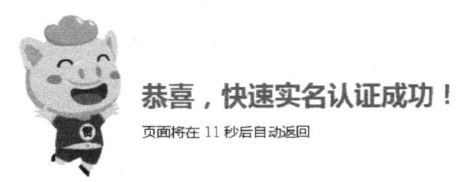

图 13-18　个人信息填写页面

图 13-19　认证成功页面

步骤 4：实名注册完成后，需要先查找威客服务并选定某一服务，单击该服务，如图 13-20 所示。

步骤 5：进入服务详情页面，查看服务详情，并查看雇主对服务商的要求，若要求为"实名认证和手机认证"，则该任务可做，如图 13-21 所示。

245

置顶 ¥200.00 网站发帖，贴吧发帖，产品发布任务超级简单。
八戒众帮

要求如下：1.帖子发布的版块必须是不须登陆就可看到、不能出现在论坛的广告区...

置顶 ¥200.00 我需要营销推广/文案策划-论坛社区推广 八戒众帮

我需要营销推广/文案策划-论坛社区推广任务要求：一、发帖的论坛必须是“

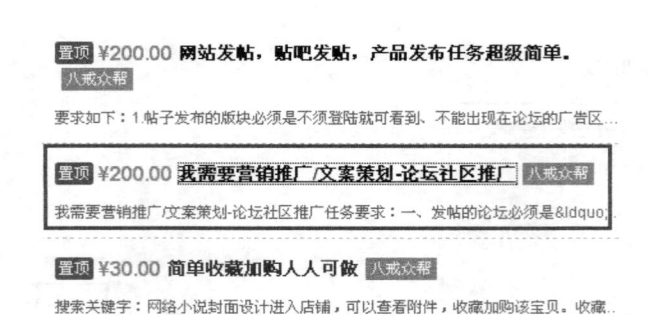

置顶 ¥30.00 简单收藏加购人人可做 八戒众帮

搜索关键字：网络小说封面设计进入店铺，可以查看附件，收藏加购该宝贝。收藏...

图 13-20　选定任务

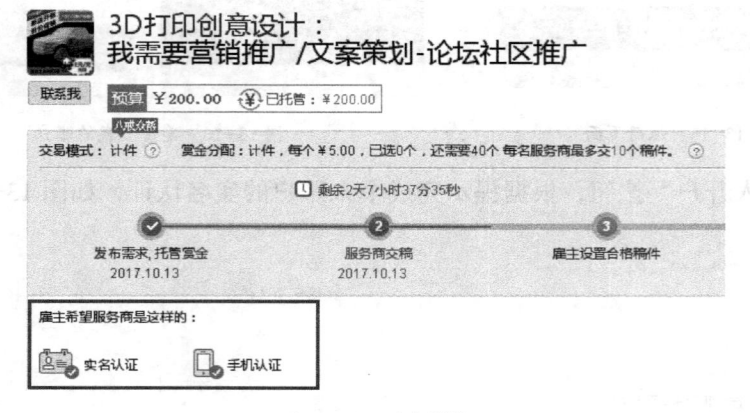

图 13-21　服务详情

需要注意的是，此时，只能选择部分"计件"和"众包"等服务，如图 13-22 所示。如果想参与投标或领取更多的服务，需要开设店铺并激活。开设店铺和激活的方法可以在"八戒商学院"中进行学习。

图 13-22　众包、比稿和计件选项

步骤 6：下拉页面，下载推广资源（如文档和图片），下载后进行查看，根据文档中所列要求和图片展示内容，进行内容实施，如图 13-23 所示。

单元十三　移动商务威客任务实践

具体要求：
我需要营销推广/文案策划-论坛社区推广
任务要求：
一、发帖的论坛必须是"影视，工艺品，玩具，手办"相关论坛，不然不给予合格。
二、三、四详见附件内容
附件：
推广文档和图片.zip 下载

图 13-23　下载推广资源

步骤7：下拉页面，单击"上传附件"按钮，上传创作好的内容，单击"提交"按钮，完成提交，如图 13-24 所示。

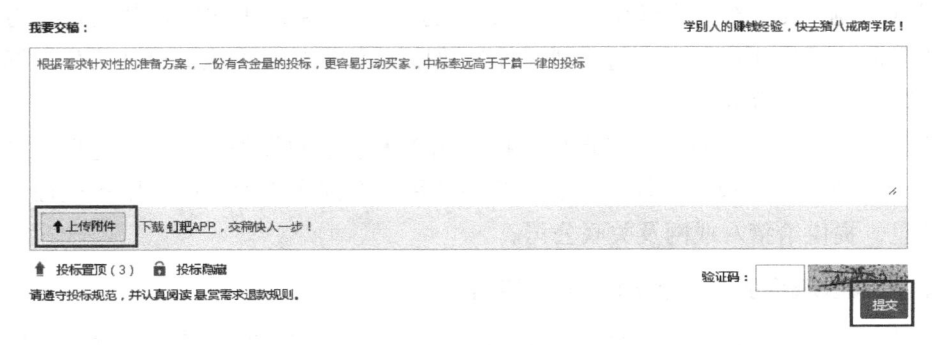

图 13-24　上传内容与提交

经过以上步骤，威客服务从领取到实施已经完成了，接下来，需要等待雇佣商审核，通过后，即可领取到相应的雇佣金。

单元拓展

一、猪八戒网在读大学生认证服务协议

第一条　定义

在读大学生认证服务：猪八戒网通过对注册用户在猪八戒网平台中输入的姓名、身份证号码、学校、学历、专业及入学年份及上传的证照资料等信息进行认证，认证通过后，猪八戒网将对每个注册用户做特殊标识。

第二条　权利及义务

1.注册用户需同意并承诺，确保所填的姓名、身份证号码、学校、学历、专业及入学年份等信息真实可靠，且由本人填写；上传的证照资料为本人所有且真实无误。如果经由验证或用户举报，所填信息及上传证照资料具有欺骗、隐瞒等行为，猪八戒网有权根据实际情况采取相应措施，包括但不限于取消认证、封闭账号、全网公示、报送司法机关等，如果因该欺骗行为给猪八戒网造成损失的，应承担全部赔偿责任。

2. 注册用户同意承诺不会利用本服务从事任何违法行为，否则猪八戒网有权利单方面终止提供本服务，并不承担任何责任；如果因注册用户的行为给猪八戒网造成损失的，注册用户应承担全部赔偿责任。

3. 注册用户需理解并同意，猪八戒网有权采取各种必要手段（包括但不限于向第三方确认等方式）对注册用户的大学生身份进行识别。注册用户同意猪八戒网就其在猪八戒网输入的姓名、身份证号、学历、学校、专业、入学年份等信息传递给第三方机构进行认证。

4. 注册用户理解并同意，在目前技术水平下猪八戒网所能采取的方法有限，且在网络上进行用户身份识别存在一定的困难，因此，猪八戒网对完成认证的用户身份的准确性和绝对真实性不做任何保证。

5. 注册用户理解并同意，其"在读大学生认证"结果的有效期限与其的学制一致。如果学制是 4 年制，则"在读大学生认证"结果在猪八戒网系统中的有效截止日期为注册用户入学当月起往后推 4 年，无法精确到"日"。但因为注册用户个人原因造成延迟毕业、辍学等与实际学制不一致的情况除外。

6. 注册用户理解并同意，为了提供或推荐属于大学生的服务、产品、优惠，或为了提供更完善的服务，猪八戒网有权将注册用户在使用"在读大学生认证"服务过程中产生的数据和信息，提供给猪八戒网及关联公司。

二、猪八戒威客服务平台沟通工具使用规范

第一条 为了维护猪八戒网沟通工具（包括 IM 消息系统与隐私专属号系统，以下简称沟通工具）的正常运营秩序，保障猪八戒网用户（以下简称用户）的合法权利，要求用户规范使用沟通工具，特制定本规则。

第二条 猪八戒网沟通工具是指猪八戒网提供给用户的即时沟通工具（包括 IM 消息系统与隐私专属号系统），交易双方只能通过以上沟通工具进行交易的沟通，不得使用其他第三方工具，包括但不限于电话、邮箱、QQ、微信号、第三方链接、二维码、条形码等。

第三条 违规行为与处理措施。

1. 发送/传播广告类消息。

指以任何方式将沟通工具用于群发/传播任何重复的或未经请求的广告消息（包括但不限于招聘、推销、兼职等消息）。

猪八戒网有权未经用户授权直接删除用户信息，并对用户予以以下处理：

（1）第一次处以扣除 1000 元保证金处理；

（2）第二次处以扣除诚信分 20 分，限制经营 7 天并扣除全部保证金处理；

（3）第三次处以扣除诚信分 60 分，限制经营 30 天并扣除全部保证金处理；

（4）第四次处以永久清退并扣除全部保证金处理。

2. 发送/传播垃圾类消息。

指以任何方式将沟通工具用于发送/传播调查、竞赛、群发链式邮件、垃圾电子邮件和垃圾消息等。

猪八戒网有权未经用户授权直接删除用户信息，并对用户予以以下处理：

（1）第一次处以扣除 1000 元保证金处理；

（2）第二次处以扣除诚信分 20 分，限制经营 7 天并扣除全部保证金处理；

（3）第三次处以扣除诚信分 60 分，限制经营 30 天并扣除全部保证金处理；

（4）第四次处以永久清退并扣除全部保证金处理。

3. 发送 / 传播非法类消息。

以任何方式将沟通工具用于发表、传送、散布或传播任何含有欺骗性的、亵渎的、暴力的以及其他法律法规明令禁止内容的标题、名称、资料或信息。

猪八戒网有权未经用户授权直接删除用户信息，并对用户予以以下处理：

一经查实直接处以永久清退并扣除全部保证金处理。

4. 公开 / 传播联系方式。

指交易双方应当使用平台提供的官方沟通工具（IM 消息系统与隐私专属号系统）进行咨询沟通等相关事宜，不得以任何方式（包括但不限于文字、图片、音频、视频、电话等）通过官方沟通工具向对方公共、传播或引导其他用户公开除猪八戒网以外的其他联系方式，不得脱离平台私下进行通信联络（包括但不限于电话、邮箱、QQ、微信号、第三方链接、二维码、条形码等）。

猪八戒网有权未经用户授权直接删除用户信息，并对用户予以以下处理：

（1）第一次处以扣除 1000 元保证金处理；

（2）第二次处以扣除诚信分 20 分，限制经营 7 天并扣除全部保证金处理；

（3）第三次处以扣除诚信分 60 分，限制经营 30 天并扣除全部保证金处理；

（4）第四次处以永久清退并扣除全部保证金处理。

5. 危害网络信息安全。

具体类型如下：

（1）通过沟通工具进行任何危害计算机网络安全的行为，以任何方式损坏或破坏沟通工具或使其不能运行或超负荷或干扰第三方对沟通工具的使用；

（2）将沟通工具用于传送含有病毒、木马、不安全链接的文件和图片，或其他任何可能破坏他人计算机运行或他人财产安全的类似软件或程序；

（3）在未经授权的情况下访问任何与沟通工具关联的所有账户、计算机系统或网络；

（4）以任何方式获取、收集用户并非有意披露的资料或信息，如用户 ID、电子邮件地址、家庭地址等用户注册信息；

（5）在未经授权的情况下破解沟通工具技术，并开发与之相关的衍生产品、服务、插件、外挂软件等；

（6）制造假身份以误导、欺骗他人。

猪八戒网有权未经用户授权直接删除用户信息，并对用户予以下处理：

一经查实直接处以永久清退并扣除全部保证金处理。

第四条　以上违规行为，情节严重者将直接处以永久清退并扣除全部保证金处理。

第五条　猪八戒网有权依照法律法规，秉持审慎原则对官方沟通工具中的所有相关信息进行审查、监管。

第六条　猪八戒网因用户的违规行为而遭受的各项损失，由该违规用户进行承担（包括但不限于处理事件所支出的律师费、差旅费等）。

同步实训

本次实训步骤为：实训概述→实训素材→实训目标→实训任务→实训考评。

一、实训概述

本单元实训为移动商务威客任务实训，学生通过学习与训练，能够掌握威客任务实践的基础知识和一般技能。

二、实训素材

移动互联网、智能手机、计算机。

三、实训目标

1. 能够独立完成威客服务任务的查找；
2. 能够掌握并完成威客服务任务的领取与实施。

四、实训任务

学生分组，并选出各组组长，以小组为单位进行实训操作。在本实训中，老师将指导学生完成实训内容。

任务一　威客服务任务查找

威客平台认知是威客服务的基础，本单元介绍了包括猪八戒网、时间财富网、微推推网在内的三个威客平台。

在本实训环节，学生需要在老师的指导下，结合课堂所学，登录猪八戒平台，完成威客任务查找，并进行总结。操作步骤如下：

步骤1：进入交易大厅；

步骤2：按照个人的爱好与专长来单击相应标签查找任务；

步骤3：进入任务界面，进行搜索；

步骤4：在搜索栏单击"找服务"按钮，并在搜索框输入关键词搜索；

步骤5：有针对性地选择"所有需求""国际需求"等模块，进入对应模块挑选任务。

任务二　威客服务领取与实施

学生在老师的指导下，结合课堂所学，登录猪八戒网，完成威客服务领取与实施的操作，并进行总结。操作步骤如下：

步骤1：注册账户；

步骤2：完成实名认证；

步骤3：查找威客服务并选定某一服务；

步骤4：进入服务详情页面，查看服务详情，并查看雇主对服务商的要求；

步骤5：下载推广资源；

步骤6：上传创作好的内容。

（注：实训操作过程须截图保存，可作为考评参考）

五、实训考评

1. 老师可根据本单元实训的完成情况，进行教学考评。详见考评表13-1。

注：平时考勤、收集作业等考评可在"云班课"App上进行。

表13-1　考评表

评价项目	评价内容	评价标准	评价方式
实训操作	任务一：威客服务任务查找	是否顺利完成威客任务查找的操作	根据实际操作熟练度、威客服务领取与实施的最终完成效果进行综合考评
	任务二：威客服务领取与实施	1. 是否顺利完成猪八戒网的注册与认证 2. 是否顺利完成服务领取及内容上传提交	
职业素养	1. 责任意识（4分） 2. 学习态度（3分） 3. 团结合作（3分）	结合实训周考勤，综合考评	综合考评
总分			
综合得分	教师根据学生的日常考勤、理论学习和实训表现进行综合考评打分。 注：总分＝平时考勤（占20%）＋理论考评（占40%）＋实训考评（占40%）			

2. 教师根据各组实训进程、实训记录及成果展示进行综合评价。

（1）针对各组的优点进行点评，针对缺点提出改进方法；

（2）针对整个实训过程中团队协作的亮点和不足进行点评。

参考文献

[1] 陈建忠，赵世明．移动电子商务——基础与实务．北京：人民邮电出版社，2016年
[2] 段建．移动互联网营销．北京：中国铁道出版社，2016年
[3] I博导：http://www.ibodao.com
[4] 虎嗅：https://www.huxiu.com
[5] 艾瑞网：http://www.iresearch.cn